변순복과 함께하는 모세오경 여행 ④
노아후손 • 바벨탑 그리고 아브라함

창세기 10-12장

변순복과 함께하는 모세오경 여행 ④
노아후손 · 바벨탑 그리고 **아브라함** (창세기 10~12장)

초판 1쇄 인쇄 2020년 11월 1일
초판 1쇄 발행 2020년 11월 10일

지은이   변순복
펴낸이   김정희

펴낸곳   하임(the 하임)
등록일   2017년 9월 14일
등록번호   816 - 91 - 00330
주소   서울시 마포구 성암로5길 12 101동 1301호
전화   02 - 307 - 1007
팩스   02 - 307 - 1009
이메일   chaim1007@hanmail.net

디(채)인   하연디자인
표지이미지(게티이미지 뱅크)
이미지 컷(게티이미지 뱅크, 하연디자인)

ISBN 979 - 11 - 972057 - 0 - 5 94230
ISBN 979 - 11 - 962203 - 1 - 0 94230(세트)

* 책 값은 뒤표지에 있습니다.
* 잘못된 책은 교환하여 드립니다.

변순복과 함께하는 **모세5경** 여행 ④

GENESIS

노아후손 · 바벨탑 그리고 아브라함

창세기 10-12장

변순복

하임
THE BOOKS

목차

본서를 읽는 독자 여러분께 • 6
토라 연구로 들어가는 길 • 9
창세기 • 22
창세기를 여는 글 • 27

창세기 10장 • 37
창세기 11장 • 107
창세기 12장 • 195

참고문헌 • 282
부록 1 유대인 절기 달력 • 284
부록 2 히브리어 알레프 베이트의 문자 변화의 역사 • 285
부록 3 히브리어 문자의 발음 • 286
부록 4 모음 부호의 발음 • 287

본서를 읽는 독자 여러분께

❦

　본서는 성경 가운데 처음 다섯 권인 토라(오경)를 절별로 읽어가며 하나님께서 말씀하시는 세미한 음성을 듣기 원하는 하나님의 사람들을 위하여 기획하고 편집하였습니다. 그래서 본문의 내용은 가능한 한 쉽고 평이한 문장과 용어와 단어를 사용하려고 노력하였습니다.

　본서는 성경을 대신하는 책은 아니며, 성경을 읽는 독자와 함께 하나님의 말씀 속으로, 함께 여행하기 원하는 사람들을 위한 여행 안내서입니다. 하나님이 말씀하시는 하나님의 음성을 함께 들으며, 하나님께서 우리가 이루기 원하는 것이 무엇인지 깨닫고, 그것을 함께 이룰 수 있는 지혜와 방법을 찾는데 도움을 주는 돕는 배필이 되려고 합니다. 그리고 하나님이 말씀하신 하나님의 뜻을 함께 이루어가도록 힘을 주는 든든한 버팀목이 되기를 원합니다.

　성경을 연구하는 분들은 토라(오경)를 삶의 원리라고 합니다. 구약 성경을 히브리어 성경으로 보면, 표지의 제목부터 세 부분으로 나누어져 있다는 것을 쉽게 알 수 있습니다. 히브리어 성경은 표지에 오경, 선지서 그리고 성문서 라고 쓰여 있습니다.

　성경을 세 부분으로 나눈 것은, 하나님의 사람들에게 하나님 앞에서 바르게 사는 삶의 원리를 가르치는 '토라'와 원리를 교육하는 '선지서들'과 원리를 배운 대로 자신의 삶에 적용하는 방법을 보여주신 '성문서'를 가르치기 위함입니다.

토라(오경)는 하나님께서 사람들에게 삶의 원리를 가르치기 때문에 많은 사람들은 토라를 '율법'이라 부르게 되었는데, 이는 세상의 '법'과 구별하기 위하여 '율법'이라 부른 것입니다. 그러나 토라를 '율법'이라 부르는 것은 좋지 않아 보입니다. 토라는 사람을 규제하거나 속박하기 위한 법규범을 말하는 것이 아니기 때문입니다.

토라는 사람이 이 세상에서 '바르게 사는 방법', 즉 '삶의 원리'를 가르쳐 주는 책입니다. '삶의 원리'란 영적 생명을 공급받는 것을 의미합니다. '토라'는 '생명나무'라 부르기도 합니다. 토라는 하나님을 모르는 사람들에게 영적인 생명을 불어넣어 주어 하나님의 사람으로 거듭나게 하며, 거듭난 생명이 자라는데 필요한 영양소를 공급하여주는 '생명나무'입니다. 그래서 현자는 말하였습니다. '하나님께서 토라를 주신 목적은 바로 모든 사람들이 토라가 되는 것이다.' 우리는 생명나무인 토라로부터 모든 영적인 영양분을 공급받아 영적으로 날마다 더 강건해지는 하나님의 사람이 되어, 세상에 사는 사람들에게 바르게 사는 삶의 원리를 보여주는 토라가 되기를 소망합니다.

이러한 소망을 가지고 '변순복과 함께하는 모세오경 여행'시리즈를 시작하게 되었습니다. 이제 그 네 번째 책을 세상에 내 보냅니다. 우리 함께 생명나무요, 삶의 원리인 '토라'의 네 번째 장을 열며, '토라'여행을 함께 떠납시다. 한 절, 한 절 함께 여행하며 영적인 떡과 음료를 마시는 하나님의 사람이 되어, 이 세상에 하나님이 살아계시는 것과 하나님이 지금도 일하시고 계심을 증거 하는 증인의 삶을 살아가는 하나님의 사람이 되시기 바랍니다.

이 책이 출판되기까지 도와주신 여러분들께 진심으로 감사를 드립니다. 마지막으로 편집과 디자인을 맡아 수고해 주신 하연 디자인과 기쁨으로 출판을 맡아 주신 더 하임 출판사 사장님과 이사님께 감사드립니다.

그리고 늘 옆에서 용기와 격려와 기도로 도와준 나의 돕는 배필 변정숙과 아빠를 응원해 주는 아들 보안, 며느리 래진 그리고 할아버지 하며 달려와 기쁨을 안겨주는 손자 요셉에게 지면을 빌어 감사를 전합니다.

변순복

토라 연구로 들어가는 길

❦

성경이란 무엇인가?

성경이라는 말은 영어로 바이블 Bible이다. 이것은 헬라어 비블리온 βιβλιον에서 온 용어로 초기 랍비들이 성경이라는 말 대신 사용한 '책들'이라는 의미의 히브리어 하쓰파림 הספרים을 헬라어로 번역한 단어에서 유래한 것이다. 랍비들이 성경을 부르는데 사용한 또 다른 하나의 용어는 키트베이 하코데쉬 כתבי הקדש이다. 이것은 '거룩한 기록물'이라는 뜻이며, 또 다른 성경교사 랍비들은 미크라 מקרא 곧 '읽음'이라 부르기도 하였다. 성경을 미크라 מקרא라 부른 이유는 성경은 반드시 읽어야 하는 책이지, 책 그 자체로서 의미가 있는 것이 아니라는 것이다.

그러면 현대 유대인들은 성경을 무엇이라고 부르는가? 일반적으로 현대 유대인들은 성경을 타나크흐 תנ״ך라 부른다. 그 이름은 그들이 구약성경을 크게 세 부분으로 나누어, 각각의 이름을 '토라 תורה', '너비임 נביאים', '커투빔 כתובים'이라 부르는데, 그 세 단어의 머리글자를 따서 만든 두문자어이다. 한국어 성경을 유대인이 나누는 방법으로 나누어 보면 '토라'는 '오경'을, '너비임'은 '선지서'를, '커두빔'은 '성문서'를 말한다. 즉 오경을 말하는 토라의 'ㅌ'과 선지서를 말하는 너비임의 'ㄴ'과 성문서를 말하는 커투빔의 'ㅋㅎ'을 가지고 만든 새로운 단어로 'ㅌ'과 'ㄴ'에 모음부호 'ㅏ'를 붙이고 'ㅋ

ㅎ'은 따라 오도록 하므로 '타나ㅋㅎ'라는 단어가 만들어졌다.

그러나 한국어로 성경을 표현할 때는 '구별된 경전'이라는 의미로 '성경'이라는 한자 용어를 차용하여 사용하고 있다.

토라란 무엇인가?

'토라'는 물론 다양한 의미를 가지고 있다. 유대인들은 일반적으로 토라라는 용어를 성경 전체를 가리키는 말로 사용하기도 하며, 좁은 의미로는 오경을 가리키기도 한다. 그러나 일반적으로 유대인들이 토라라는 용어를 사용할 때, 구전 토라(Oral Torah)와 성문 토라(Written Torah)를 모두 가리키는 아주 폭 넓은 의미로 사용하는 것이 보통이다.

그러나 비 유대인들, 특히 기독교인들은 '토라'라는 용어를 일반적으로 '율법 Law'이라는 의미로 사용하고 있다. 그러므로 인하여 많은 오해를 불러왔다. 히브리어 성경을 헬라어로 번역한 성경을 70인 역이라 한다. 70인 역 번역자들이 '토라'라는 히브리어 단어를 '율법'이라는 헬라어 단어 '노모스 νόμος'로 번역한 데서부터 오해는 시작되었다. 그러므로 본서는 토라를 좁은 의미로 사용하는 것이 아니라, 성경의 처음 다섯 책, 즉 오경을 지시하는 말로 사용할 것이다.

왜냐하면 토라는 처음부터 다섯 권의 책이 아니라, 한 권의 책인데 '오경'이라는 말로 사용하여 '다섯 권의 분리된' 책으로 보는 입장의 용어이기 때문이다. 그러나 창세기, 출애굽기, 레위기, 민수기, 신명기는 한권의 책인 '토라'를 편의상 다섯 부분으로 나누어 놓은 부분의 이름일 뿐이지 각각은 구별된 책이 아니다.

인쇄술이 발달되지 않은 시기에는 하나님의 말씀을 파피루스에 기록하였다. 파피루스에 기록된 토라의 방대한 분량은 오늘날의 가장 얇고 좋은 종이에 인쇄된 토라와 비교할 수 없다. 파피루스 토라는 우리가 상상할 수 없을 만큼 방대한 양을 가지고 있었을 것이다. 그러므로 토라를 운반하거나 보관하는데 힘들었을 것이다. 시편 또한 150편의 노래로 이루어진 방대한 책이므로 다섯 부분으로 나누어 편리하게 사용한 것과 마찬가지다. 토라 또한 다섯 부분을 비슷한 양으로 나누어 보관하고, 편리하게 사용하였던 것이 5권으로 나누어지게 된 유래이다. 그래서 70인 역은 토라를 '다섯 두루마리'란 의미로 '펜타튜ㅋㅎPentateuch'로 번역하였다. 그 결과 한글 성경에서도 오경이라는 이름을 가지게 되었다. 위에서 언급한 대로 본서는 오경이라는 용어 대신 토라라는 용어를 사용하고자 한다.

믿음의 책인 토라

토라는 성경이 광대하고 다양한 광물과 물질적인 자원을 풍부하게 가지고 있는, 거대한 산 속에 진귀한 보석이 묻힌 큰 광맥이라고 할 수 있다.

사람들은 어느 누구를 막론하고 자기 앞에 진귀한 광맥 표지판이 나타날 때 흥분하지 않을 사람은 없을 것이다. 때로는 높고 험한 언덕이 앞을 막을 때면 낙심하기도 할 것이며, 나무가 없는 사막 같은 길을 걸어야 할 때면에서 이 거대한 산을 나오고 싶기도 할 것이다.

그러나 그 광맥을 따라 산속을 여행하는 것은 아주 진지하고도 흥미로운 일이 아닐 수 없다.

어떤 때는 눈앞에 나타난 아주 좁은 길, 좁지만 아주 귀한 보석이 있다는 것을 알려 주는 빛이 있어 가보고 싶은 길이 있으나, 선뜻 용기가 나지 않는 길이 있는데 이것이 바로 성경이라는 거대한 산 속에 제일 앞부분에 자리 잡고 있는 '토라'라고 할 수 있다.

토라는 그 광맥을 따라 걸으면서 다양한 광물과 물질적 자원의 풍부함을 더 확실하게 보여주는 빛을 비추어 주는 길이라 할 수 있다. 영원한 생명을 주는 생명수가 있어 한 번 마시기만 하면 영원히 죽지 않는 물가에 독자 여러분이 서 있다면 얼마나 황홀하겠는가!

토라는 믿음의 좁은 길을 제시하는 책이다. 영원한 생명을 주는 생명의 근원이 담겨있는 책이며 또 그 길을 제시하는 책이다. 그러므로 토라는 하나님을 믿는 신앙인들이 우주와 인간과 하나님을 찾아 만나는 비밀의 길, 유일한 길을 제시하는 믿음의 책이다.

성경연구의 중요성

내가 주의 법을 어찌 그리 사랑 하는지요! 내가 그것을 종일 묵상 하나이다. 주의 계명이 항상 나와 함께 하므로 그것이 나로 원수보다 지혜롭게 하나이다. 내가 주의 증거를 묵상하므로 나의 명철함이 나의 모든 스승보다 승하며 주의 법도를 지키므로 나의 명철함이 노인보다 승하니이다. (시편 119:97-100)

성경은 무엇을 가르치는가?

벤 조마(Ben Zoma)는 말하기를, "현명한 사람은 모든 사람으로부터 배우는 사람"이라는 것을 강조하였다. 성경을 연구하는 사람은 성경 속에서 다양한 사람들을 만난다. 그때 그는 만나는 모든 사람들로부터 다양한 것을 배우게 된다. 때로는 해야 할 것과 하지 말아야 할 것을 배우게 된다.

여러분은 왜 성경을 배우고 연구합니까?

성경을 연구하고 배우는 이유는 배운 대로 삶에 적용하기 위함이다. 그러므로 성경을 읽고 연구하는 사람은 성경에서 배운 대로 삶을 살아야 하는 것이다. 그러므로 성경을 배우는 이유는 배운 대로 행하는 삶을 살기 위함이다.

선민의식이 강한 유대인들에게 성경이 무엇을 가르치느냐고 묻는다면, 그들은 선뜻 대답하기를 "성경은 사람이 이 세상에서 바르게 사는 방법을 가르치는 책이다"라고 대답한다. 다시 말해서 성경을 연구하므로 이 세상에서 어떻게 사는 것이 바르게 사는 것인지 알게 되며, 하나님께서 그 자신에게 요구하시는 것이 무엇인지 알고 그 뜻을 이루어 드릴 수 있는 능력을 얻게 되는 것을 의미한다. 또 하나님과 동행하는 삶을 살 수 있게 되는 것 이것이야 말로 형통하는 삶이며 풍요로운 삶인 것이다.

기독교인에게 성경이 무엇을 가르치느냐고 묻는다면 무엇이라 대답할지 궁금하다. 특히 성경 공부에 열심인 우리나라 기독교인들에게 묻는다면 어떤 대답을 할 것인가?
성경은 단순하게 읽혀지는 책이 아니다. 세상에 있는 많은 책들이 어떤 정보나 지식을 제공하는 것처럼 읽는 사람들에게 정보와 지식만을 제공하는 책이 아니다. 성경은 그 이상의 것을 제시하며, 그 이상의 것을 요구하는, 살아있는 인격적인 말씀이다. 그러면 이 인격적인 말씀이 무엇을 가르치는지 성경에서 그 대답을 찾아보자. 독자는 먼저 답을 찾아 기록한 다음 아래에 나오는 답을 읽는 것이 좋을 것이다.

첫째, 성경은 읽고, 배우는 사람들에게 무엇을 믿어야 하는지에 대한 답을 제공하고 가르친다.
둘째, 첫 번째 질문의 답을 찾은 사람, 즉 무엇을 믿어야 하는지를 올바르게 깨달은 사람이 이 세상에서 어떻게 살아야 하는가에 대한 답을 성경은 가르친다.

다시 말해서 성경은 이 세상에 사는 사람들이, '하나님'을 '믿어야 한다'는 것과 이 세상에 유일한 신은 '하나님 한 분 뿐이라'는 것을 가르치는데 이러한 말씀을 모아서 '교리'라 하며, 다른 말로는 '신조' 또는 '신경'이라 한다.
그 다음에 그 한 분 뿐이신 하나님을 믿는 사람들이 이 세상에서 어떻게 살아야 하는지를 또한 가르친다. 이러한 삶의 기준이며 표준이 되는 '가르침'을 '계명'이라 하는데, 어떤 이들은 이것을 '율법'이라 부르기도 한다. 그러나 본서는 이 용어보다는 '가르침' 또는 '교훈'이라는 용어로 사용하기를 권한다.

성경의 언어

하나님만을 믿어야 한다는 진리의 말씀을 연구하기 위하여, 먼저 성경을 기록하는데 사용된 언어를 아는 것이 중요하다. 구약 성경은 대부분 히브리어로 기록 되었으며 일부분이 아람어로 기록되었다. 히브리어와 아람어는 같은 셈족 언어에 속하는 언어이다. 셈어는 '히브리어', '아람어', '아랍어', '아카드어', '이디오피아어'로 다섯 종류가 있다. 이것들 중 현재 살아있는 언어로는 성경이 기록된 '히브리어'와 코란이 기록된 '아랍어'이다. 이들 중 구약 성경의 언어는 '히브리어'와 '아람어'이며 신약성경의 언어는 '코이네 헬라어'이다.

특이한 것은 '히브리어'는 자음 문자로만 구성되어 있고 모음이 없는 언어이다. 또한 대문자, 소문자가 따로 없는 언어이다. 그러므로 초기 구약 성경을 기록할 당시에는 히브리어 자음 문자로만 성경을 기록하였다.
물론 현재 우리가 가지고 읽고 있는 히브리어 성경은 히브리어 모음 부호가 있다. 이 모음 부호는 마소라 학자들이 만든 부호로 후대에 성경을 연구하는 사람들이 성경을 편리하게, 바르게 읽을 수 있도록 돕기 위해 모음 부호를 만들어 첨가한 것이다.
그러므로 현대에 히브리어를 배우는 사람들은 모음 부호를 가진 히브리어 성경을 가지고 읽기 때문에 모음이 없는 언어라는 것을 이해하지 못할 수도 있다. 그 이유는 히브리어 교재들은 한결같이 '모음'이라는 용어를 사용하고 있기 때문이다.

그러나 고대 히브리어 사본들은 모음 부호를 가지고 있지 않다. 그러면 하나님의 감동하심을 입은 사람들이 성경을 기록할 때, 하나님은 왜 모음이 없는 언어인 히브리어를 선택하였을까?
랍비들의 설명에 따르면 성경을 읽을 때 단지 눈으로 문자만 읽는 것이 아니라, 마음으로 생각하면서, 그 말씀의 의미를 묵상하면서, 하나님의 뜻을 찾기 위하여, 마음을 다하고 뜻을 다하고 힘을 다하여, 사모하는 믿음을 가지고 읽어야 한다고 한다.

토라연구의 가치

히브리어 성경은 세 부분으로 나누어지는 것을 이미 살펴보았다. 유대교에서 랍비들은 성경이 하나님의 말씀이라며 토라, 선지서, 성문서 모두가 중요한 것이기 때문에, 세상에 있는 다른 어떤 것과도 비교할 수 없는 보화라고 가르친다.

그러나 가치와 거룩의 정도에 차이를 두는 것을 볼 수 있다. 오경을 원리라 하여 가장 귀하게 보며, 선지서는 원리를 가르치는 가르침으로 본다. 그러므로 선지자들의 가르침이 원리인 토라에 위배되면 그 가르침은 거짓이 되는 것이다. 그리고 성문서는 원리를 따라 가르침을 받은 대로 적용하는 삶의 현장이라고 한다. 삶의 자리는 하나님 말씀의 원리를 배우는 자리이어야 하며, 또한 배움을 받은 대로 실천하는 자리가 되어야 한다.

그러므로 유대교의 교육 목표 중 가장 중요한 것은 "교육은 실천하기 위한 것이다(Learning is doing)"이다. 그러므로 성경을 배우는 것은 삶 가운데 실천하기 위함이다. 장소가 어디든지 성경을 교육하는 목적은 성경을 배운 사람들이 성경이 가르치는 방법대로 살아가도록 인도하기 위한 것이다.

그러므로 성경은 이 세상의 어떤 것보다 귀중한 가치가 있는 것이다. 하나님을 믿는 사람에게 있어서 가장 중요한 것은 하나님의 말씀이다. 그러므로 이 말씀을 배우고 연구하는 것은 더욱 중요하다.

한 상가의 주인이 한 사람을 고용하여 창고에 있는 재고를 파악하고, 재고의 가격이 얼마나 되는지 조사하라 하였다. 주인은 그에게 아주 좋은 전자계산기를 주었는데, 불쌍하게 그 사람은 최신형 계산기를 사용하는 방법을 몰랐다. 사용 설명서 또한 자신이 이해할 수 없는 언어로 기록되어 있어서 그 계산기는 무용지물이었다.

이와 마찬가지로 하나님의 말씀은 있는데 말씀에 대하여 무지하다면 말씀은 능력을 나타내지 못한다. 또한 말씀을 배우고 연구하여 머리로만 안다면 그 또한 모르는 것과 다를 바 없다.

말씀을 배운 후 말씀을 알고 행하지 않는 것은 무지한 자라고 성경은 가르친다.

그러므로 누구든지 나의 이 말을 듣고 행하는 자는 그 집을 반석위에 지은 지혜로운 사람 같으리니 비가 내리고 창수가 나고 바람이 불어 그 집에 부딪치되 무너지지 아니하나니 이는 주초를 반석 위에 놓은 연고요 나의 이 말을 듣고 행치 아니하는 자는 그 집을 모래 위에 지은 어리석은 사람 같으리니 비가 내리고 창수가 나고 바람이 불어 그 집에 부딪치매 무너져 그 무너짐이 심하니라(마 7:24-27).

그러므로 유대교 랍비들은 성경 그 자체보다 성경을 연구하여 아는 것이 중요하며, 또 아는 것보다 성경에서 말씀하고 있는 대로 실천하는 것이 더 중요하다고 가르쳤다.

실로 토라를 연구하는 것은 왕관을 얻는 것보다 더 귀한 것이다. 토라를 연구하는 것(지혜)은 진주보다 귀하다고 성경 잠언 3:15에 기록하였다. 이러한 결과로 유대교에서는 성경을 연구하는 것이 예배라고까지 한다.

토라를 연구하는 것을 통하여 인격적인 하나님을 만나고, 하나님의 말씀을 알고, 하나님의 임재를 온 몸으로 느끼며, 말씀을 따라 하나님과 동행하는 삶이 곧 삶의 예배이다. 그러므로 토라를 연구하는 것은 세상의 어떤 것보다 귀중하고 중요한 일이다.

토라 연구는 토라를 연구하는 사람의 삶을 보장한다.

토라 연구는 하나님을 진실로 믿는 사람의 미래를 보장하는 보증이며, 하나님의 인감도장과 같다. 어떠한 환경에 있을지라도 토라를 연구하는 것은 아주 중요한 일이기 때문에 중단할 수 없는 일이며, 토라 연구는 바로 삶의 자리인 것이다.

아주 재미있는 이야기가 있다. 여우 한 마리가 강변을 거닐고 있었다. 여우는 강 속에서 물고기가 떼를 이루어 이리 저리 다니는 것을 보고, 그들에게 물었다. "너희들은 무엇으로부터 자유를 누려?" 물고기들이 대답하길, "우리는 우리를 잡기 위해 사람이 쳐놓은 그물에서 자유해."라고 하였다. 여우가 다시 물고기에게 "애들아, 땅 위로 올라와서 나와 함께 평화롭게 살지 않겠니?"하자, 물고기가 대답했다. "우리가 살 수 있는 환경에 두려움이 있는 것은 사실이야, 하지만 물을 떠나서 우리는 살수 없어, 그리고 물은 우리의 집이야. 너는 참 어리석구나! 우리가 물을 떠날 수 없다는 것을 모르니!"

마찬가지로 사람들이 사는 세상 또한 두려움이 있으며, 악한 것들이 쳐놓은 그물이 수 없이 많이 있다. 그렇다고 다른 곳에 가서 살 수 있는가? 물고기가 물을 떠나서 살 수 없는 것과 같이 하나님이 우리를 부르시기 전까지 이 세상을 떠날 수 없다.

그러면, 어떻게 사는 것이 현명한 것일까? 하나님의 말씀을 연구하고, 배우고 또 배운 대로 실천하는 삶을 살 때에 하나님은 우리의 피난처가 되시고 보호자가 되시고 목동이 되셔서 우리와 함께 서 계시는 것이다.

네 하나님 여호와를 사랑하고 그 말씀을 청종하며 또 그에게 의지하라 그는 네 생명이시오 네 장수시니 … (신 30:20)라는 말씀과 같이, 토라를 연구하고 따르는 것이 연구하는 사람의 미래를 보장한다.

오직 토라를 연구하므로 토라라는 거울을 통하여 우리는 누구이고, 어디에서 왔고, 어디에 살고 있으며, 또 어디로 가고 있는지를 분명히 알게 된다. 또한 앞으로 우리가 어디로 가고, 거기에서 어떠한 사람 즉 어떻게 변화될 것인지 알 수 있다. 그러므로 토라 연구만이 삶의 보장이다.

토라는 토라를 연구하는 사람의 삶의 방법을 변화시킨다.

하나님은 토라를 연구하는 사람들로 하여금 변화가 일어날 것을 기대하신다. 토라를 읽고 연구하는 사람은 하나님을 만나게 된다. 하나님을 만난 후에는 변화된 삶을 살아야 한다.

다른 나라는 몰라도 한국 교회의 양적인 부흥과 발전은 어느 나라도 따를 수 없는 속도로 빠르게 성장해 왔다. 또한 열정적인 성도들의 신앙심은 전 세계를 놀라게 하였고 많은 사람들에게 지대한 영향을 끼친 것은 부인할 수 없는 사실이다.

그러나 현재 한국 교회의 실정은 많은 사람들로부터 비판의 대상이 되고 있으니 참으로 아이러니한 일이 아닐 수 없다.

성경공부에 열심인 나라, 하나님의 일에 열심인 나라, 세계에서 제일 큰 교회가 있는 나라, 가는 곳마다 예배당을 세우는 나라, 그리고 세계에서 유일하게 새벽 기도가 있는 기도하는 나라, 기도하는 성도가 아닌가. 그런데 왜 교회성장이 둔화되고 나라는 점점 더 부정과 부패의 숲으로 빠져드는지, 모든 믿는 자들이 함께 생각하고 함께 고민하며 풀어가야 할 중요한 과제로 남아있다.

손봉호 교수가 지적한 대로 세상의 소금이 아니라 교회당 창고 안에 쌓여져 있는 소금이기 때문인가? 물론 창고에 있는 소금은 제 맛을 낼 수가 없다. 세상에 나가서 녹아져야 소금의 효력이 나타나는 것이지, 창고 안에 그냥 쌓여 있어서는 안 된다. 소금이 세상에 나가 녹아져서 그 효력이 나타나는 것처럼, 성도들도 말씀에서 배운 대로 세상에 나가 그대로 살게 될 때, 하나님이 기뻐하시는 말씀의 참된 열매를 맺게 될 것이다. 또 믿는자들의 그런 모습을 보고 믿지 않은 자들도 하나님을 사모하게 될 것이며, 그러한 사회는 모든 사람이 살맛나는 사회로 변화되어가지 않겠는가?

물론 하나님은 녹로 위에서 그릇을 빚으시다가 그 그릇이 깨어졌을 때, 그 진흙을 버리지 아니하시고 하나님의 뜻에 선한 대로 새로운 그릇을 만드신다고 말씀하셨다(렘 18장). 하나님께서 찾으시는 열매는 땅에서 깨어진 그릇이, 새로운 그릇으로 만들어지는, 즉 변화되는 열매를 하나님은 찾으신다.

교회당 안에 있는 마당을 밟는 교인이 성경을 연구하고 배우므로 말미암아 진정하게 하나님을 만나 이전의 삶의 자리에서 툭툭 털고 일어나 새로운 자리, 하나님과 함께하는 자리로 나아가는 변화된 열매를 하나님은 찾으신다.

어제에 있던 자리, 옛 현존의 자리, 자아 중심의 자리, 죄인의 자리, 하나님을 떠났던 자리에서 자신의 위치를 바르게 알고, 죄를 인식하고 자신이 거할 자리가 아님을 알아야 한다. 그 다음 그 자리에서 벌떡 일어나 새로운 현존의 자리, 변화된 자리로 나아 올 수 있는 길, 즉 하나님 앞으로 나아오는 그 길이 바로 성경을 연구하므로 보여 지는 것이다. 그러므로 토라 연구는 연구하는 사람의 삶의 방식을 바꾸어 옛 사람을 벗어버리고 새 사람을 입도록 만드는 길이다.

하나님은 토라를 연구하고 배우는 사람으로 하여금 토라를 배우는 과정을 통하여 인격적 결단을 내리도록 그의 환경을 조성하시고 계신다. 토라를 배우는 사람의 인격적 결단은 다음과 같은 상황 속에서 전개된다.

배우는 사람이 하나님 편에 서느냐?
아니면 전적으로 자기의 뜻을 고집하느냐?
하나님의 뜻이 요구하는 대로 새 삶의 현존을 받아들이느냐?
옛 삶의 현존을 고수하느냐?

바울에 의하면 첫 아담과 둘째 아담의 현존 양식을 두고서 선택의 기로에 서 있다고 말한다. 여기에서 토라를 배우는 사람은 하나님이 원하시는 길을 선택하므로 변화의 길을 가게 되고 또 하나님이 찾으시는 열매를 맺는 예배하는 삶을 살게 된다.

> **토라는**
> 토라를 연구하는 사람의 미래를 보장한다 (תלמוד 탈무드)
> 토라는 생명 나무이다 (תורה עץ חיים 토라 에이쯔 ㅎ카임)

창세기

이름

창세기(기원, 시작)라는 이름은 헬라어 번역본인 70인 역으로 부터 시작된 용어인데, 히브리어 이름은 창세기를 시작하는 첫 번째 단어인 '버레이쉬트 בְּרֵאשִׁית'이다. 고대 근동의 사람들은 일반적으로 책의 이름을 정할 때, 책의 첫 번째 단어나 첫줄에 나오는 단어들 가운데서 중요하다고 생각하는 단어 하나를 선택하여 책의 이름으로 사용하였다. 창세기는 그 외에도 '영원한 연약의 책'과 같이 몇 가지 다른 이름을 가지기는 하였으나, 많은 사람들로 폭 넓은 지지를 얻지 못하고 사라졌다.

내용

창세기는 세상 창조로부터 시작하여, 이집트에서 야곱이 죽고, 그의 아들 요셉이 죽으므로 끝나는 책으로 토라(오경)의 다섯 부분 가운데 첫 번째 부분이다. 창세기는 50장으로 구성 되었는데, 크게 두 부분으로 나눌 수 있다. 1-11장은 세상창조와 인간창조 그리고 인간의 타락과 세상을 덮는 홍수와 바벨탑을 건설하는 사건을 다루는 보편적 역사이다. 12-50장은 아브라함, 이삭, 야곱 및 그 가족의 삶을 다루고 있다. 창세기를 우리가 사용하는 연대로 계산해 보면 하나님이 천지를 창조하시고 아담을 만드시고 아담의 아들 셋이 출생한 해를 130년이라 하면, 현재까지의 년 수는 얼마나 되는가? 왜 130년을 기준이 되는 해(year)로 정하고 계산하려고 하는가 하면, 하나님이 아담을 몇 살 된 사람으로 지었는지 모르기 때문이다. 하나님이 아담을 지으신 후 아담이 130년 살았을 때, 셋이 출생하기 때문에 그 해를 기준으로 삼아 계산해보려고 한다. 셋은 성장하여 결혼하고 105살 되었을 때, 에노스가 출생 했으니 에노스는 235년에 태어났다. 이런 방식으로 족보에 나오는 나이를 따라 년도를 계산하면 야곱은 2108년에 탄생한다. 야곱이 91세 때 요셉이 태어나고, 요셉이 110살에 죽으니, 요셉이 죽은 해는 2309년이 된다. 그러므로 창세기의 시간은 약 2300년의 역사를 담고 있다.

창세기는 하나님께서 모든 것을 창조하신 창조기사로 책을 시작한다. 하나님이 하늘과 땅과 그 안에 들어있는 모든 것을 창조하신 다음, 창조의 꽃이라고 할 수 있는 사람을 창조하시는 것으로 창조기사를 마무리한다. 하나님은 사람에게 특별한 권세를 주셔서 하나님이 창조하신 모든 것을 다스릴 수 있는 왕권을 준다. 그러나 사람은 창조주께 큰 실망을 안겨 준다. 하나님의 형상과 모양으로 지음 받은 사람이 하나님의 형상을 파괴하고, 마침내 하나님의 동산으로부터 추방당한다. 그 이후 하나님은 노아와 그의 가족들을 새롭게 선택해서 새 일을 시작한다. 물론 노아를 선택한 결과도 좋지는 않았다. 인류의 새로운 존재는 알코올 남용과 벌거벗은 수치로 인하여 다시 한 번 하나님을 실망시킨다. 그러나 하나님은 인류를 지상에서 근절하지 않기로 맹세했기 때문에, 하나님은 자신의 언약 안에서 궁극적인 완성을 향해 새로운 사람을 선택한다. 그가 바로 첫 번째 족장인 아브라함이다. 하나님은 아브라함을 선택하여 하나님의 동역자로, 하나님의 친구로 세워서 하나님의 일을 시작하고 이루어 가셨다. 하나님은 첫 번째 족장 아브라함의 증손자인 요셉을 이집트로 내려가게 만들었다. 그래서 거기서 요셉은 그의 가족이 이집트로 내려올 기반을 만들었다. 이러한 준비를 마친 다음 하나님은 세 번째 족장인 야곱이 그의 가족을 인도하여 이집트로 내려가도록 했다. 이는 하나님은 자신의 백성을 큰 나라로 만들어, 다시 하나님의 약속의 땅으로 인도할 준비를 완벽하게 하신 것이다. 하나님은 이집트에서 이스라엘(야곱)의 가족을 씨앗으로 하여 하나의 국가를 건설하였다. 그리고 출애굽기에서 그 나라를 해방시켜 시내산으로 인도하여 그곳에서 그들과 언약을 맺으시고 새로운 나라의 건국을 선포하였다.

창세기는 한 나라의 법과 하나님 나라의 백성들이 지켜야할 의무와 하나님을 사랑하는 방법을 가르쳐주는 하나님의 말씀의 책인 성경에 대하여 안내하는 책이다. 그러므로 창세기의 가장 기본적인 주제는 하나님이 모든 것을 창조했다는 것이며, 특별히 하나님은 인간을 창조해서 자신의 동역자로 세웠다는 것이다. 그러는 과정에서 모든 인류는 통일성을 이루려고 자신의 의지를 따라 높은 탑을 건설하기도 하고, 하나님의 말씀을 떠나 그들의 악한 성향을 한없이 나타내며, 자신의 창조주를 반역하는 자리까지 갔다. 그러나 하나님은 아브라함을 선택해서 그와 거룩한 언약을 맺었다.

마지막으로 창세기는 모든 인간이 하나의 조상에서 퍼져 나갔다는 사실을 가르쳐 준다. 즉, 창세기는 인류를 한 종류의 존재로 여겼으며, 인종이나 언어 집단이 다른 어떤 것도 인간의 본질 위에 있지 않았다고 가르친다. 실제로, 국가별로 언어별로 종족별로 퍼져 나가는 것을 가르쳐주는 창세기 10장을 읽어보면 전 인류는 한 조상으로부터 왔다는 것을 분명하게 알 수 있다.

창세기의 과학

고대 사람들은 지구가 우주의 중심이라는 분명한 명제를 가지고 있었다. 그리고 그들이 지구 안에 살면서 만나는 자연법칙을 바꿀 수 없다는 것을 인정했다. 그러나 그 자연법칙이 하나님의 뜻에 순종하는 것으로 받아들이지는 못한 것 같다. 이처럼 성경에 나오는 다양한 이야기는 과학자들이 성경을 읽는데 거대한 걸림돌이 되었다.

특히 창세기를 시작하는 창세기 1장을 기초로 한 성경의 기본원리는 과학자들에 의하여 많이 변질되기도 하였다. 아담과 하와와 에덴동산과 함께 창조의 6일 이야기를 독자가 전혀 의심 없이 받아들여야 하는가? 이 모든 것들은 전혀 과학적이지 못하며 오래된 신화로 보이기 때문에 아주 무의미한 것으로 보이지 않는가?

성경을 변증하는 수많은 사람들은 성경이 세상의 과학적 기원과 그 땅의 주민에 대해 거의 알려주지는 않았지만, 하나님의 세계와 인간과 인간의 운명에 대한 하나님과의 관계에 대해 이야기하는 것은 큰 의미가 있다고 동의한다. 성경에 대한 과학적 이해는 고대 시대의 세계관에 국한되어 있기 때문에, 우리 시대의 과학자들과 마찬가지로 성경이 진화론을 참고하거나 '언젠가는' 6일간의 천지창조에서 '한 날'이 '천 년'에 해당 할 수 있다고 말할 것이라 하였다. 이 견해는 외형적 문자주의가 가지는 최악의 문제로부터 성경을 구해내는 것처럼 보일지도 모른다.

그러나 현대인의 과학적 우월감 때문에 이 설명이 완전한 정의의 책임을 다하지는 못한다. 과학에 대한 현대인의 지식이 고대인의 지식보다 월등한 것은 사실이다. 그러나 현대인의 이러한 과학적 통찰력에 기초한 현대인의 세계관이 고대인의 세계관을 능가하게 만들 정도로 진보된 것은 아니라고 본다. 그러므로 성경을 연구할 때 성경본문이 말하는 그 지적인 신념을 온전히 존중하며, 종종 은유적으로 그리고 고대의 어휘와 틀 속에 그것들이 표현된다는 것을 이해하고 성경을 연구하는 것이 바람직할 것이다. 따라서 현대 독자들은 고대 창조론에 대한 현대적인 견해와 이해로 그들과 논쟁을 벌이거나 현대인의 우월성으로 고대의 것을 무시하려는 경향을 억제해야 한다. 그리고 인간 역사의 본질, 존재의 의미, 그리고 하나님의 현존에 관해 성경이 제안하는 것을 바르게 읽어야 한다.

창세기 10, 11, 12장을 여는 글

10장

10장은 노아 홍수 이후 인간들이 노아의 세 아들을 통하여 어느 정도로 많이 번성하고 어떻게 전 세계로 퍼져 나갔는지를 보여 주는 장으로 노아 후손의 대략적인 족보이다. 노아의 후손들은 전 세계로 그냥 흩어진 것이 아니라 언어와 종족과 나라에 따라 흩어졌음을 10장에서 자세히 가르쳐 주고 있다.

특히 히브리 민족의 1대 족장인 아브라함이 최초의 사람인 아담과 어떻게 연결되는지 가르치려고 노아의 세 아들의 족보를 비교적 자세히 보여 주고 있다. 그런데 함과 야벳의 족보도 상세히 가르쳐 주고 있는데 그 이유는 아브라함의 후손이 객이 될 것이라 했는데 누구의 땅에서 객이 되는지를 가르쳐 주려는 의도로 함의 족보도 상세히 가르쳐 주고 있으며, 야벳의 족보는 언어와 지역의 분포를 가르쳐 주기 위한 것으로 보인다.

2절에서 5절까지는 야벳의 족보가 나온다. 야벳의 후손은 아들 7명과 손자 7명으로 이 14종족들은 각자의 지중해와 해안지역으로 흩어져 각자의 언어를 구사하고 각자 지역을 확보하여 씨족사회를 형성했다. 2절에서 가장 먼저 고멜과 함께 일곱 아들이 등장하고, 3절에는 고멜의 아들들이 4절에는 야완의 아들들이 등장한다.

　야벳의 아들은 7명인데, 왜 고멜과 야완의 후손만 기록되었을까? 토라는 새로운 나라를 이루는 왕으로 성장한 사람들만 언급한 것으로 보인다. 야벳의 7아들들 중에 여기에 이름이 올리지 않는 아들들은 국가를 이루지 못한 것으로 보인다. 야벳은 노아의 축복대로 넓은 지역으로 퍼져 나가는 것을 볼 수 있고 그의 언어대로, 종족대로 나라대로 흩어져 살았다.

　6절에서 20절까지는 함의 후손의 족보 이다. 함의 후손들도 자신들의 가족 공동체가 부족을 이루고 나라를 이루어 가는 것을 볼 수 있다. 함의 아들은 구스와 미스라임과 붓과 가나안이다. 이 아들들 중 미스라임은 히브리어로 미쯔라임 인데 이는 이집트를 가리킨다. 함의 아들 중 미스라임의 후손이 이집트에 자리를 잡았다. 성경에 함의 후손은 종이 된다고 하였기에 이집트역시 '종들이 사는 나라'가 된다.

　그리고 성경은 구스의 아들들 중에 니므롯을 따로 떼어 내어 길게 설명하고 있다. 그것은 그가 자신이 신이라고 하는 첫 번째 사람 이었기 때문이다. 앞으로 우리가 연구할 11장에 시날 땅에 높은 탑과 자신의 이름을 내고 하나님을 반역하려는 계획을 이루어가는 인물이 바로 니므롯이다. 니므롯을 설명하기 위해 바벨론과 앗수르를 등장시킨 것은 그 지역들이 함의 후손의 땅이고 결국 셈의 후손과 늘 적대국가로 있게 되는 배경을 우리는 알 수 있다.

　15절부터 19절 까지는 함의 아들 가나안의 후손의 이름이 나온다. 이곳은 훗날 여호수아가 가나안 땅을 정복할 때 쫓아낸 7족속의 이름이 포함되어 있다. 가나안의 아들들은 가나안 족속의 머리가 되었다. 그리고 이 가나안 땅은 아브라함의 후손이 물려받을 땅이다.

　21절부터 31절까지는 셈의 후손의 흩어짐을 설명한다. 성경을 읽어보면 성경에서 사라질 민족을 먼저 등장시키는 것을 종종 볼 수 있다. 아브라함의 조상이 되는 셈의 족보를 마지막에 설명하는 것도 이와 같다. 다시 말해서 10장 마지막 부분은 인류의 주요 국가를 형성해 나가는 아브라함과 그의 후손들의 조상이 되는 셈의 계보를 설명한다. 셈의 계보에서는 야벳과 함의 계보에서 볼 수 없었던 다른 것을 볼 수 있는데, 야벳과 함의 아들들은 누구누구 이다. 하였다. 그런데 셈에게 와서는 '셈에게 또한 후손들이 태어나졌다'라고 말한다. 아주 특이한 족보의 기록방식임을 염두에 두고 셈의 족보를 연구하는 것이 좋겠다. 셈은 다섯 명의 아들이 있었다. 그 다섯 명의 아들들 중 마지막에 나온 아람과 아르박삿만 후손을 가진 것으로 나온다. 아르박삿은 셀라와 에벨을 낳았다고 기록되어 있고 에벨은 그 시대 의로운 사람 가운데 한 사람이었다. '토라 연구의 집'인 '예쉬바'를 세운 사람이기도 하다. 에벨이 벨렉과 욕단 두 아들을 낳았다. 벨렉의 의미는 '나누다'에 강조점을 두는데 그 이유는 그의 생애 마지막에 땅이 나뉘어졌기 때문이다. 나누어진 이후 벨렉의 족보는 11장에서 아브람을 성경 무대 위에 등장 시킬 때 다시 나타난다. 셈의 자손들도 야벳과 함의 족속과 같이 그 족속의 언어와 지방과 나라대로 지역을 확보하며 사회를 형성해 갔다.

　10장 1절부터 시작한 노아의 족보에 기록된 이들은 홍수 후에 태어난 노아 후손의 가족들이다. 전 세계 국가가 이들로부터 즉, 노아로부터 시작되었다는 사실을 알고 10장의 말씀 속으로 여행을 시작해보도록 하자.

11장

　11장은 아브라함이 노아의 어느 아들을 통하여 어디에서 태어났으며 어떻게 고향 땅을 떠나게 되었는지 가르쳐 주면서 아브라함을 성경 무대 위에 등장 시키는 것이 주요 주제이다. 그러므로 아브라함이 갈대아 우르를 떠나 하란에 거하다가 어떻게 왜 무엇을 위하여 가나안으로 이주하게 되었는지를 가르쳐 준다.

　아브라함이 등장하기 전에 한 사건을 맞이하게 된다. 1절에서 '언어와 말이 같은 한 땅, 한 주민이 있었다'라고 시작한다. 우리가 연구해 온 10장에서 노아의 후손들이 70개의 나라로 나누어졌고 나누어질 때를 보면 언어와 종족대로라고 했다. 그럼 여기서 언어가 하나라는 것은 무엇을 의미하는가? 생각해 보며 11장을 연구해야 될 것이다.

　그리고 10장에 나온 함의 아들들 가운데 한 사람을 따로 떼어 내어 장황하게 설명을 했던 니므롯을 11장에서 다시 등장시킨다. 11장은 함의 아들 니므롯을 통해 하나님과 반대로 가려고 하고 하나님과 동등 됨을 취하며 하나님위에 머무르고 싶어 하는 인류의 욕망을 보여준다.

　암튼 이들은 동쪽으로부터 여행하는 가운데 시날 평지를 만나게 된다. 그들은 여기에서 도시를 건설할 뿐만 아니라 하늘 꼭대기 까지 올라가는 탑을 쌓는다. 그리고 그들이 도시를 건설하고 탑을 쌓는 목적은 '우리가 전 세계에 흩어져 있지 않기 위하여'라고 말한다.

　이것은 '땅에 흩어져 땅을 채우라'는 하나님 말씀에 대한 도전장이다. 이것은 하나님을 반역하고 자기 이름을 내어 흩어짐을 면하고 하나님의 이름을 부르며 예배하는 자리를 떠나 하나님을 등지고 자신의 이름을 내며 자신의 뜻을 따라 살기로 결심하는 뜻에 입을 모았다는 것이다. 다시 말해서 하나님을 거역하자는데 뜻을 같이하고 자신들의 뜻을 세우기로 합의했다는 말이다.

'하나님이 내려오셨다.' '그 도시와 그 탑을 보기 위해'라고 말씀하셨다. 이는 하나님이 창조하신 인간이 저지른 행위를 면밀히 조사하기 위하여 내려오신 것이다. 그리고 말씀하셨다. 이들이 한 나라처럼 연합하여 사상을 공유하는 연합체를 이루었으니 이 일이 그대로 이루어지는 것을 막아야 한다. 막지 않으면 계속 그들이 하나님 뜻에 반대되는 계획을 해도 성공할 것이라고 생각할 것이고 그들은 또 다른 우상을 만들어 섬기는 일을 지속할 것이다. 그래서 하나님은 그들을 섞으려고 내려오셨다.

그리고 모여서 흩어지지 않으려고 도시와 탑을 건설한 사람들을 흩어버리셨다. 그래서 그들이 계획한 모든 것들이 수포로 돌아가게 되었다. '열매를 맺고 번성하여 땅을 채우라(창 9:1) 는 하나님의 명령에 반대되는 방향으로 가며 하나님 이름 보다는 자신의 이름을 내고자 했던 인류의 계획에 하나님이 개입하셔서 그들을 흩으시고 그곳을 바벨이라 이름 하였다.

10절부터 다시 셈의 족보가 나온다. 아브라함을 등장시키기 위함이라면 10장에 욕단 다음 벨렉으로 이어져서 족보가 나와도 아무 문제가 없을 것인데 앞에 바벨탑 사건을 등장시키는 것은 무엇일까? 노아의 홍수로 인하여 노아와 그의 세 아들 그리고 노아의 부인과 그의 세 자부만 살아남았었다. 오직 그들만 구원 받은 것이다. 하나님의 선택함을 받은 이들을 통해

70개 나라를 이루게 되고 하나님의 은혜를 입은 그 하나님의 백성, 그 백성이 있음에도 불구하고 1대 족장 아브라함을 세워서 하나님 나라를 이루어 가시려는 하나님의 뜻을 바벨탑 사건을 보면서 알아야 할 것 같다.

11장에 나타난 셈의 족보는 10장에 기록한 족보와 기록한 양식이 다르다. 10장의 족보 기록 방식은 '각 사람 마다 언제 자녀를 낳고 몇 년을 지내며 자녀를 더 낳고 얼마를 살다가 죽었다'는 것을 볼 수가 있다. 우리는 성경을 읽을 때 '누가 태어나고, 언제 자녀를 낳고, 언제 죽었다'라고 표면적으로만 읽었던 경험이 있을 것이다. 11장에 나오는 셈의 가계도를 보면 누가 태어났을 때 조상 누가 살아 있었으며, 그 조상은 언제 죽었는지를 살펴보고 믿음의 계보와 신앙의 가르침이 어떤 조상을 통해서 어떻게 교육되고 전수 되었는지에 주의해서 10장과 11장의 족보를 비교하면서 다시 읽어 보면 좋겠다.

우리들도 다음 세대에 믿음의 좋은 신앙을 물려주려면 내가 어떤 신앙을 후손들에게 물려줘야 하는지 훗날 우리의 후손들이 조상 누구의 신앙을 기리며 자신의 신앙을 지켜나가게 할지 셈의 계보를 보며 깨닫고 실천 할 수 있었으면 좋겠다.

26절 드디어 아브라함의 아버지 데라가 등장하고 아브람이 출생한다. 아브람은 아버지 데라가 70세 되던 해에 태어났다는 것을 알 수 있다. 26절에 아브람의 출생이 나오고 27절에 다시 데라의 족보가 나오지만, 27절 부터 32절까지는 아담의 아들들과 함께 시작된 하나님의 신성한 선택의 역사적 과정의 정점의 시기이고 아브라함 세계의 시작을 알려준다. 아브람의 아버지 데라는 갈대아 우르에서 살았다. 우르는 빛이라는 말에서 파생된 것으로 '불'을 섬기는 도시라는 말로 데라는 우르에서 우상을 거래하는 딜러였다고 한다. 그러나 아브라함이 우르에 살면서 우상에 잡혀 살던 시기를 기록한 곳은 없다. 아브라함과 나홀이 장가 든다. 나홀은 아버지 데라보다 먼저 죽은 형제 하란의 딸을 취하여 결혼을 했고, 아브람의 아내는 사래이다. 사래는 불임자이다.

31절에 이제 아브람과 데라와 불임인 아내 사래와 그리고 롯은 우르를 떠난다. 가나안 땅으로 가려고 출발하지만 하란에서 머물게 된다.
그리고 하란에서 데라는 사망한다. 11장은 데라가 하란에서 죽었다는 말로 마감한다.

우리는 아브람이 성경 무대로 등장하는 것과 갈대아 우르를 떠나 하란에 머물다가 가나안에 왜 들어가게 되었는지 11장을 여행하며 알아가는 은혜를 경험하기를 바란다.

12장

　12장은 1대 족장 아브람을 부르심으로 시작한다. 하나님은 아브람에게 말씀하신다. '가라-너 자신을 위하여'라고 말씀하신다. 너의 땅과 친족과 아버지의 집을 떠나 내가 네게 나타날 땅으로 가라고 말씀하신다. 그리고 2~3절에 하나님께서 그에게 주실 복을 말씀하신다. 이에 아브람은 하나님의 말씀을 따라 롯과 아내 사래와 하란에서 모은 모든 소유를 가지고 하란을 떠나 가나안 땅으로 들어간다.

　가나안에는 이미 사람들이 살고 있었는데 아마 함의 아들들 가운데 가나안과 그의 후손들이 있었을 것이다. 그곳에서 하나님이 아브람에게 나타나셨다. 하나님의 나타남은 아브람이 하나님을 본 것이 아니라 하나님이 아브람을 보고 계시는 것을 아브람이 알았다는 것이다. 그리고 하나님의 현현을 체험하고 하나님의 말씀을 들은 아브람은 그곳에 제단을 쌓는다. 아브람은 앞에서 하나님께서 약속해 주신 말씀들에 대한 감사 제사를 드린 것이 암시된다. 아브람은 하나님께 감사 제사를 드리고 하나님을 만난 다음 하나님이 원하시는 곳이 어느 곳인지 알게 되어 벧엘 동쪽 산으로 이사를 했다. 그리고 거기에서도 하나님을 위하여 제단을 건설하고 하쉐임의 이름을 불렀다.

　아브람은 언제나 하나님의 말씀을 따라 자리를 옮겨 가며 하나님이 주신 땅을 살펴보았다. 그리고 가나안의 남부지역인 네게브에 정착했는데, 그 땅에 심한 기근이 들었다. 이 때 기근은 가나안에만 있었다.

　하란에서 하나님의 말씀을 따라 가나안으로 왔고, 하나님께서 땅과 자손을 주시겠다는 약속의 말씀도 들었다. 그리고 그 하나님의 현현함에 감사해서 제단을 건설하고 예배드리며 하나님이 말씀하신 땅을 다 둘러보고 정착까지 했는데 이제 그 곳에 심한 기근이 들어버린 것이다.

이제 아브람은 어떻게 해야 할 것인가? 우리라면 어떻게 할 것인가? 분명 기도하고 하나님 음성과 메시지를 듣고 움직였는데 생각했던 대로, 계획했던 대로, 상식을 벗어나지 않는 선에서 일이 이루어지지 않는 상황을 만나게 된다면 나는 어떻게 할 것인가?

암튼 아브람은 모든 상황을 받아들이고 합리적인 조치를 취하는데 애굽으로 내려가는 것이다. 애굽에 가까이 이르렀을 때 아브람은 생명의 위협을 느끼고 그의 부인 사래에게 말한다. 우리에게 위협이 닥친다면 당신은 나의 누이동생이라 하고 나를 오라비라고 말 하라고 당부한다. 왜냐하면 사래가 너무 예뻐서 그 나라에 가서 당신이 나의 부인이라고 하면 나를 죽일 것이기 때문이라고 말한다. 사래는 그렇게 하기로 하고 애굽의 국경에 가까이 왔다. 국경에 이르러서 아브람과 사래가 약속한 말을 하기도 전에 이미 애굽의 고관들의 눈에 띄어 사래의 아름다움이 바로 왕에게 보고가 되어버린다.

사래는 바로 왕궁으로 들어가게 되고, 아브람은 사래가 왕궁으로 들어가는 댓가로 많은 하사품을 받는다. 그런데 바로의 왕궁에는 사래의 일로 인해 하나님의 재앙이 임하게 된다. 바로왕은 사래를 아브람에게 돌려보내고, 아브람과 사래가 거짓말해서 일어난 일임에도 불구하고 바로왕은 사래를 데려 갈 때 아브람에게 준 소, 양, 낙타 등의 재물을 회수하지 않고 오히려 더 많은 재물을 주어서 빨리 내 보내라고 명한다.

우리는 12장의 말씀 속으로 여행하면서 하나님을 믿고 하나님의 인도하심을 따라 하나님에 의해서 살아가려 하는데도 우리 생각과 계획과 다른 상황을 만나게 될 때가 있다. 우리는 그 때 어떤 결정을 해야 하며 하나님 앞에 어떤 액션을 취해야할까? 아브람이 가나안에 기근이 들었을 때 기적을 기대하며 기도하고 가나안에 머물러 있었으면 어떻게 되었을까? 애굽으로 떠난 것은 성경을 읽는 우리들에게 어떤 메시지를 주는 것인가? 사래와 아브람이 바로 왕에게 한 진술은 비난 받을 일인가? 바로왕은 왜 아브람에게 많은 재물을 주어서 내보냈는가? 를 생각하며 우리의 생각보다 높고, 깊고, 넓은 하나님의 마음을 더 많이 경험하는 말씀여행이 되었으면 한다.

GENESIS

בְּרֵאשִׁית

창세기 10장

1 태초에 하나님이 천지를 창조하시니라 **2** 야벳의 아들은 고멜과 마곡과 마대와 야완과 두발과 메섹과 디라스요 **3** 고멜의 아들은 아스그나스와 리밧과 도갈마요 **4** 야완의 아들은 엘리사와 달시스와 깃딤과 도다님이라 **5** 이들로부터 여러 나라 백성으로 나뉘어서 각기 방언과 종족과 나라대로 바닷가의 땅에 머물렀더라 **6** 함의 아들은 구스와 미스라임과 붓과 가나안이요 **7** 구스의 아들은 스바와 하윌라와 삽다와 라아마와 삽드가요 라아마의 아들은 스바와 드단이며 **8** 구스가 또 니므롯을 낳았으니 그는 세상에 처음 영걸이라 **9** 그가 여호와 앞에서 특이한 사냥군이 되었으므로 속담에 이르기를 아무는 여호와 앞에 니므롯 같은 특이한 사냥군이로다 하더라 **10** 그의 나라는 시날 땅의 바벨과 에렉과 악갓과 갈레에서 시작되었으며 **11** 그가 그 땅에서 앗수르로 나아가 니느웨와 르호보딜과 갈라와 **12** 및 니느웨와 갈라 사이의 레센 (이는 큰 성이라) 을 건축하였으며 **13** 미스라임은 루딤과 아나밈과 르하빔과 납두힘과 **14** 바드루심과 가슬루힘과 갑도림을 낳았더라 (블레셋이 가슬루힘에게서 나왔더라) **15** 가나안은 장자 시돈과 헷을 낳고 **16** 또 여부스 족속과 아모리 족속과 기르가스 족속과 **17** 히위 족속과 알가 족속과 신 족속과 **18** 아르왓 족속과 스말 족속과 하맛 족속의 조상을 낳았더니 이 후로 가나안 자손의 족속이 흩어져 처하였더라 **19** 가나안의 지경은 시돈에서부터 그랄을 지나 가사까지와 소돔과 고모라와 아드마와 스보임을 지나 라사까지였더라 **20** 이들은 함의 자손이라 각기 족속과 방언과 지방과 나라대로이었더라 **21** 셈은 에벨 온 자손의 조상이요 야벳의 형이라 그에게도 자녀가 출생하였으니 **22** 셈의 아들은 엘람과 앗수르와 아르박삿과 룻과 아람이요 **23** 아람의 아들은 우스와 훌과 게델과 마스며 **24** 아르박삿은 셀라를 낳고 셀라는 에벨을 낳았으며 **25** 에벨은 두 아들을 낳고 하나의 이름을 벨렉이라 하였으니 그 때에 세상이 나뉘었음이요 벨렉의 아우의 이름은 욕단이며 **26** 욕단은 알모닷과 셀렙과 하살마웻과 예라와 **27** 하도람과 우살과 디글라와 **28** 오발과 아비마엘과 스바와 **29** 오빌과 하윌라와 요밥을 낳았으니 이들은 다 욕단의 아들이며 **30** 그들의 거하는 곳은 메사에서부터 스발로 가는 길의 동편 산이었더라 **31** 이들은 셈의 자손이라 그 족속과 방언과 지방과 나라대로였더라 **32** 이들은 노아 자손의 족속들이요 그 세계와 나라대로라 홍수 후에 이들에게서 땅의 열국 백성이 나뉘었더라

창세기 10장
전 세계로 흩어지는 노아의 아들들의 후손들

1-01 절 홍수 후 노아의 세 아들들이 자녀를 낳다
2-05 절 야벳의 후손들과 그들의 세계
6-20 절 함의 후손들과 그들의 세계
19-31 절 셈의 후손들과 그들의 세계
32-32 절 전 세계에 흩어져 사는 모든 인류는 노아의 후손이다.

창세기 10:1 노아의 아들 셈과 함과 야벳의 족보는 이러하니라 홍수 후에 그들이 아들들을 낳았으니

	וְאֵלֶּה	תּוֹלְדֹת	בְּנֵי־נֹחַ	שֵׁם	חָם	וָיָפֶת
음역)	버에일레	톨러도트	버네이-노아흐	쉐임	하캄	바야페트
직역)	그리고 이것들은	계보들이다	노아의-그 아들들	셈	함	그리고 야벳

	וַיִּוָּלְדוּ	לָהֶם	בָּנִים	אַחַר	הַמַּבּוּל:
음역)	바이발러두	라헴	바님	아하카르	하마불
직역)	그들이 태어나졌다	그들에게	아들들(자녀들)	후에	그 홍수

지금까지 창세기의 족보기록은 개인과 관련이 있는 것으로 보이는데, 10장에 들어오면서 족보는 개인의 범위를 넘어 민족과 나라의 계보를 가르

쳐준다.

   10장은 노아의 세 아들들의 후손이 전 세계로 흩어지는 모습을 보여준다. 그들은 막연하게 흩어지는 것이 아니라 언어에 따라, 종족에 따라 그리고 지역에 따라 흩어지는데 그 흩어지는 현상을 비교적 자세하게 가르쳐준다. 1절은 노아의 세 아들들의 후손이 흩어지는 모습을 보여주기 위한 서론이다.

   토라가 노아의 세 아들들의 후손이 전 세계로 흩어지는 것에 대하여 비교적 상세하게 가르치는 이유는 히브리 민족의 1대 족장인 아브라함의 족보와 관련이 있는 것으로 보인다. 아브라함의 조상이 누구이며 어떻게 아담과 연결되고 최초의 사람 아담을 만드신 하나님과 아브라함이 어떻게 연결되는지를 가르치려는 의도를 가지고 노아의 세 아들의 족보를 자세히 보여주는 것이 10장이다. 만약 그런 목적이라면 아브라함의 조상인 셈만 자세하게 설명하고 다른 두 아들은 간단하게 넘어가도 되지 않을까?

   아마도 함의 족보를 상세하게 기록한 것은 하나님이 아브라함에게 약속한 땅이 누구의 땅인지를 가르쳐주기 위한 것으로 보인다. 또한 아브라함의 후손이 이방 땅에서 객이 된다고 하였는데 누구의 땅에서 객이 되고 종이 되는지를 가르쳐 주려는 의도가 있다. 그리고 야벳의 후손을 기록한 것은 언어와 지역의 분포를 가르쳐 주기 위한 것으로 보인다. 이러한 기본 지식을 가지고 노아의 세 아들들이 전 세계로 흩어져 나가는 모습을 함께 읽으며 하나님의 손길을 느끼면 좋겠다.

   많은 사람들이 창세기 10장 족보에 나오는 분포도와 현대인의 분포도와의 관련을 찾으려고 노력하였다. 다시 말해서 세계에 흩어져 있는 인류 분포의 고전적인 출처를 창세기 10장에서 찾아보려고 하였던 것이다. 그러나 많은 현인들은 말하기를 '창세기 10장에 나오는 이름을 현대인의 지리적 위치 및 민족의 조상으로 확실하게 연결시키는것은 불가능하다'고 하였다.

마지막 구문은 '그 홍수 후'라고 하였는데 이는 노아의 손자들은 모두 홍수 후에 태어났다는 것을 알려주는 구문이다. 노아의 아들들이 홍수가 나기 전에 결혼하였으나 하나님은 홍수가 끝날 때까지 노아의 자부들의 태를 닫아 둔 것으로 보인다. 홍수가 날 때 노아의 아들들의 나이는 모두 100세는 넘었을 것으로 보인다. 왜냐하면 노아가 500세에 아들들을 낳았다고 말하고 있기 때문이다(창 5:32). 그리고 홍수는 노아가 600세 되던 해에 일어났다(창 7:6).

노아는 홍수 후에 350년을 더 살고 죽었으니 노아 아들들의 후손들이 전 세계로 퍼져 나가는 것을 보고 죽었다. 우리가 창세기 11장 10절 이하에 나오는 셈의 후손의 족보를 계산해 보면 노아가 살아있을 때 아브라함이 태어난 것을 알 수 있다.

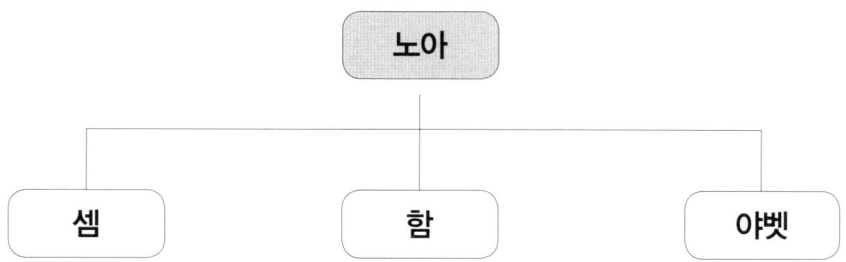

창세기 10:2 야벳의 아들은 고멜과 마곡과 마대와 야완과 두발과 메섹과 디라스요

	וְיָוָן	וּמָדַי	וּמָגוֹג	גֹּמֶר	יֶפֶת	בְּנֵי
음역)	버야반	우마다이	우마고그	고메르	예페트	버네이
직역)	그리고 야완	그리고 마대	그리고 마곡	고멜	야벳의	그 아들들

	וְתִירָס:	וּמֶשֶׁךְ	וְתֻבָל	
음역)	버티라쓰	우메쉐크흐	버투발	
직역)	그리고 디라스	그리고 메섹	그리고 두발	

    노아의 세 아들 가운데 야벳이 가장 먼저 나온다. 무엇 때문인지는 알 수 없다. 성경을 읽어보면 한 가정에서 자녀가 태어난 것에 관하여 말할 때 먼저 이름을 나열한 다음 그 이름에 관하여 다시 설명하는 경우를 종종 읽을 수 있다. 지금 우리가 읽고 있는 창세기 10장 또한 예외가 아니다. 1절에서 노아의 아들들의 이름을 말한 다음 2절부터 다시 한 아들씩 그 후손을 설명하는 것을 알 수 있다. 10장도 먼저 노아의 세 아들의 이름을 말한 다음 2절에서는 1절의 순서와 반대 순서로 설명하는 것을 볼 수 있다. 지금 우리가 읽고 있는 창세기 10장도 1절에서는 야벳이 제일 마지막에 나왔는데 1절에 나온 사람들을 다시 설명할 때는 순서를 바꾸어 제일 마지막에 등장한 사람이 가장 먼저 나온다. 이것은 창세기 4장 2절과 11장 27, 28절과 여호수아 24장 4절을 함께 읽어보면 도움이 될 것이다.

> 그가 또 가인의 아우 아벨을 낳았는데 아벨은 양치는 자였고 가인은 농사하는 자였더라(창 4:2)

데라의 족보는 이러하니라 데라는 아브람과 나홀과 하란을 낳고 하란은 롯을 낳았으며 하란은 그 아비 데라보다 먼저 고향 갈대아인의 우르에서 죽었더라(창 11:27 – 28)

이삭에게는 야곱과 에서를 주었고 에서에게는 세일 산을 소유로 주었으나 야곱과 그의 자손들은 애굽으로 내려갔으므로(수 24:4)

본문을 읽어 보면 야벳의 후손은 7명의 아들과 7명의 손자로 14종족을 이루었다. 이들은 근동 지방에서 가장 북쪽으로 퍼져 나간 것으로 보인다. 야벳의 후손 14종족 가운데 고멜이 제일 먼저 나오는데 고멜은 설형문자의 기원으로 찾아보면 'gimmiraya' 그리스어 키메리오이 이며 영어로 Cimmerians로 추정할 수 있는데, 그 후손들은 기원전 8, 7세기에 흑해 지역의 코카서스 산맥을 넘어 소아시아를 침략한 것으로 보인다(Sarna, Genesis p70).

요마 10a와 예루살렘 므길라 1장 11절을 읽어보면 '고멜'을 게르마니아(Germania)라 하였는데, 이는 고대 유럽의 나인 강 동쪽, 다뉴브강의 북쪽 지역인 현재 독일을 포함하는 지역 또는 나인 강 서쪽에 있던 로마 제국의 일부로 현재 프랑스 북동부 및 벨기에와 네델란드 일부 지역으로 보기도 한다.

고멜은 에스겔 38장 6절 말씀에서 보는 것과 같이 '고멜과 그 모든 떼와 북쪽 끝의 도갈마 족속과 그 모든 떼 곧 많은 백성의 무리를 너와 함께 끌어내리라'에 처음 등장하는 단어가 '고멜'인데 이는 마곡의 땅에 있는 곡과 동맹한 나라들의 한 나라로 나온 것이다.

다음에 나오는 인물이 '마곡'인데 이 이름은 에스겔 38장과 39장을 기반으로 한 '곡과 마곡'의 연합을 통해 유명해졌다. 메시아 시대를 선점하기 위하여 마지막 전쟁을 할 것을 비유적으로 설명할 때 나온 것으로 보인다. 그러나 '마곡'이라는 이름은 현재까지 성경 외의 어떤 문헌에서도 찾을 수 없는 이름이다. 에스겔의 구절들에서 마곡의 땅은 북쪽 가장 먼 곳에 있는 지역으로 생각되었으며, 이는 아마도 남부 러시아나 아시아를 의미할 수도 있다.

케세스 하소페르(Kesses HaSfer)는 이들을 중국과 인접해 살았던 몽골인과 동일시한다. 왜냐하면 '몽골'을 마곡의 타락한 이름으로 보기 때문이다. 그리고 그는 아랍 작가의 말을 인용하여 이렇게 말했다.

'중국의 만리장성은 바로 알 마곡의 벽을 가리킨다고 하였다.'

다음에 나오는 인물 '마대'는 옛 페르시아 '마다'의 조상으로 보인다. 카스피해 서쪽, 현재 이란 북서부 자고로스(Zagros) 산맥 남쪽의 메소포타미아 동쪽 산악 지대에 있는 메데(Medes)의 땅과 그 땅의 사람들을 말한다. 성경에서 선지서 이사야 13장 17절과 21장 2절 그리고 예레미야 51장 11, 25, 28절을 읽어보면 '마대'에는 페르시아인 또한 포함된 것으로 보인다. 기원전 9세기 부터 아시리아 왕들이 그들을 자주 언급한 것으로 보인다.[1]

야완은 소아시아의 서해안을 식민지로 만든 그리스 사람들의 한 부류인 이오니아인이라고 볼 수 있다. 그는 그리스 본토 에게해 섬들, 소아시아 연

---

[1] 에 1:3, 14, 18, 19, 10:2, 단 5:28, 6:8, 8:20

안에 정착한 그리스의 부족인 이오니아인들의 조상이다. 탈무드 시대에 야완은 그리스 민족 전체를 의미하기도 하였다(Yoma). 그리고 에스겔 27장 13절을 읽어보면 두발과 메섹과 함께 상인으로 나오는데 그들은 노예를 파는 인신 매매자이며 놋그릇을 파는 무역상이었다.

두발은 베이트 운야키(Beth-Unyaki)와 동일시하는데 이는 소아시아의 북쪽지역 '비티니아'이다(Yoma, Yer. Megillah).

두발은 창세기 4장 22절에서 '가인'이라는 이름과 함께 쓰여 '두발가인'으로 나오는데 이는 매우 이례적인 이름이다. 본문에서는 가인 없이 두발만 다시 나온다. 성경을 읽어보면 야완 메섹과 함께 여러 번 나오는 것을 읽을 수 있다.[2] 이사야 66장 19절은 야완과 함께 두발이 나온다. 이 구절들에 의하면 두발 또한 소아시아에 있었던 것으로 보인다. 아시리아 문헌들에 의하면 두 나라, 타발 또는 타부라 그리고 뮤스큐 또는 무슈쿠가 나오는데 이는 성경의 두발과 메섹이 분명한 것으로 보인다.

그들은 역사가 헤로도투스가 언급한 티바레노이(Tibarenoi)와 모스코이(Moschoi)일 것이다. 이 지역은 놋그릇으로 유명하다. 앞에서 언급한 것과 같이 에스겔 27장 13절 또한 이 지역의 특징을 놋그릇과 인신매매로 특성화 한다. 특히 고고학에서는 그 지역을 야금술의 중심지로 말한다. 두발은 현재 '금속공'으로 알려진 아카드어로 타비라(tabira) 그리고 수메르어로 디비라(dibira)로 보인다. 두발가인에서 가인은 이미 정사각 모양의 문자를 가진 셈어 인 "kayn"은 "스미스"를 의미한다고 알려져 있다.

---

[2] 대상 1:5, 사 66:19, 겔 27:13, 32:26, 38:2,3, 39:1

본절 마지막에 등장하는 '디라스'는 1220년 BC 이집트의 바로 메르넵타 (Pharaoh Merneptah)가 정복한 해상국가 가운데 한 나라인 투르샤(Tursha) 로 보인다. 다른 한 측면에서 보면 소아시아에서 이태리로 이주한 티르세 노이(Tyrsenoi)와 동일시하기도 한다. 이 티르세노이는 로마의 중앙 정부를 지배하기 위하여 로마인과 경쟁하였던 민족이라고 설명한다.

창세기 10:3 고멜의 아들은 아스그나스와 리밧과 도갈마요

	וְתֹגַרְמָה:	וְרִיפַת	אַשְׁכֲּנַז	גֹּמֶר	וּבְנֵי
음역)	버토가르마	버리파트	아슈카나즈	고메르	우브네이
직역)	그리고 도갈마	그리고 리밧	아스그나스	고멜	그리고 아들들

이제 고멜의 아들의 이름이 나오는데 고멜은 노아의 손자이다. 2절에 나오는 야벳의 7아들 가운데 단지 두 아들 고멜과 야완만 후손을 가진 것으로 나온다. 토라는 새로운 나라를 이루어 왕으로 성장한 사람들만 언급한 것으로 보인다. 여기에 이름을 올리지 않은 아들들은 국가를 이루지 못한 것으로 보인다(대상 1:7).

그러므로 본문에 등장하는 아스그나스는 노아의 4대 손이다. 아스그나스는 의심할 여지없이 앗수르의 아쉬쿠자이(Ashkuzai) 또는 이쉬쿠자 (Ishkuza)와 동일인으로 보인다. 그들은 흑해와 카스피해 사이에 거주했던 기병대와 양궁 전문가인 인도 유럽의 유목민이었다. 예레미야 51장 27절을 읽어보면 그들을 앗수르 문헌에 등장하는 아라랏과 민니(minni)와 동일시한다. 이들 둘은 아르메니아에 있는 종족으로 보인다. 그러나 중세 이후로 유대인들은 독일을 '아쉬케나즈'라 불렀다.

리밧은 성경과 고대 근동문헌에서는 디밧으로 나오며, 성경에서 리밧과 동일시할 수 있는 다른 이름은 없다. 역대기상 1장 6절을 읽어 보면 고멜의 자손이 나오는데 디밧으로 나온다.

도갈마는 역대기상 1장 6절과 에스겔 27장 14절 그리고 38장 6절에 등장한다. 그는 소아시아에 있는 도갈마 족의 조상으로 보인다.

BC 19세기의 설형문자를 읽어 보면 도갈마는 카르케미쉬와 하란 북쪽에 위치한 테가라마 도시와 지역으로 언급된다. 다시 말해서 도갈마는 앗수르로부터 소아시아에 위치한 카파토기아로 연결된 중요한 무역 경로를 따라 자주 언급된다.

창세기 10:4 야완의 아들은 엘리사와 달시스와 깃딤과 도다님이라

	וּבְנֵי	יָוָן	אֱלִישָׁה	וְתַרְשִׁישׁ	כִּתִּים	וְדֹדָנִים:
음역)	우버네이	야반	엘리샤	버타르쉬슈	키팀	버도다님
직역)	그리고 아들들	야완의	엘리사	그리고 달시스	그리고 깃딤	그리고 도다님

야완의 아들은 일반적으로 두 쌍으로 나열되는데, 첫 번째는 장소명이고 두 번째는 민족의 이름으로 나온다. 야완의 네 아들은 모두 소아시아 본토를 넘어 앞에서 언급된 그룹의 서쪽에 위치하였다.

엘리사는 에스겔 27장 7절에 "엘리사 섬" 페니키아의 도시 티레로 청색과 자색 천을 수출하는 도시 "엘리사 섬"으로 나온다. 의심할 여지없이, 엘리사는 알라시야로, BC 2세기에 이집트, 히타이트, 아카드어 문헌에서 자주 언급된다.

달시스는 다시스라는 이름으로 많이 나오는데 한글 역본 가운데 새번역을 보면 스페인이라고 하였다. 이 이름은 요나서에 나오는 다시스와 연관이 있는 것처럼 보인다. 그러므로 달시스는 성경에서 가장 수수께끼 같은 지역 또는 도시 이름 중 하나다. 성경 밖에서 이 이름을 찾기는 어렵다. 단지 사르디니아 노라(Nora Sardinia)의 페니키아 비문을 제외하면 다른 문헌은 없다. 요나 1장 3절에 요나가 다시스로 가는 배를 타는 것을 볼 때 다시스는 지중해 연안에 있는 한 도시라는 것을 알 수 있다. 그리고 에스겔 27장 12절을 보면 다시스는 은, 철, 주석, 납을 수출한 지역이라는 것을 알 수 있다. 지중해에 있는 도시 셋은 다시스와 유사한 이름을 가지고 있다. 소아시아 남동부의 실리시아(Cilicia)의 주요 도시 타르수스(Tarsus)와 지브롤터 해협 서쪽 이베리아 반도의 타테수스 그리고 사르디니아 섬 서쪽에 있는 타로스이다. 이 세 도시 가운데 두 번째, 세 번째, 도시에서만 에스겔서에 언급한 모든 금속이 채굴되었다. 열왕기상 22장 49(한글 48)절을 읽어보면 다시스 배들은 홍해의 에시온게벨에 있는 것으로 나온다. 그래서 달시스는 수수께끼 같은 이름임에 틀림없다.

깃딤은 키프로스의 남동쪽 해안에 있는 현대 도시 라나카, 키톤의 주민을 가리킨다. 페니키아 인들은 깃딤을 키트(kitt) 또는 키티(kitti)라고 불렀다.

도다님은 에게해 섬 지역의 사람들을 지칭하는 것으로 보고 있지만 현재 분명하게 알려진 것은 없다. 탈굼 요나단과 여루살라미는 다르데나야를 도다님이라고 언급한다. 다르데나야는 고대 트로이 지역, 소아시아의 다르다니아 도시의 주민을 암시한다. 역대상 1장 7절을 히브리어로 읽어 보면 도다님은 로다님으로 나온다. 이러한 차이는 히브리어 문자 레이쉬(ר)와 달레트(ד) 모양이 비슷한데서 나타난 것으로 보인다.

창세기 10:5 이들로부터 여러 나라 백성으로 나뉘어서 각기 언어와 종족과 나라대로 바닷가의 땅에 머물렀더라

	אִישׁ	בְּאַרְצֹתָם	הַגּוֹיִם	אִיֵּי	נִפְרְדוּ	מֵאֵלֶּה
음역)	이슈	버아르쪼탐	하고임	이예이	니프르두	메이에일레
직역)	각자	그들의 땅들에	그 백성들	해안	그들이 나누어졌다	이들로 부터

	בְּגוֹיֵהֶם:	לְמִשְׁפְּחֹתָם	לִלְשֹׁנוֹ
음역)	버고예이헴	러미슈퍼ㅎ코탐	릴쇼노
직역)	그들의 날들 안에	그들의 가족들로	그의 언어(혀)로

2-5절은 야벳의 후손들이 지중해 섬들과 해안 지역으로 흩어져 각자의 언어를 구사하고 각자의 지역을 확보하며 씨족사회를 형성해 가는 것을 보여준다. 노아가 야벳을 축복한 대로 야벳은 넓은 지역으로 퍼져 나가는 것을 볼 수 있다. 반면에 셈과 함의 후손은 해상이 아닌 대륙으로 흩어짐으로 서로서로 가까이 살았던 것으로 보인다.

'그들 언어로 각자' 구문을 주의 깊게 살펴보아야 할 것이다. 왜냐하면 창세기 11장에서 언어가 나누어졌다고 설명하고 있기 때문이다. 앞으로 성경을 읽고 연구하는 사람들은 각자 자기의 언어로 번역된 것을 보고 연구하는 것이 아니라 성경이 기록된 언어로 성경을 읽고 연구하는 것이 바람직하다고 하겠다.

본문에 쓰인 언어라는 말은 히브리어로 '혀'를 말하는 단어이다. 우리가 읽고 있는 창세기 10장 5절, 20절 그리고 31절에 나오는 언어는 모두 '혀'라는 단어이다. 그러나 창세기 11장에 나오는 언어라는 단어는 입술을 말한다. 그러므로 이 차이가 무엇인지 깊이 연구하는 것이 필요하다. 한글 개정판이 출판되기 전 한글 개역에서는 이 단어를 방언이라고 번역하였다. 그래서 사도행전 2장에 성령의 선물로 주어지는 방언과 혼란이 있기도 하였다. 노아의 후손들이 흩어지는 첫 번째 기준이 언어이다. 그리고 그들은 가족 단위로 흩어져서 그들의 백성 혹은 종족을 이루어 그들의 땅들을 소유한 것으로 보인다.

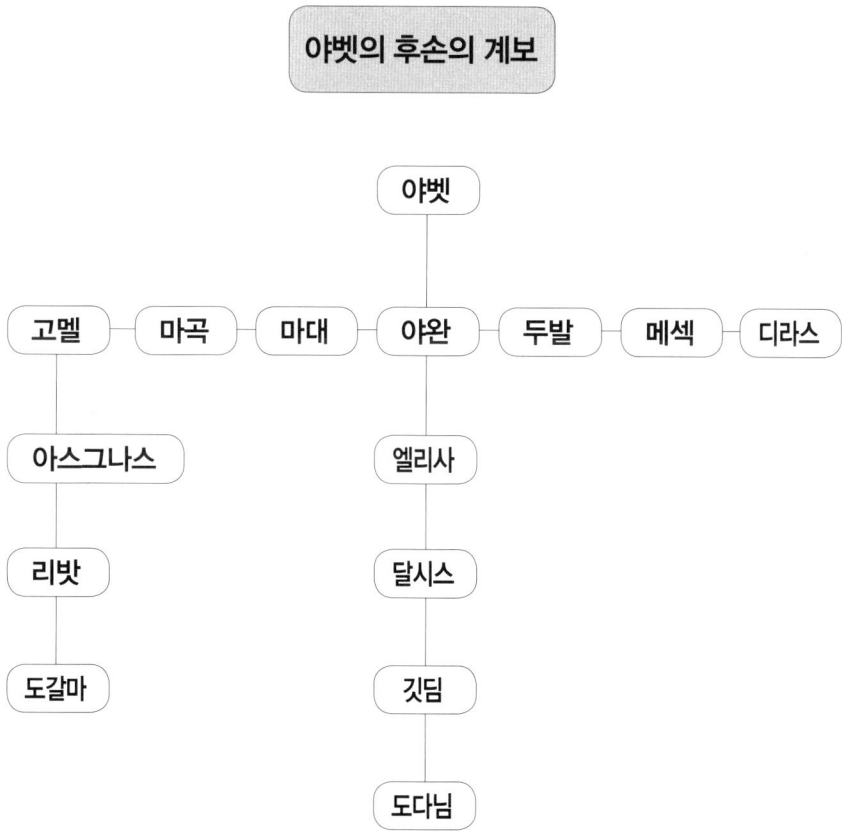

창세기 10:6 함의 아들은 구스와 미스라임과 붓과 가나안이요

	וּכְנָֽעַן׃	וּפ֑וּט	וּמִצְרַ֖יִם	כּ֣וּשׁ	חָ֔ם	וּבְנֵ֣י
음역)	우ㅋ허나안	우푸트	우미쯔라임	쿠슈	ㅎ캄	우버네이
직역)	그리고 가나안	그리고 붓	그리고 미스라임	구스	함의	그리고 자손들

함의 후손은 남방에서 북방으로 나열된 네 지역으로 흩어져 나가는 것을 알 수 있다. 구스와 미스라임과 붓은 아프리카지역으로 그리고 가나안은 아프리카와 아시아의 다리 역할을 하면서 흩어지는 것으로 보인다.

함의 후손은 이집트의 18, 19 왕조를 이루기도 하였다. 이 왕조의 실록을 살펴보면 일곱 구스 족과 일곱 미스라임 족 그리고 일곱 메소포타미아 도시들이 나오며, 다섯 가나안 족과 여섯 개의 페니키아 시리아 도시가 포함되어 있다.

구스는 이디오피아를 가리키며 그의 지역은 이집트에 카쉬(Kash) 또는 케이쉬(Kesh)이며 누비아와 이집트의 남쪽 북 수단 지역으로 흩어진 것으로 보인다. 그리고 창세기 2장 13절에 네 강을 설명할 때도 지명으로 등장한다.

'미스라임'은 히브리어 발음으로 '미쯔라임'인데 이는 이집트를 가리킨다. 그래서 한글 번역본 가운데 새번역을 읽어 보면, '함의 아들은 구스와 이집트와 리비아와 가나안이라' 하였다. 함의 아들 미스라임의 후손이 이동하여 흩어져 가던 중 이집트에 자리를 잡았다. 출애굽기 20장 2절을 읽어

보면 '애굽 땅', '종 되었던 집'이라 하였는데 여기서 '애굽'이라는 단어는 '미쯔라임'이다. 창세기 10장 6절에 히브리어 '미쯔라임'을 한글로 번역할 때 '미스라임'이라 하였다. 성경은 함의 후손은 종이 된다고 하였기 때문에 '이집트' 역시 '종들이 사는 나라'이다. 그러므로 출애굽기 20장 2절에서는 '이집트 땅'은 곧 '종들의 집'이라고 하였다.³

붓은 현재 지명으로 리비아를 가리키므로(Abarbanel) 새번역에는 붓이라 하지 않고 '리비아'라 하였는데 저는 개인적으로 이렇게 번역하는 것은 바람직하지 않다고 생각한다. 왜냐하면 창세기 10장은 나라 이름을 말하는 것이 아니라 사람 이름을 말하는 것이기 때문에 이름을 그대로 각 언어의 음역으로 말해야지 해석하여 번역하면 이름이 다르게 불리기 때문이다.

붓은 에스겔 27장 10절과 30장 5절 그리고 나훔 3장 9절에는 나오는 붓과 동일시하기는 어렵다. 그러나 아바르바넬은 아프리카에 있는 리비아와 붓을 동일시한다. 마치 하(下) 이집트 서쪽 부분은 콥틱어로 피하트라고 불리는 것과 같다. 함의 아들들 가운데 붓만 후손이 없는 것으로 나온다. 70인 역 또한 붓을 리비아로 번역하였다.

마지막에 이름을 올린 가나안은 노아의 손자들 가운데 유일하게 창세기 9장에 이미 등장하였다. 노아의 다른 손자들이 흩어져 나갈 때 구체적으로 지리적인 경계를 가르쳐 주지 않았는데 가나안 후손의 경계를 가르쳐 준 것은 특이하다. 그리고 가나안이라는 이름은 BC 18세기 마리에서 발견된 문서들에도 나온다.

---

3 시 105:23, 27, 시 106:22 이집트를 함의 땅이라고 말한다

탈무드를 읽어 보면 아주 흥미 있는 구문을 읽어 볼 수 있다. 가나안은 그의 아들들에게 다섯 가지 성품을 지니라고 가르쳤다고 한다. 서로서로를 사랑하라. 도둑질 하는 것을 좋아하라. 방탕함을 사랑하라. 너의 주인을 미워하라. 진리를 결코 말하지 말라(탈무드 페싸힘 113b).

창세기 10:7 구스의 아들은 스바와 하윌라와 삽다와 라아마와 삽드가요 라아마의 아들은 스바와 드단이며

	וְרַעְמָה	וְסַבְתָּה	וַחֲוִילָה	סְבָא	כּוּשׁ	וּבְנֵי
음역)	버라마	버싸브타	바하킬라	서바	ㅋ후슈	우버네이
직역)	그리고 라아마	그리고 삽다	그리고 하윌라	스바	구스	그리고 자손들
	וּדְדָן:	שְׁבָא	רַעְמָה	וּבְנֵי	וְסַבְתְּכָא	
음역)	우더단	셔바	라마	우버네이	버싸브터ㅋ하	
직역)	그리고 드단	스바	라아마의	그리고 자손들	그리고 삽드가	

스바는 이사야 43장 3절과 45장 14절을 읽어보면 이집트와 구스가 관련이 있는 것으로 나오지만 그들의 위치는 알려져 있지 않다. 시편 72편 10절을 읽어 보면 시바와 짝을 이루어 나오는 것을 볼 수 있다. 그러나 '스바'라는 이름이 얼마나 좋은 이름인지 모르지만 창세기에만 세 번 나온다. 지금 우리가 읽고 있는 7절에서 구스의 아들 가운데 스바가 있고 스바의 형제 가운데 라아마가 있는데 그의 아들의 이름이 스바이다. 그리고 셈의 후손 중

욕단의 아들 가운데 스바라는 이름을 가진 아들이 있다. 그러므로 성경을 읽다가 스바가 나오면 어느 스바인지 찾아 보는 것 또한 필요하다. 참고로 스바라는 이름의 의미는 '와인을 마시는 사람'이다.

하윌라는 창세기 2장에서 에덴동산을 설명할 때 지명으로 나오는 것을 읽을 수 있다. 하윌라는 아프리카 해안에 살았던 어떤 지파의 조상이라고 하였다(Abarbanel). 반면에 오피르 근처에 있는 하윌라는 아라비아 북동쪽에 위치한 지역으로 29절에 나오는 욕단의 후손 하윌라와 구별하여야 한다. 하윌라는 창세기 2장 11절과 10장 7절, 29절 그리고 25장 18절을 함께 연구하는 것이 바람직하다.

삽다는 남부 아라비아에 있는 하드라마우트의 고대 수도 샤브바트로 본다. 그리고 라아마는 에스겔 27장 22절에 스바와 함께 나오는데 무역하는 사람으로 나오는 것 외에는 알 수 없는 인물이다. 구스의 아들 가운데 마지막에 언급된 아들 삽드가는 지역 이름으로는 알려지지 않았다. BC 700년경 누비아 왕자 가운데 쉐브테코라는 이름을 가진 이가 있었는데 그의 이름이 이 지명에 영향을 준 것으로 보인다.

그리고 바로 라아마의 아들들이 나오는데 그 이름은 스바와 드단으로 그들의 이름은 에스겔 38장 13절에 같은 순서로 함께 나온다. 뒤에 나오는 드단의 지역은 북아라비아에 위치한 지역으로 보는데 스바 또한 같은 지역에 있었던 것으로 본다. 본문에 나오는 스바를 솔로몬왕과 무역한 남부 아라비아에 있는 왕국으로 보는 것은 무엇인가 석연치 않다. 앞에서 우리가 살펴본 대로 스바는 28절에서 같은 이름이 또 나온다.

드단은 이사야 21장 13절과 에스겔 27장 15, 20절에 따르면 카라반 상인이다. 설형문자로 된 문헌에 의하면 그들의 이름의 언급은 구 바벨론과 우르 3세 시대와 같은 이른 시기까지 거슬러 올라간다. 드단은 현재 북아라비아에 있는 알 울라 오아시스로 보기도 한다. 이처럼 드단은 향신료 무역의 중심지이며 국제 무역의 대로에 있는 중요한 정거장이었다.

창세기 10:8 구스가 또 니므롯을 낳았으니 그는 세상에 첫 용사라

	הֵחֵל	הוּא	אֶת־נִמְרֹד	יָלַד	וְכוּשׁ
음역)	헤이ㅎ케일	후	니므로드-에트	얄라드	버ㅋ후슈
직역)	시작이다	그는	니므롯-을	낳았다	그리고 구스는
	בָּאָרֶץ׃		גִּבֹּר		לִהְיוֹת
음역)	바아레쯔		기보르		리흐요트
직역)	그 땅 안에서		능력자가		...이 된

구스의 아들들이 나오고 구스의 한 아들이 아들을 낳았다고 말한 다음 다시 구스가 아들을 낳았다는 말로 8절은 시작하여 12절까지는 오직 니므롯에 관하여 말한다. 그러면 성경은 왜 니므롯을 따로 떼어내어 길게 설명을 하는지 묵상해 보아야 할 것이다.

메암 로에즈(Me'am Loez)는 말하기를 '니므롯은 그 자신을 신이라고 주장했으며 자신은 여인에게서 태어난 사람과 다르다고 말했다'고 한다. 그래서 그는 사람들이 그를 숭배해야 한다고 말했다고 한다. 니므롯은 자신이 신이라고 하는 첫 번째 사람이기 때문에 성경은 그를 따로떼어 내어 새로운 시작, 우상 세계의 시작을 알려 주기 위하여 구별해서 새로운 리스트를 만들고 있다.

반면에 람반(Ramban)은 니므롯이 그 자신의 이름으로 왕국을 건설하지 못하였기 때문에 따로 구별하여 놓았다고 하는데 이는 설득력이 부족하다. 왜냐하면 왕국을 건설하지 못한 노아의 후손들이 많이 있기 때문이다. 그래서 허쉬(Hirsh)는 니므롯은 왕국을 건설하는 것이 아니라 군주의 새로운 면인 힘을 강조하고 있다고 하였다. 다시 말해서 군주는 힘이 있어야 한다는 것을 가르쳐 주는 구문이라고 하였다. 이는 다음 구문을 보면 어느 정도 이해할 수 있다.

'그는 그 땅에 능력자가 된 시작(ㅎ케일)이다'고 번역하였는데 이해하기 어려운 구문이다. 노아의 후손들이 하나님의 말씀을 따라 전 세계로 흩어지는 세대에 하나님의 뜻을 거역하는 특별한 계획을 고안한 니므롯이다. 그래서 그는 '능력자'라는 칭호를 갖게 되었으며, 그 땅 위에 '능력자의 시작' 또는 '첫 번째 능력자'가 되었다. 그러나 다른 학자들은 이 견해를 받아들이려 하지 않는다. 왜냐하면 '시작' 또는 '첫 째'라는 말로 번역된 '헤이ㅎ케일 הֵחֵל'이라는 단어 때문이다. 유대인 학자들 가운데 미즈라ㅋ히(Mizrachi)와 구르(Gur)는 창세기 4장 26절과 9장 20절에 나오는 이 단어 'ㅎ칼랄 חָלַל'을 '시작하다'라고 보지 않고 '신성모독하다'라고 해석하였는데 본문 또한 그렇게 해석해야 한다고 말한다. 그래서 그들은 이 구문을 이렇게 번역하였다. '니므롯은 우상을 세우는 것을 통하여 세상에서 하나님

의 이름을 모독하는 능력자(전능자)가 되었다.'

어느 해석을 따르든지 성경을 읽는 독자가 이 구문을 완전하게 이해하기는 어렵다. 어찌 되었든 우리가 창세기 11장을 읽어보면, 시날 땅에 높은 탑과 도시를 건설하여 전 세계로 흩어지라는 하나님의 뜻을 거역하고 자신의 이름을 내고 자신의 목적을 이루려는 계획을 세우고 그 일을 이루어 가는 사람의 대표자는 니므롯이다.

창세기 10:9 그가 여호와 앞에서 용감한 사냥꾼이 되었으므로 속담에 이르기를 아무는 여호와 앞에 니므롯 같이 용감한 사냥꾼이로다 하더라

	עַל־כֵּן	יְהוָה	לִפְנֵי	גִבֹּר־צַיִד	הוּא־הָיָה
음역)	케인-알	하쉐임	리프네이	짜이드-기보르	하야-후
직역)	그러므로	하쉐임	앞에서	사냥꾼-능력자	이었다-그는

	יְהוָה:	לִפְנֵי	צַיִד	גִבּוֹר	כְּנִמְרֹד	יֵאָמַר
음역)	하쉐임	리프네이	짜이드	기보르	커니므로드	예이아마르
직역)	하쉐임	앞에서	능력자	사냥하는	니므롯처럼	그것이 말하여졌다

니므롯은 사람들이 자기 말에 걸려들어 무소부재하신 하쉐임을 반역하게 하는 말의 능력을 가진 사냥꾼이었다. 요나단(Yonasan)은 이 말을 다음과 같이 해석하였다. '그는 하나님 앞에 능력 있는 반역자이다. 그는 그의

지적인 우월성 그리고 신체적인 탁월성을 살려 다른 사람들을 자기 지배하에 두는 힘을 가진 인간 사냥꾼이 되었다.' 미드라쉬를 읽어보면 '그는 사람들에게 거짓된 확신을 심어주어 그들을 붙잡았다'고 한다. 그리고 미드라쉬를 읽어보면 이 구문을 문자적으로 해석하는 것을 읽을 수 있다.

> 노아 홍수가 끝난 후 하나님이 인간에게 고기를 음식으로 주었는데, 짐승을 사냥해서 고기를 먹은 처음 사냥꾼이 니므롯이다(Midrash Agadah).

이븐 에즈라(Ibn Ezra)는 미드라쉬 아가다를 인용하여 말하기를 '그는 사냥꾼으로 짐승들 위에 인간의 능력을 보여준 첫 번째 인물이 니므롯이다'고 하였다.

이제 본문에 두 번 반복하여 나오는 구문인 '하쉐임 앞에서'의 의미가 무엇인지 묵상하는 것이 중요하다. 우리가 잘 알고 있는 것처럼 '하쉐임 앞에서'라는 말은 '하쉐임의 얼굴에서' 또는 '하쉐임의 얼굴을 위하여'이다. 다시 말해서 하나님의 사람은 하나님의 얼굴에 먹칠하는 삶을 살면 안 된다.

본문에서 니므롯이 하쉐임의 얼굴 앞에서 힘 있는 사냥꾼으로 묘사되는 것을 보면, 하나님의 얼굴을 영화롭게 하였다는 말처럼 보일 수 있다. 그러나 그는 하나님 앞에서 하나님을 떠나는 모습을 드러내 보인 것이다. 그래서 반역하는 사람을 보면 '하나님 앞에서 니므롯과 같은 사람이다'라고 속담이 만들어지게 되었다. 이는 하나님 앞에서 선악을 알게 하는 나무의 열매를 담대하게 따먹은 사람과 같다고 할 수 있다.(창 2장)

그러나 니므롯을 아주 긍정적으로 해석하는 사례가 있어서 소개하려고 한다. 니므롯은 짐승을 사냥해서 하나님 앞에서 희생 제사를 드리기 위해 단을 쌓았다고 하였다. 야살의 책을 읽어보면 니므롯이 악한 자가 되기 전 젊은 시절에 그는 그가 덫을 놓아 잡은 짐승들을 제사하기 위해 단을 쌓았다고 하였다(Sefer Hayashar 7:30).

니므롯이 제단을 쌓은 것에 대하여 아바르바넬(Abarbanel)은 이렇게 설명했다.

> '니므롯은 대중을 끌어들이기 위하여 위선적인 경건의 모양으로 희생 제사를 드렸다.'

허쉬(Hirsh) 또한 '하쉐임 앞에서'라는 구문을 '경건의 위선적인 모양이다'고 하여 아바르바넬의 의견에 동의했다. 허쉬는 '하쉐임 앞에서'라는 구문은 주로 하나님께 진실한 헌신을 표할 때 사용하는 구문이라고 하였다. '하쉐임 앞에서'는 구약성경에 270번 이상 나오는데 창세기에는 단지 4번만 나온다. 본 절에 두 번 나오고 18장 22절과 27장 7절에 한 번씩 나오는데 찾아서 읽어 보면 도움이 될 것이다.

'그러므로 그것이 말하여졌다'는 구문은 어떤 책이나 어떤 사람의 말을 인용할 때 쓰이는 표현이다. 성경에서는 본 절과 민수기 21장 14절 두 곳에만 나온다. 본 절에서는 앞에 나온 말을 통하여 새롭게 만들어진 말이 있다는 것을 설명하는 구문으로 쓰였다.

모세 시대에 힘 있는 사냥꾼이 나타나면 사람들은 그 사람을 니므롯에 비유하여 말하였다. 니므롯 시대와 그 이후 시대를 산 사람들은 하나님을 반대하는 사람이든 아니든 상관없이 사냥을 잘하는 사냥꾼을 보면, 사람들은 그를 니므롯에 비유하여 '니므롯과 같은 사냥꾼'이라고 말하였다.

창세기 10:10 그의 나라는 시날 땅의 바벨과 에렉과 악갓과 갈레에서 시작되었으며

	וַתְּהִי	רֵאשִׁית	מַמְלַכְתּוֹ	בָּבֶל	וְאֶרֶךְ
음역)	바트히	레이쉬트	마믈라ㅋ흐토	바벨	버에레ㅋ흐
직역)	그것은 이었다	머리(시작)	그의 왕국의	바벨	그리고 에렉

	וְאַכַּד	וְכַלְנֵה	בְּאֶרֶץ	שִׁנְעָר:	
음역)	버아카드	버ㅋ할네이	버에레쯔	쉬느아르	
직역)	그리고 악갓	그리고 갈레	땅 안에	시날의	

'그의 왕국의 머리(시작)는 바벨이었다 וַתְּהִי רֵאשִׁית מַמְלַכְתּוֹ בָּבֶל'는 말로 시작하는 본 절은 니므롯의 왕국을 설명한다. 니므롯은 그의 왕국의 기

초를 놓기 위하여 바벨론을 정복한 다음, 차례로 에렉, 악갓, 갈레를 정복하였다는 말로 이해할 수 있다. 시날 땅이 네 왕국이었는지 아니면 네 도시였는지 모르지만 본 절에 언급된 네 지역을 포함하는 땅이다. 그러나 다음 절들을 읽어 보면 이 지역 이외에 다른 지역도 정복한 것을 알 수 있다. 그러므로 니므롯이 가장 먼저 정복한 지역이 본 절에 언급된 네 지역이라고 할 수도 있다.

본 절에 언급된 바벨은 창세기 11장에 나오는 도시와 탑을 쌓은 도시이며, 먼 후대에 남쪽 유다를 멸망시킨 바벨론의 느부갓네살 왕조의 중심이 된 도시이다. 물론 느부갓네살의 도시 바벨은 일반적으로 바빌로니아로 고대 가장 크고 화려한 도시 가운데 하나인데 그 도시가 그러한 이름을 가지게 된 이유는 창세기 11장에서 설명하므로 그 때 좀 더 깊이 연구하는 것이 좋겠다.

예레미야 51장 11-14절을 읽어보면 후대의 바벨의 운명을 알 수 있다.
> 11 화살을 갈며 둥근 방패를 준비하라 여호와께서 메대 왕들의 마음을 부추기사 바벨론을 멸하기로 뜻하시나니 이는 여호와께서 보복하시는 것 곧 그의 성전을 위하여 보복하시는 것이라
> 12 바벨론 성벽을 향하여 깃발을 세우고 튼튼히 지키며 파수꾼을 세우며 복병을 매복시켜 방비하라 이는 여호와께서 바벨론 주민에 대하여 말씀하신 대로 계획하시고 행하심이로다
> 13 많은 물 가에 살면서 재물이 많은 자여 네 재물의 한계 곧 네 끝이 왔도다
> 14 만군의 여호와께서 자기의 목숨을 두고 맹세하시되 내가 진실로 사람을 메뚜기 같이 네게 가득하게 하리니 그들이 너를 향하여 환성을 높이리라 하시도다

특별히 13절 말씀을 보면 우리가 잘 알고 있는 것처럼 바벨론은 보물이 많고 물이 넉넉한 지역으로 유프라테스 강 동쪽에 위치한 도시이다.

다니엘 4장 27(한 30)절을 읽어보면 느부갓네살 왕 자신이 그의 도시 바벨론에 관하여 설명한 것을 읽을 수 있다.

나 왕이 말하여 이르되 이 큰 바벨론은 내가 능력과 권세로 건설하여 나의 도성으로 삼고 이것으로 내 위엄의 영광을 나타낸 것이 아니냐 하였더니

미드라쉬에 의하면 시날과 바벨론은 같은 도시인데 본 절에서 바벨론이 언급된 것은 예언적이다. 왜냐하면 노아의 아들들이 세계로 흩어지고 있는 과정에서 함의 후손들이 시날 땅에 이르러 흩어지지 않으려고 도시를 건설하고 탑을 세울 때 하나님이 그것을 막고 그들이 세계로 흩어지게 하기까지 바벨이라는 이름을 사용하지 않았기 때문이다(창 11:9).

에렉, 악갓 그리고 갈레는 우리카드(Urikath), 바스카르(Baskar) 그리고 누페르-닌피(Nuper-Ninpi)라고 볼 수 있는데, 누페르 닌피는 바벨론 근처에서 확인되지 않은 지역이다(Yoma 10a). 싸디아 가온(Saadiah Gaon)은 이 지역을 상 메소포타미아와 바그다드 가까이 있는 지역으로 본다. 케세쓰 하쏘페르(Kesses HaSofer)는 에렉을 아랍어로 바르카(Warka)라고 불리는 도시와 연결시키는데 바르카는 유프라테스 강의 왼쪽에 있었던 도시이다. 후에 그 도시를 우르(Uruch)로 불렀다고 하는데, 그 도시가 멸망하고 남긴 유물을 보면 50피트가 넘는 벽들이 있는 것을 볼 때 그 도시는 매우 큰 도시였다는 것을 알 수 있다.

악갓은 시날 왕 아므라벨(창 14:1) 시대에 이미 멸망한 고대 도시의 하나로 본다. 성경에서는 더 이상 언급되지 않는 지명이다. 그러나 그 이름은 그들 자신을 수메르(시날)와 북 바벨론을 다스렸던 왕의 반열에 자신들의 기원을 찾는 앗수르 왕들의 이름에서 찾을 수 있다. 반면에 미드라쉬와 예루살렘 탈굼에서는 악갓을 니스비스와 동일시한다.

갈레는 아모스 6장 2절과 이사야 10장 9절에 나오기는 하지만 자세히 알 수 없다. 앞으로 더 많은 연구가 필요하다.

시날 땅은 미드라쉬와 이집트 문헌 그리고 헷의 문헌에서도 바빌론이라고 하는데 성경을 읽어보면 본 절 외에 7번 더 나온다.⁴ 이 모든 것을 연구하여 본다면 시날은 수메르의 본래 이름이 아닐까 하고 추측해 볼 수 있다. 그러므로 시날은 남부 바빌로니아 지역이고 산기르(Sangir)는 북부 바빌로니아 지역인데 후에 이 남북 지역을 합하여 바빌로니아라 불렀다.

---

4 창 11:2, 14:1, 9, 수 7:21, 사 11:11, 단 1:2, 슥 5:11

창세기 10:11 그가 그 땅에서 앗수르로 나아가 니느웨와 르호보딜과 갈라와

	מִן־הָאָרֶץ	הַהִוא	יָצָא	אַשּׁוּר	וַיִּבֶן	
음역)	하아레쯔-민	하히브	야짜	아슈르	바이벤	
직역)	그 땅-부터	그가	나갔다	앗수르	그리고 그가 건설했다	

	אֶת־נִינְוֵה	וְאֶת־רְחֹבֹת	עִיר	וְאֶת־כָּלַח׃
음역)	니느베이-에트	러ㅎ코보트-버에트	이르	칼라ㅎ크-버에트
직역)	니느웨-를	르호보딜-그리고 을	도시	갈라-그리고 를

11절은 첫 번째 구문부터 번역하기도 어려운 것이 사실이다. 문자적으로 해석하여 보면 '그가 그 땅으로부터 나갔다'고 하는데 누가 나갔다는 말인가? 킹 제임스 역본을 읽어보면 앗수르가 그 땅으로부터 나갔다고 하였다. 앗수르는 누구인가? 우리는 그가 누구인지 알 수 없다. 단지 셈의 후손 가운데 앗수르가 나온다(창 10:22). 그러나 셈의 아들이 함의 후손의 자리에 나오는 것은 자연스럽지 않다. 그러므로 본문에서 앗수르는 사람 이름이 아니라 지명으로 보는 것이 좋을 듯하다. 그러나 지명으로 본다면 '…에', 또는 '…로'라는 전치사를 사용하거나 '…를 향하여'를 표현하는 방향 접미사가 필요하다.

앗수르를 지명으로 번역하는 것이 자연스럽다. 왜냐하면 미가서 5장 5절을 읽어보면 앗수르는 니므롯의 땅이라고 말하기 때문이다.

> 그들이 칼로 앗수르 땅을 황폐하게 하며 니므롯 땅 어귀를 황폐하게 하리라 앗수르 사람이 우리 땅에 들어와서 우리 지경을 밟을 때에는 그가 우리를 그에게서 건져내리라 (미 5:6(히 5))

그러므로 지명에 전치사나 방향 접미사가 사용되지 않고 장소를 향하여 움직이는 표현을 사용한 예가 성경에 있는지 찾아보는 것이 필요하다. 사무엘하 10장 14절을 읽어보면 예루살렘에 전치사나 접미사가 없이 사용되었는데 '예루살렘에 왔다'고 번역하는 것이 자연스럽다. 왜냐하면 예루살렘이 여성이기 때문에 앞에 나온 남성 동사와 성이 맞지 않기 때문에 쉽게 알 수 있다. 민수기 34장 4절과 신명기 3장 1절을 읽어 보면 도움이 될 것이다.

앗수르를 지명으로 보면 상 메소포타미아 평원지역을 말하는데, 티그리스 강의 오른쪽 하구에 자리 잡은 앗수르 시의 이름이, 이 전 지역의 이름이 된 것으로 보인다. 그리고 앗수르 지역에 주요한 도시가 있었는데, 그 도시의 이름은 니느웨와 갈레인데 본문에서도 등장하는 도시 이름이다. 그리고 창세기 2장 14절을 읽어 보면 이 세 도시가 나오는 것을 읽을 수 있다.

니느웨는 바벨론의 북서쪽으로부터 약 640km 떨어진 곳에 위치한 도시인데, 티그리스 강 왼쪽 하구에 있는 도시이다. 현재는 모술 건너편에 있는 쿠윤직과 네비 유누스(선지자 요나)의 고분이 있다. 사르곤을 포함하여 악갓의 왕들이 니느웨를 건설했는데 그 이름은 수메르의 기원을 말하는 것으로 보인다.

니느웨는 앗수르의 주요 도시로 본문을 포함하여 성경에 종종 나온다.[5] 신약성경(마 12:41, 눅 11:30, 32)에도 나오는데 모두 요나 선지자와 연결되어 나온다. 요나 선지자의 말을 빌리면 그 도시의 인구는 12만 명이 넘었으며, 12km 성벽과 7.5 평방 킬로미터의 면적을 가진 거대한 도시이다.

르호보딜은 우리가 확인할 수 없는 도시이다. 말빔(Malbim)은 로호보딜이 도시의 이름이 아니라, 그 도시의 경계 부분을 말한다고 했다. 히브리어로 '러ㅎ코보트 רְחֹבֹת'는 '경계' 또는 '국경'을 말하는데 '로호보딜'은 '러ㅎ코보트 רְחֹבֹת + 이르 עִיר'로 '경계 + 도시'라는 의미이다. 그러므로 니느웨의 인구가 증가하여 도시의 경계를 넓혀 나갈 때 경계선에 세워지는 신도시를 르호보딜이라 불렀다고 말빔은 설명했다. 그리고 도시가 계속하여 확장되어 갈 때 갈라 또한 건설했다고 말빔은 덧붙였다.

갈라는 앗수르의 유명한 도시임에는 틀림없다. 현재 티그리스 강 왼쪽 하구에 위치한 텔 니므룻이며, 샬만에세르 1세(BC 1265-1235)는 갈라를 재건하여 수도로 세웠다. 갈라는 고대 니느웨로부터 30km 정도 떨어진 곳에 있었던 도시이다. 앗수르 문헌에 따르면 이 도시는 행정 및 군사의 요충지였으며 후에 BC 9-7세기까지 앗수르의 수도역할을 했다고 한다.

---

[5] 왕하 19:36, 사 37:37, 욘 1:2, 3:2~7, 4:11, 나 1:1, 2:8, 10, 3:7, 습 2:13

창세기 10:12 및 니느웨와 갈라 사이의 레센을 건설하였으니 이는 큰 성읍이라

	כֶּלַח	וּבֵין	נִינְוֵה	בֵּין	וְאֶת־רֶסֶן
음역)	칼라ㅎ크	우베인	니느베이	베인	레쎈–버에트
직역)	갈라	그리고 사이	니느웨	사이	레쎈–그리고 을

	הַגְּדֹלָה:	הָעִיר	הִוא
음역)	하거돌라	하이르	히
직역)	그 큰	그 도시	그것은

긴 미사어구를 이끌고 도시 레센이 나오는 것을 보면 고대에 유명한 도시였던 것이 틀림없다. 먼저 위치를 분명하게 말하고 그 다음 거대한 도시라고 말한다. 그러나 하반 절에서 말하는 '거대한 도시'는 어떤 도시인가? 레센? 니느웨? 갈라? 성경에서는 니느웨만 큰 도시라고 언급하고 있으며 다른 도시에 관하여서는 크다 작다고 말하지 않기 때문에 어느 도시를 말한다고 지목하기는 어렵다.

창세기 10:13 미스라임은 루딤과 아나밈과 르하빔과 납두힘과

	וּמִצְרַיִם	יָלַד	אֶת־לוּדִים	וְאֶת־עֲנָמִים
음역)	우미쯔라임	얄라드	루딤–에트	아나밈–버에트
직역)	미스라임	낳았다	루딤–을	아나밈–그리고 을

	וְאֶת־לְהָבִים	וְאֶת־נַפְתֻּחִים:
음역)	러하빔–버에트	나프투ㅎ킴–버에트
직역)	르하빔–그리고 을	납두힘–그리고 을

함의 후손이 퍼져 나가는 것을 설명하던 말씀이 니므롯으로 인하여 중단 되었다가(7절) 다시 시작하는 구절이다. 함의 후손을 다시 말하는 13, 14절 은 미스라임(미쯔라임:이집트)의 후손들의 이름이 나오는데 특이한 점을 발 견할 수 있다. 7명의 이름이 나오는데 모두 복수형을 취하고 있다는 것이 특이하다. 이는 지역 주민의 이름을 말하거나 부족의 일원의 이름을 말하 는 것으로 보인다.

루딤은 예레미야 46장 9절과 에스겔 30장 5절(단수형 루드(한 룻))에 나오 는 이집트에 관한 예언에 나오며 구스와 붓과 함께 나오는 것을 볼 수 있 다. 그리고 이사야 66장 19절과 에스겔 27장 10절에도 단수형으로 나오지 만 그들은 아직 알려지지 않은 아프리카 사람들일 수 있다.

아나밈은 리비아 고원 서쪽의 시레나이카에서 알려진 이름인데 정확하 게 알 수 없다. 탈굼 요나단(Targum Yonasan)은 이를 마리유타이로 그리고 라브 사디아 가온(Rav Saadia Gaon)은 하 이집트의 알렉산드리아와 연결 지으려 하는데 이 또한 불확실하다.

르하빔은 이집트 서부에 살았던 리비아(Libyans)와 연결 짓는다. 히브리어 성경에서는 루빔(Lubim)이라 부르기도 하는데(대하 12:3, 단 11:43, 나 3:9). 한글 성경에서는 르하빔 또는 리비아라고 번역하였다.

납두힘이라는 이름은 성경이나 다른 문헌에서 병행하는 이름을 찾기 어려운데 탈굼 요나단(Targum Yonasan)은 나일 델타의 북동쪽 거주민과 연결시킨다.

창세기 10:14 바드루심과 가슬루힘과 갑도림을 낳았더라 (가슬루힘에게서 블레셋이 나왔더라)

	יָצְאוּ	אֲשֶׁר	וְאֶת־כַּסְלֻחִים	וְאֶת־פַּתְרֻסִים
음역)	야쩌우	아쉐르	카쓸루힘-버에트	파트루씸-버에트
직역)	그들이 나왔다	…한	가슬루힘-그리고 을	바드루심-그리고 을

	וְאֶת־כַּפְתֹּרִים: ס	פְּלִשְׁתִּים	מִשָּׁם
음역)	카프토림-버에트	펄리슈팀	미샴
직역)	갑도림-그리고 을	블레셋	거기로부터

바드루심은 의심의 여지없이 상 이집트 남쪽에 위치한 파트로스(Patros)

의 주민이다. 에스겔 29장 14절을 읽어보면 '애굽의 사로잡힌 자들을 돌이켜 바드로스(Patros) 땅 곧 그 고국 땅으로 돌아가게 할 것이라 그들이 거기에서 미약한 나라가 되되'라 하였다. 이 말씀은 이사야 11장 11절, 예레미야 44장 1, 15절 그리고 에스겔 30장 14절에도 나온다. 또한 예루살렘 탈굼을 읽어보면 그들은 나일 델타의 북동쪽에 살았던 플로사이(Plosai) 족이라 하였다.

히스기야 왕을 괴롭혔던 앗수르의 왕 산헤립이 죽은 다음 그의 아들 에살핫돈이 왕이 되었는데 그는 말하기를 '나는 무수르(=미쯔라임), 파투리스(바드로스) 그리고 구스의 왕'이라 하였다.

가슬루힘은 본 절을 제외한 성경의 다른 곳에서 이 이름을 찾을 수 없으며 다른 문헌에서도 이 이름과 병행하는 이름을 찾을 수 없다. 그러나 탈굼 요나단은 그들을 리비아에 키레나이카(Cyrenaica) 지역의 주민인 페나츠카나이에이(Penatskahnaei)라 하였다.

다음 구문 '그들은 나왔다 거기로부터 블레셋' 또한 해석하기 어렵다. 첫째 누가 나왔다는 말인가? 그들은 누구인가? 둘째 어디서 부터 나왔다는 말인가? '거기로부터'라 하였는데 거기는 어디인가? 문자적으로 보면 '그들은' '블레셋'이고 '거기'는 '바드루심과 가슬루힘'이다. 이 두 족속은 성적으로 아주 문란한 가운데 함께 섞여 살았다. 그러므로 누가 블레셋을 낳았다고 말하지 않고 부도덕의 후손이라는 암시를 주면서 거기로 부터 나왔다고 하였다(Midrash: Rashi).

블레셋은 누구의 후손인가? 누가 블레셋을 낳았는가? 블레셋은 왜 70종족에 들지 못하는가? 블레셋에 관한 의문은 끝이 없다. 그러므로 더 많은 연구가 필요하다. 어찌 되었든 블레셋이 가나안에 정착한 것은 사실이다. 그러나 그들은 실제적으로 바다를 건너온 외국인이다. 그들은 에게해 지역에서 이집트 가까이 지중해 해안을 거쳐 가나안으로 들어온 것으로 보인다.

람반(Ramban)은 예레미야 47장 4절과 아모스 9장 7절 말씀을 근거로 가슬루힘이 그들의 형제 갑도림의 땅에 있었던 도시의 주민을 말한다고 하였다. 가슬루힘이 그 나라를 떠나 블레셋을 정복한 후 그들의 후손은 블레셋이라고 불리어졌다고 하였다. 이것이 신명기 2장 22절의 의미라고 말하며, 갑도림은 갑돌의 땅에 거주하였던 가스루힘의 후손들이라 하였다.

랄박(Ralbag)은 조금 다른 해석을 하였다. 가슬루힘으로부터 두 가족, 즉 블레셋과 갑도림이 나왔다고 하였다. 블레셋 사람들은 성경 시대의 유대인의 역사에서 매우 중요한 역할을 하지만 주로 대적으로서의 역할을 했다. 그들은 다섯 도시를 건설했는데 세 도시 가자, 아스글론, 아스돗은 이스라엘 남쪽의 해안에 그리고 두 도시 갓과 에그론은 내륙에 건설했다.

마지막에 나오는 '갑도림'은 소아시아에 있는 '갑바도기아'라 하며 (Targum Yerushalmi) 많은 사람들은 지중해 있는 그레데 섬이라고 한다. 고대 이집트인들은 그레데를 케프티우(Keftiu)라 부른데서 그 근거를 찾는다.

신명기 2장 23절에 의하면 갑도림은 가자지역에 있었는데 사사시대에 블레셋 사람들의 주요 요새가 되었다 한다. 아모스 9장 7절과 예레미야 47장 4절은 말하기를 '이 사람들은 갑돌 출신이라'고 하였다.

창세기 10:15 가나안은 장자 시돈과 헷을 낳고

	וְאֶת־חֵֽת׃	בְּכֹר֖וֹ	אֶת־צִידֹ֥ן	יָלַ֛ד	וּכְנַ֗עַן
음역)	ㅎ케이트-버에트	버ㅋ호로	찌돈-에트	얄라드	우ㅋ허나안
직역)	헷-그리고 을	그의 장자	시돈-을	낳았다	그리고 가나안은

15절부터 19절까지는 함의 아들 가나안의 후손 11명의 이름이 나온다. 그 가운데 7명의 이름은 훗날 아브라함의 후손 여호수아가 가나안 땅을 정복할 때 쫓아낸 7족속의 이름이다. 이처럼 가나안의 아들들은 가나안 족속의 머리가 되었다. 19절까지 읽어 가면서 11명의 이름의 형태가 특별한 형태를 가진 것이 있는지 살펴보는 것은 중요하다. 13, 14절에 나오는 미스라임의 아들들의 이름이 모두 복수형 형태를 취했던 것처럼 어떤 특징이 있는지 찾아보면 흥미 있을 것이다.

가나안의 11명의 이름 가운데 15절에 나오는 두 이름은 다른 이름과 다른 형태를 가진다는 것을 쉽게 알 수 있다. 16절부터 나오는 9명 이름은 모두 '요드 • '로 끝나는 것을 알 수 있다. 이 '요드 • '는 종족 또는 사람을 말하는 접미사이다.

두 이름이 나온 다음 4개의 이름은 이스라엘이 가나안에 들어가기 전 성경 여러 곳에서 그 이름이 나오는 것을 볼 수 있다. 그리고 후에 나오는 5개의 이름은 페니키아와 시리아에 있는 도시 이름들과 일치하는 것을 볼 수 있다. 이러한 특징이 있다는 것을 염두에 두고 가나안의 아들들의 이름을 연구하면 좋을 것이다. 이제 15절에 나오는 이름부터 살펴보자.

시돈은 형제들중에 뛰어난 형제이다. 후에 그의 이름은 페니키아의 유명한 항구 도시이며 수도의 이름이 되었다. 성경을 읽어보면 시돈과 두로가 짝을 이루어 나오는 것을 볼 수 있는데 본문에는 두로가 없다. 본문에서는 시돈이라는 이름 뒤에 특별하게 '그의 장자'라는 호칭을 가지고 나왔다. 시돈은 페니키아 전체를 가리키는 말로 쓰이기도 하였다(신 3:9, 수 11:8, 13:4, 6).

이러한 성경적 용례는 다른 문헌에서도 찾아 볼 수 있다. 이집트 투트모세 3세의 비문과 디글랏 빌레셋 1세의 서사시에도 시돈만 나온다. 기원전 10세기까지는 시돈이 가장 중요하게 나온다. 그리고 실제로 시돈은 가나안의 장자였으며 그의 형제들과 비교가 안 될 정도로 탁월한 인물이었다고 한다(Radak).

헷은 성경에 자주 언급되는 이름이다. 아브라함이 헤브론에서 헷 족속을 만났으며(창 23:5), 사라를 매장한 굴의 주인 에브론 또한 헷 사람이며(창 23:10) 에서는 헷 여인과 결혼하였다(창 26:34).

우리가 잘 알고 있는 구절 몇 구절을 더 찾아보면, 산지에 거하는 헷 사람(민 13:29), 다윗 왕과 연결된 인물인 헷 사람 아히멜렉(삼상 26:6)과 헷 사람 우리아의 아내 밧세바(삼하11:3) 그리고 솔로몬과 연결된 헷 사람의 모든 왕들(왕상 10:29, 왕하 7:6)이 나온다. 성경 외 문헌에서도 헷족은 히타이트로 유명하다.

창세기 10:16 또 여부스 족속과 아모리 족속과 기르가스 족속과

	הַגִּרְגָּשִׁי׃	וְאֵת	וְאֶת־הָאֱמֹרִי	וְאֶת־הַיְבוּסִי
음역)	하기르가쉬	버에이트	하에모리-버에트	하여부씨-버에트
직역)	그 기르가스	그리고 를	아모리-그리고 를	그 여부스-그리고 를

16, 17, 18절에 나오는 아들들의 이름에는 모두 히브리어 정관사 '하 הַ'와 접미사로 '이 יִ'가 붙어 있는 것이 특이하다.

히브리어 관사와 '이 יִ' 접미사가 첨가 되어진 이름은 개인의 이름이라기보다는 그 가문으로부터 나온 후손들의 공동체 즉 여부스 족이라는 의미가 강한 것으로 보인다. 선지서를 읽어 보면 여부스는 예루살렘에 사는 사람을 가리킨다.[6] 일부 사람들은 여부스가 헷의 자손이라 말하기도 한다(겔 16:3).

아모리는 성경에 많이 나오는 이름으로 오경에만 39번이나 나오는 유명한 이름이다. 아모리는 가나안의 지역 공동체일 뿐만 아니라 국가의 이름이며(수 10:5, 삿 1:34) 또한 요르단 동쪽 지역의 이름이기도 하다(민 21:26, 수 24:8). 이집트 문서에 따르면, 아모리 사람들은 레바논 산에서도 살았으며, 유프라테스 서쪽 지역과 관련된 수메르어 비문에도 그 이름이 나온다.

기르가스는 아모리와 함께 요르단 강 동, 서쪽에 살았던 족속이며 나라이다. 이스라엘이 여호수아의 인도 아래 가나안에 들어오자 기르가스 사람

---

[6] 수 15:8, 63, 18:28, 삿 1:21, 19:10, 삼하 5:6, 24:16

들은 아프리카를 향하여 떠났다고 한다.⁷ 70인 역에서는 갈릴리 호수 동쪽에 있는 족속으로 여호수아가 정복하지 않은 지역인 게슈라이트, 현재 지명으로 거라샤를 기르가스라고 하였다(신 3:14, 수 13:11). 몇몇 사람들은 소아시아에 위치한 카루카슈타를 기르가스라고 하기도 한다(미드라쉬 아가 1:4).

창세기 10:17 히위 족속과 알가 족속과 신 족속과

	וְאֶת־הַסִּינִֽי׃	וְאֶת־הָעַרְקִי	וְאֶת־הַחִוִּי
음역)	하씨니 – 버에트	하아르키 – 버에트	하ㅎ키비 – 버에트
직역)	신 – 그리고 를	알가 – 그리고 를	히위 – 그리고 를

히위라는 이름은 다른 지역, 즉 세겜(창 34:2), 기브온으로 예루살렘 북쪽(수 9:7) 그리고 헤르몬 산과 레바논 산(수 11:3, 삿 3:3)에 살았던 사람들의 몇 몇 공동체를 포함하는 것으로 보인다. 그러나 이 이름은 성경외의 다른 문헌에서는 찾을 수 없다.

알가와 신은 다음 절에 나오는 세 사람과 시리아의 다섯 도시에 살았던 사람들로 보인다. 이 가운데 넷은 해안에 그리고 하나는 내륙에 살았던 것으로 보인다. 알가는 트리폴리의 북동쪽에 있는 레바논이라고 기원전 20세

---

7 예루살렘 탈무드 쉐비이트 6:1, 레위기 라바 17:6

기 이집트 문헌에 나온다. 그리고 신은 상형문자 시아누(siannu)로 볼 수 있는데 이는 우가릿의 영토의 국경부근을 말한다.

창세기 10:18 아르왓 족속과 스말 족속과 하맛 족속을 낳았더니 이 후로 가나안 자손의 족속이 흩어져 나아갔더라

	וְאֶת־הַחֲמָתִי	וְאֶת־הַצְּמָרִי	וְאֶת־הָאַרְוָדִי
음역)	하ㅎ카마티 – 버에트	하쯔마리 – 버에트	하아르바딤 – 버에트
직역)	하맛 – 그리고 을	스말 – 그리고 을	아르왓 – 그리고 을

	הַכְּנַעֲנִי׃	מִשְׁפְּחוֹת	נָפֹצוּ	וְאַחַר
음역)	하크나아니	미슈퍼ㅎ코트	나포쭈	버아ㅎ카르
직역)	가나안	가족들로부터	그들이 흩어졌다	후로

아르왓은 포네시안 해안 도시들 가운데 가장 북쪽에 있는 도시 아라두스(Aradus)로 현재 지명으로 루아드(Ruad)인데 비블로스(Byblos) 북쪽에 있는 로키 섬에 세워진 도시이다. 이 이름은 앗수르 문헌에 자주 나온다. 스말은 아르바드(Arvad)와 트리폴리(Tripoli) 사이에 있는 도시 이름으로 이집트, 아므르나 그리고 앗수르 문헌에서 발견된다. 또한 스말은 시리아에 있는 에메사(Emesa)라 하였다. 왜냐하면 히브리어로 '쩨메르 צֶמֶר'는 '모', '울'이라는 의미가 있는데 에메사에서 그것을 생산하기 때문이다.

그리고 하맛은 현재 하맛을 가리킨다고 한다. 하맛은 온테스를 따라 나 있는 주요 무역로 가운데 하나인 오론테스 강 중앙 내륙에 위치한 도시이다(민 34:8, 암 6:14). 그리고 '후에 그들이 흩어졌다'고 하는데 이는 5절과 같은 의미로 읽을 수 있다. 그리고 본 절의 마지막 구문은 페니키아와 가나안의 문화적 연속성을 가르쳐 준다.

창세기 10:19 가나안의 경계는 시돈에서부터 그랄을 지나 가사까지와 소돔과 고모라와 아드마와 스보임을 지나 라사까지였더라

	עַד־עַזָּה	גְּרָרָה	בֹּאֲכָה	מִצִּידֹן	הַכְּנַעֲנִי	גְּבוּל	וַיְהִי
음역)	아자-아드	거라라	보아ㅋ하	미찌돈	하커나아니	거둘	바여히
직역)	가사-까지	그랄	너는 지나	시돈에서부터	그 가나안의	경계는	이었다

	עַד־לָשַׁע׃	וּצְבֹיִם	וְאַדְמָה	וַעֲמֹרָה	סְדֹמָה	בֹּאֲכָה	
음역)	라샤-아드	우쩌보임	버아드마	바아모라	서도마	보아ㅋ하	
직역)	라사-까지	그리고 스보임	그리고 아드마	그리고 고모라	소돔	너는 지나	

여기서 '가나안'은 노아의 아들인 함의 아들 한 사람의 이름이 아니라 백성과 나라를 가리키는 것으로 읽어야 할 것이다. 특히 본문은 가나안 영토의 경계에 대하여 특별한 관심을 보여준다. 아마도 그 이유는 그 땅이 아브라함 후손이 물려받을 땅이기 때문이다. 앞 절인 17-18절에 가나안의 후손들을 소개하면서 설명한 시돈 북쪽의 도시 국가는 제외되었으며 요르단 서

쪽 지역만 포함된 것으로 보인다. 시돈은 북쪽 경계를 이루고 가사는 남서쪽 경계를, 그리고 사해 지역까지 포함된다.

이러한 경계는 성경의 다른 곳, 특히 창세기 15장 18절과 민수기 34장 2~12절에서 설명하는 경계와 이스라엘 시대에 알려진 역사적 현실에 나타난 경계와 일치하지 않는 것을 알 수 있다. 이스라엘은 시돈을 정복하지 못했다. 본문이 설명하는 가나안의 경계는 이집트 왕 람세스 2세와 히타이트 왕 하투틸리스 3세(약 BC 1280년경) 사이의 평화 조약에 따른 가나안의 경계와 일치한다. 이후 이집트인들은 히타이트 족에 속한 시리아 북부를 통제하기 위한 모든 노력을 포기했으며, 시리아 남부와 팔레스타인은 이집트의 지도 아래 있었다.

그랄은 이집트 또는 앗수르 문헌에는 나오지 않지만 동 네게브 지역에 위치한 도시로 와디 그랄 북쪽에 있는 도시들로 해안과 평행선을 그으며 나 있는 해안도로가 아닌 왕의대로에 있었던 지역으로 보인다. 창세기 20장과 26장에 나오는 족장 기사에서 그랄은 서 네게브에 있는 도시로 아주 중요한 왕의 도시이다. 이 도시는 브엘세바의 북서쪽 또는 서쪽으로 24km 떨어진 지역으로 목자들이 양에게 물을 먹이기에 충분한 물이 있었던 지역이다. 그리고 이 지역에 대한 고고학적 자료에 따르면 기원전 1550년에서 1200년 사이에 이집트의 강력한 물질문명의 영향을 받았던 지역이다.

기원전 1300년경 이집트 왕 세티(Seti) 1세의 비문은 이 도시 가사를 '가나안'이라고 하였으며 이집트가 다스리는 가나안 지방의 수도였다. 해안 도시 중 가장 남쪽에 있는 가사(Gaza)는 메소포타미아와 이집트를 연결하는 주요 고속도로와 무역로를 따라 전략적으로 건설한 도시였다. 후에 그 도시는 블레셋 도시 가운데 아주 중요한 한 도시가 되었다.

소돔, 고모라, 아드마, 스보임, 이 도시들은 창세기 14장 2절과 신명기 29장 22절(한 23절)에서 다시 언급된 소위 '평원의 도시들'인데 그들의 사악함으로 인해 멸망되었다. 앞에 나오는 두 도시 소돔과 고모라는 창세기 19장의 주제를 형성하는 도시이며, 뒤이어 나오는 두 도시 아드마와 스보임은 호세아 11장 8절에서 비유의 도시로 나온다.

이 네 도시가 나오는 순서를 보면 언제나 똑같은 순서로 나온다. 이 도시들은 메소포타미아와 이집트에서 발견된 많은 고대 지형 목록에서 파생 된 것으로 보인다. 창세기 13장 10절과는 다르게 본문에서는 이 도시들의 멸망에 대한 언급은 없다. 이 도시들이 현재 어느 도시를 말하는지는 확실하지 않지만, 가장 가능성이 높은 위치는 현재 리산(Lisan) 아래 사해의 남쪽 지역이다.

마지막에 나오는 라사는 알려진 것이 없기 때문에 어느 지역이라고 확실하게 말할 수 없다. 탈굼 요나단(Targum Jonathan)과 랍비들의 문헌에 의하면, 사해의 동부해안 근처에 온천의 자리인 칼리로에(Callirrhoe)라 하였다.

창세기 10:20 이들은 함의 자손이라 각기 족속과 언어와 지방과 나라대로였더라

	לִלְשֹׁנֹתָם	לְמִשְׁפְּחֹתָם	בְּנֵי־חָם	אֵלֶּה
음역)	릴쇼노탐	러미슈퍼ㅎ코탐	ㅎ캄-버네이	에일레
직역)	그들의 언어(혀)들을 따라	그들의 가족을 따라	함의-자손들	이것들은

	בְּגוֹיֵהֶם׃ ס	בְּאַרְצֹתָם
음역)	버고예이헴	버아르쪼탐
직역)	그들의 나라들 안에	그들의 땅들 안에

이 구절은 야벳의 후손의 흩어짐을 마감하는 5절과 셈의 후손의 흩어짐을 마감하는 31절과 거의 비슷한 공식 구문으로 이루어진 절이다. 이 세 절에서 반복되는 것은 '언어(혀)'와 '가족'과 '땅'과 '나라'이다.

이 말은 노아의 세 아들들이 흩어지면서 자신들의 가족 공동체가 부족을 이루고 부족이 나라를 이루어 가는 것을 보여준다. 그때 그들은 그들 자신의 언어를 가진 것으로 보인다.

▲ 스톤 에디션 후마쉬 47참고.
메암 로에즈 1권 410면 참고

창세기 10:21 셈은 에벨 온 자손의 조상이요 야벳의 형이라 그에게도 자녀가 출생하였으니

	כָּל־בְּנֵי־עֵבֶר	אֲבִי	גַּם־הוּא	יֻלַּד	וּלְשֵׁם
음역)	에이베르-버네이-콜	아비	후-감	율라드	우러쉐임
직역)	에벨-자손들의-모두	조상	그-또한	태어나졌다	그리고 셈에게

	הַגָּדוֹל׃	יֶפֶת	אֲחִי
음역)	하가돌	예페트	아ㅎ키
직역)	그 큰	야벳	형제

2-5절은 야벳의 후손의 흩어짐을 그리고 6-20절은 함의 후손의 흩어짐을 설명하였다. 이제 마지막으로 21-31절은 셈의 후손의 흩어짐을 설명한다. 다른 형제들의 후손의 흩어짐과 조금 다른 면이 있다는 것을 염두에 두고 읽으며 연구하면 좋겠다.

이제 마지막으로 노아의 세 아들 가운데 셈의 후손은 26종족으로 나누어져 26지역으로 흩어지는 것을 보여준다. 토라는 아브라함의 조상이 되는 셈을 마지막에 설명한 이유가 무엇인가? 성경을 읽어보면 족보를 서술할 때 성경에서 사라질 민족을 먼저 등장시키는 것을 종종 볼 수 있다. 가인의 후손을 설명한 다음 셋의 후손이 나오고, 이스마엘이 먼저 나온 다음 이삭이 나오고, 에서의 후손이 나온 다음 야곱의 후손이 나오는 것을 볼 수 있다. 본문은 아브라함과 그의 후손들이 인류의 주요 국가를 형성해 나가는 데 그들의 조상이 된 셈의 계보를 설명한다.

본문에서 셈에게 또한 후손들이 태어나졌다고 말한다. 다른 본문과 조금 다른 것을 쉽게 알 수 있다. 다른 본문에서는 누가 누구를 낳았다고 하였는데 지금 우리가 읽고 있는 창세기 10장 2절과 6절에도 '야벳의 아들들은 누구누구이다', '함의 아들들은 누구누구이다'라고 하였다. 그런데 셈에게 와서는 셈의 아들들은 누구누구이다가 아니라 셈에게 또한 후손들이 태어나졌다고 말한다. 태어나졌다고 말하는 것을 주의 깊게 보면, 아들 누가 태어나졌다가 아니라, 셈의 증손자인 에벨의 후손들이 태어나졌다고 말한다. 이것은 아주 특이한 족보의 기록 방식이다.

본문에서 '에벨의 모든 후손'이라 하였는데 '에벨'은 우리 모두가 잘 아는 바와 같이 셈의 4대 손인데 그 때에 세상이 나뉘었다고 성경은 말한다(창 10:25). 에벨은 이스라엘의 조상이 될 뿐만 아니라 역사적으로 이스라엘과 밀접하게 얽혀있는 다양한 민족의 조상이기 때문에 본문에서 특별히 언급한 것이 분명하다.

창세기에 나오는 후대의 족보를 살펴보면, 에벨은 아람, 암몬, 모압, 미디안, 이스마엘 및 에돔의 조상이 확실하다(창 11:22-31, 19:30-38, 22:20-24, 25:1-4, 12-14). 바로 이 '에베르 עֵבֶר'의 후손들을 '이브림 עִבְרִים' 히브리인이라 불렀다. 그럼에도 불구하고 위에 언급된 모든 민족들 중에서 이삭과 야곱을 통한 아브라함 계열만 선택받은 민족이 되었다는 것은 특이하다. 후에 아브라함이 '이브리인(히브리인, 히브리 사람)'이라 불리는 것은 예삿일이 아니다(창 14:13).

마지막 구문은 번역하기 어렵다. 단어 순서대로 읽어 보면, '형제, 야벳, 그 큰'이다. 이 구문에서 형용사 '그 큰'이가 어느 단어를 수식하느냐에 따라 해석은 완전히 달라진다. 대부분의 번역본은 '그 큰'이라는 형용사가 '형제'를 수식한다고 하여 '야벳의 형'이라고 번역하였다. 그러나 한글 킹제임스 번역은 '큰'이라는 형용사가 '야벳'을 수식하는 것으로 번역하여 '형 야벳의 동생'이라고 하였다. 세 단어의 순서를 볼 때 가장 자연스러운 번역일 수도 있다. 그러나 우리가 지금까지 읽어 왔던 것과 다르기 때문에 받아들이기 쉽지는 않다. 칠십인 역 또한 '맏이 야벳의 형제'라 하였으며, 창세기 라바 27장 6절과 대부분의 유대인 현자들은 야벳을 노아의 장자로 보았다.

창세기 10:22 셈의 아들은 엘람과 앗수르와 아르박삿과 룻과 아람이요

	וְאֲרָם:	וְלוּד	וְאַרְפַּכְשַׁד	וְאַשּׁוּר	עֵילָם	שֵׁם	בְּנֵי
음역)	바아람	버루드	버아르파ㅋ흐샤드	버아슈르	에일람	쉐임	버네이
직역)	그리고 아람	그리고 룻	그리고 아르박삿	그리고 앗수르	엘람	셈의	아들들

엘람은 바벨론 동쪽 페르시아만 북동쪽에 이란 고원에 있는 도시의 이름이며 나라 이름이기도 하다. 이 도시는 이란의 남서쪽에 있는 쿠지스탄이라는 현대 도시의 옛 이름이다. 그 지역의 수도는 수사인데 성경 에스더 1장 2-5절에 수산이라고 나온다. 엘람은 그 시대의 가장 동쪽에 있는 나라이다(사 21:2, 렘 25:25, 단 8:2 비교연구).

앗수르는 11절에 나오는 앗수르와 구별된다. 본문에서 앗수르는 바벨론 북쪽에 살았던 앗수르인에게 붙여진 이름이다. 이 지역은 상 메소포타미아 티그리스에 있는 도시이며, 앗수르발리트 1세(Asshur-uballit 1356-1321 BC)는 '앗수르 땅의 왕'으로 최초의 왕조를 세웠다. 그러므로 앗수르는 도시의 이름이며 왕국의 이름이다. 도시 앗수르는 티그리스 서안에 있는 그레이트 자브 강과 리틀 자브 강 사이에 위치한 도시였다. 왕국 앗수르는 동쪽으로는 마다이, 서쪽으로는 아람 나하라임, 남쪽으로는 바벨론, 북쪽으로는 아라랏의 왕국들 사이에 메소포타미아 북서쪽을 가로지르며 영토를 확장했던 왕국이다.

아르박삿은 히브리어 발음대로 읽으면 '아르페ㅋ헤세드 אַרְפַּכְשַׁד'인데 이 이름은 퍼즐 맞추기와 같은 이름이다. 제2 성전 시대로부터 내려오는 전통은 아르박삿이 가지는 히브리어 알파벳 마지막 세 문자(כְשַׁד)에 관심을 가진다. 창세기 22장 22절에 나오는 리브가의 족보에 나홀의 아들들 이름 가운데 게셋(케쉐드 כֶּשֶׂד)이 있는데, 이는 갈데아(kasidim, kk. kashdu)의 조상과 동일한 이름이다(Josephus, Ant. I. 6. 4). 아르박삿의 마지막 세 문자 카쓰디 כְשַׁד는 갈데아 사람(Chaldeans)의 조상을 말하는 이름이다(Hoffmann). 갈데아 인은 하 유프라테스 해안에 살았는데 후에 내륙으로 옮겨갔다. 아브라함은 그들의 주요한 도시인 우르(Ur)에서 태어났다(창 11:31, 행 7:4). 그 이름은 북부 아라비아와 페르시아만 사이에 있는 사막 지역에 살았던 셈족 아람 사람의 이름이다. 지리적으로는 초기에 메소포타미아 남부 지역을 말하지만 후에는 바빌로니아 지역 전역을 가리키는 이름으로 쓰였다.

룻은 히브리어로 '루트 רוּת'인데 함의 아들들 가운데 나오는 이름인 '루딤 לוּדִים'과 같은 사람이 될 수 없다. 이는 소아시아의 서해안에 위치한 지역인 리디아(Lydia)를 말한다고 할 수 있지만, 그들의 역사는 기원전 7세기

중반까지 알려지지 않았다. 그는 야벳의 후손인 것만은 부인할 수 없지만, 이사야 66장 19절이나 예레미야 46장 9절, 에스겔 27장 10절, 30장 5절에서도 그의 정체성을 밝혀주지는 않는다. 다시 말해서 인종학적으로 설명하기는 어려운 이름이다. 그러나 요세푸스는 그를 소아시아의 리디안 사람이라고 하였다.

아람 또한 설명하기 어려운 이름이며 종족이다. 아람이 특정 부족을 말하는지 아니면 광의의 의미로 서부 셈족인 아람인을 말하는지 단정하기 어렵다. 이스라엘의 족장들은 아람 나하라임과 밧단아람에서 아람인들과 밀접한 가족 관계를 형성했다. 이것은 창세기 25장 20절, 28장 5절, 31장 18절 그리고 20-24절에서 분명하게 읽을 수 있다.

신명기 26장 5절에 따르면, 이스라엘 농부는 매년 첫 열매를 추수하는 축제 때 '나의 조상은 방랑하는 아람인'이라고 선언한 것을 읽을 수 있다.

창세기 22장 21절을 읽어보면 아람은 아브라함의 형제 나홀의 손자로 나오는 것을 읽을 수 있다. 다른 계보는 역사의 다른 시기에 부족 관계가 잘 반영된 것을 알 수 있다. 아모스 9장 7절과 이사야 22장 6절에 따르면, 아람 사람들은 기르(Kir)로부터 이주해 왔다. 기르는 엘람과 평행을 이루어 비옥한 초승달 지역의 북동쪽에 있다. 이 초승달 지역은 성경 시대와 그 이후 세대에 히브리인의 삶에 중요한 역할을 한 지역이다.

아람의 주 영토는 대략 시리아 지역의 이스라엘 땅의 북동쪽에 위치해 있었다. 아람의 수도는 다메섹(사 7:8)인데 종종 아람-다메섹(삼하 8:6)이라고도 하였다. 아람 조바(Aram-Zova, Aleppo)는 다마스쿠스 북서쪽에 있다

(삼하 10:6). 북쪽으로 더 나아가 유프라테스 강을 건너 북쪽으로는 아람-나하라임(메소포타미아)이었고, 또한 밧단아람(창 28:2)이었고, 라쉬에 따르면, 밧단아람은 아람-조바와 아람-나하라임을 포함한다고 하였다. 다윗은 정복을 통해 이 영토를 이스라엘 땅에 합병시켰다. 후에 그리스인들은 탈무드가 지칭하는 대로 그 지역을 시리아라 불렀다.

창세기 10:23 아람의 아들은 우스와 훌과 게델과 마스며

	וּבְנֵי	אֲרָם	עוּץ	וְחוּל	וְגֶתֶר	וָמַשׁ׃
음역)	우버네이	아람	우쯔	버ㅎ쿨	버게테르	바마슈
직역)	그리고 아들들	아람의	우스	그리고 훌	그리고 게델	그리고 마스

우리가 지금 읽고 있는 창세기 10장 2절과 6절을 보면 야벳의 아들의 족보와 함의 아들의 족보가 나오는데 제일 먼저 나온 아들의 후손이 먼저 나온다. 그러나 셈의 족보는 조금 다른 면을 보여준다. 22절에 나오는 다섯 아들 중에서 다섯 번째로 나온 아람의 족보가 가장 먼저 나온다. 성경을 읽고 연구하는 독자들이 그 이유를 찾기 위하여 연구하면 좋겠다.

일반적으로 아람은 4지역으로 구분하였는데 그 가운데 '우스(Uz)'만 잘 알려져 있는 편이다. 역대기상 1장 17절을 읽어보면 아람의 아들들 가운데 세 사람 우스, 훌, 게델은 아람의 형제이며 셈의 아들로 나온다. 그리고 창세기 22장 21절에서 우스는 아람의 삼촌으로 나온다. 우스를 아람의 아들로 말하는 본문은 아람이 우스족을 정복하여 아람 부족에 통합시킨 다음 후기의 역사적 현실을 반영한 것으로 보인다.

우스는 두 지역의 이름으로 언급되는데, 하나는 가나안의 북동쪽인 하란(Har(r)an) 근처에 있고 다른 하나는 에돔과 북부 아라비아 사이에 있는데 이는 창세기 36장 28절 욥의 고향(욥 1:1)으로 나온다. 요세푸스는 훌이 아람에 정착한 것으로 본다.

우스는 예레미야 25장 20절과 욥기 1장 1절과 애가 4장 21절에 , 에돔과 연결되어 나오는데 본문에 나오는 우스와 다른 곳이다. 에돔과 연결하여 나오는 것은 초기 에돔 사람, 세일의 아들 우스가 정착한 이후의 이름이기 때문이다.

다음에 나오는 세 아들의 이름은 알려지지 않았다. 요세푸스는 훌을 아람 사람으로 본다. 본 절과 병행하는 구절 역대기상 1장 17절은 마스 대신에 메섹이 나오는데 이는 마스를 메섹이라고 읽은 것으로 보인다(Hoffmann).

이 병행하는 구문이 다른 이름을 말하고 있기 때문에 라닥(Raddak)은 마스가 두 가지 이름을 가지고 있었다고 하였다. 이 마스는 레바논과 안테레바논의 산들을 말할 수도 있다. 그 산들은 길가메쉬 서사시(Gilgamesh Epic.14 24)에서 '마슈'라고 불리었다.

창세기 10장 | **89**

창세기 10:24 아르박삿은 셀라를 낳고 셀라는 에벨을 낳았으며

	אֶת־עֵבֶר׃	יָלַד	וְשֶׁלַח	אֶת־שָׁלַח	יָלַד	וְאַרְפַּכְשַׁד
음역)	에이베르-에트	얄라드	버쉘라ㅎ크	샬라ㅎ크-에트	얄라드	버아르파ㅋ흐샤드
직역)	에벨-을	낳았다	그리고 셀라는	셀라-을	낳았다	그리고 아르박삿은

셈의 아들 다섯 가운데 오직 두 아들만 후손을 가진 것으로 나온다. 셈의 아들들 가운데 마지막에 이름이 나왔던 아람의 아들들과 후손에 관한 기사가 나온 다음 세 번째로 이름이 기록된 아르박삿이 아들을 낳았다는 구문으로 본문은 시작한다. 그리고 바로 그 아들 셀라가 에벨을 낳았다고 하는 이 족보가 셈의 후손들의 족보에서 가장 의미 있는 가계임에 틀림없다.

에벨은 그 시대의 의로운 사람 가운데 한 사람이라고 미드라쉬는 가르쳐준다. 에벨은 그의 증조할아버지 셈과 함께 '토라 연구의 집'인 '예쉬바'를 세웠다. 람반(Ramban)이 에벨에 관하여 말하는 것을 들어보면 놀랍다. '에벨은 이웃의 다른 사람들이 우상을 섬기는 가운데서도 하나님을 창조주로 인정하고 믿는 몇 안 되는 사람, 므두셀라, 노아, 셈과 같은 부류에 속하는 한 사람이다.'

에벨이라는 이름은 강을 건너온 사람이라는 의미이다. 아브라함도 그곳으로부터 왔으며(창 14:13) 그 이후 아브라함의 후손들은 '이브리 עִבְרִי', '건너온 자' 또는 '거기서 온 사람'이라고 불렸다. 출애굽기 미드라쉬 라바 3은 다음과 같이 설명한다. '그들은 하나하르 건너편으로부터 왔다, 유프라테스 강의 다른 편으로부터 왔다. 그리고 그들은 에벨의 후손들이다.'(Rashi

창 39:14 참고).

미즈라히(Mizrachi)는 창세기 39장 14절을 설명하면서 아브라함의 후손인 요셉이 건너온 자, 즉 이브리(히브리)인이라 불리는 것에 대하여 설명한다. 히브리인이라는 용어는 오직 에벨의 후손 즉 강을 건너온 자에게만 쓰인다.

나홀은 에벨의 후손이며 이스마엘은 강을 건너온 자이나 결코 히브리인이라 불리지 않았다. 이는 이스마엘이 아니라 이삭만이 아브라함의 언약의 후손이라 불리기 때문이다(수 24:2, 3). 므길라 17a를 읽어보면 야곱이 14년 동안 에벨의 집에서 함께 시간을 보냈다고 하였다.

창세기 10:25 에벨은 두 아들을 낳고 하나의 이름을 벨렉이라 하였으니 그 때에 세상이 나뉘었음이요 벨렉의 아우의 이름은 욕단이며

	פֶּ֫לֶג	הָֽאֶחָד֙	שֵׁ֤ם	בָנִ֑ים	שְׁנֵ֣י	יֻלַּ֖ד	וּלְעֵ֥בֶר
음역)	펠레그	하에ㅎ카드	쉐임	바님	셔네이	율라드	우러에이베르
직역)	벨렉	그 하나의	이름	아들들의	둘	태어나졌다	그리고 에벨에게

	יָקְטָֽן׃	אָחִ֖יו	וְשֵׁ֥ם	הָאָ֔רֶץ	נִפְלְגָ֣ה	בְיָמָיו֙	כִּ֤י
음역)	요크탄	아ㅎ키브	버쉐임	하아레쯔	니플러가	버야마브	키
직역)	욕단	그의 형제	그리고 이름	그 땅이	그것이 나뉘어 졌다	그의 날들에	왜냐하면

에벨이 아들들을 낳았다고 하지 않고, 21절에서 '셈에게 나아졌다'고 말한 것과 같은 구문으로 쓰였다. 이는 앞에서 말한 대로 창세기 10장의 족보 나열 방법에서 경건한 자의 후손을 말할 때 그 사람에게 자녀들이 태어나졌다고 말한 것이다. 왜냐하면 그들이 출산한 것이 아니라 하나님이 그들에게 경건한 아들들이 태어나게 해주셨다는 의미를 강조하기 위하여 그렇게 기록하고 있기 때문이다. 자기 자신이 경건한 자녀를 출산하고 싶다고 출산할 수 있는 것이 아니라 하나님의 은혜로 가능한 것임을 알려주는 구문이다.

에벨에게 태어난 아들 중 먼저 이름이 나온 벨렉은 10장에서 그의 후손들이 나오지 않고 창세기 11장 18-28절에 자세하게 나온다. 벨렉이라는 이름의 의미는 '수로'(Akk. palgu)를 의미할 수 있기 때문에 벨렉의 땅은 관개 운하 시설을 갖추어 물을 넉넉하게 가질 수 있는 땅을 가리킬 수 있다.[8] '벨

---

[8] 사 30:25, 32:2, 시 1:3, 46:5(한 4), 65:10, 잠 5:16, 욥 38:25

렉'은 성경에서 19번 나오는데 모두 물과 관련하여 나온다. 주로 '강', '시내'라는 의미와 '물이 넉넉하다'로 많이 사용하였다.

시리아의 도시 에블라(Ebla)의 지리 사전은 말하기를 기원전 2500년부터 '팔라그'라는 도시가 있었다고 한다. 또한 아바르바넬(Abarbanel)은 유브라테스강(Euphrates)과 하보라스강(Chaboras)이 만나는 곳에 위치한 도시 팔가(Palga)를 인용하면서 이 도시를 설명했다.

그러나 성경은 '벨렉'이라는 이름이 가지는 단어의 의미를 '물이 넉넉하다'는 의미보다는 '나누다'는 의미에 강조점을 두고 있는 것처럼 보인다. 왜냐하면 다음 구문이 그렇게 말하고 있기 때문이다. '그 때에 그 땅이 나뉘었다.' 이처럼 그 땅이 나누어진 것은 벨렉의 생애의 마지막에 일어난 사건으로 보인다. 그래서 미드라쉬는 에벨이 선지자였음에 틀림없다고 하였다. 왜냐하면 에벨은 자신의 아들의 이름을 '분산'이라는 의미로 지었기 때문이다.

벨렉, 펠레그 פֶּלֶג = 니플리그 נִפְלְגָה = 분산

그리고 '그 땅이 그의 날들에 나뉘어졌다'고 하는데 그의 날들이라는 의미는 분명 그의 생애의 후반부를 가리킨다고 보아야 할 것이다. 다음 절을 읽어보면 벨렉의 형제 욕단에게 13명의 아들들이 나오는 것을 볼 수 있기 때문이다.

욕단, '요크탄 יָקְטָן' 이라는 이름은 '카탄 קָטָן 작은'에서 파생되었다. 미드라쉬와 라쉬는 말하기를 '그는 그의 이름의 의미와 같이 너무 겸손하여 자신을 낮추는 자이기 때문에 많을 가족을 가질 수 있었다'고 하였다. 그런

데 그 이름은 그가 스스로 지은 것이 아니라 그의 아버지 에벨이 지어준 이름이다. 이렇게 보면 에벨은 대단한 선지자였음에 틀림없다. 그는 두 아들을 두었는데 그 아들들의 이름이 모두 그 시대와 사회상을 보여주도록 이름을 지었기 때문이다.

창세기 10:26 욕단은 알모닷과 셀렙과 하살마웻과 예라와

	וַיִּקְטָן	יָלַד	אֶת־אַלְמוֹדָד	וְאֶת־שָׁלֶף
음역)	버요크탄	얄라드	알모다드-에트	샬레프-버에트
직역)	그리고 욕단은	낳았다	알모닷-을	셀렙-그리고 을

	וְאֶת־חֲצַרְמָוֶת	וְאֶת־יָרַח:		
음역)	ㅎ카짜르마베트-버에트	야라ㅎ크-버에트		
직역)	하살마웻-그리고 을	예라-그리고 을		

26절에서 30절은 욕단의 후손들이 흩어져 나가는 모습을 보여주는데 이 목록은 비교할 수 없을 정도로 탁월하다고 유대인 학자들은 평가한다. 본문에서 욕단의 민족은 이스라엘 민족과 같은 혈통에서 유래했다고 말하기 때문이다. 그리고 욕단의 후손들이 정착하는 지역이 아라비아 반도 남서쪽 코너에 자리 잡고 있기 때문에 주목할 만하다. 더욱이 욕단의 후손들의 이름 대부분은 기원전 9세기 앗수르 비문에 언급된 아랍 부족들의 이름과 다르다. 이러한 특징들은 이스라엘과 아라비아 부족 사이의 향신료 거래와

관련된 무역을 했던 역사를 잃어버렸다는 것을 암시한다. 그러나 아라비아의 여러 지역의 이름은 카트나(Qatna)와 관련이 있는데 이는 욕단이라는 이름의 어간인 카탄 קָטָן k-t-n에서 파생된 것이다.

알모닷이라는 이름의 어근 '모다드 מוֹדָד'는 '사랑 받는 자'라는 의미인데, 민수기 11장 26절에 나오는 이름 메닷과 같은 어원에서 온 이름이다. 그러므로 알모닷은 '신의 사랑을 받는 자' 또는 '가족의 사랑을 받는 자'라는 의미이다. 왜냐하면 알모닷의 첫 번째 음절 '알 אַל'은 '엘 אֵל'로 '신'을 의미하거나 아랍어로 '가족'을 의미하기 때문이다. 그래서 우가릿 문헌에서는 '신의 소명'을 의미하는 단어로 쓰이기도 한다.

셀렙은 예멘 부족 샬프와 같다고 볼 수 있다. 또는 예멘과 하드라마우트 사이에 있는 아랍 지명 쌀프와 같다고 볼 수도 있다.

하살마웻은 아프리카 비문들에 나오는 유명한 왕국으로, 현대 지명은 예멘의 남쪽 인도양 해안에 있는 '하드라마우트'이다. 아랍인들 사이에서도 그곳에 살았던 부족들은 잘 발달된 언어와 문화를 가진 고귀한 혈통으로 알려졌다.

예라는 바라(Warah)로 알려진 예멘의 지역 이름이다. 히브리어 비문과 남 아랍어 비문에 나오는 이르(yrh)는 '월, 달'을 의미한다.

탈굼 요나탄은 본 절에 나오는 이름들을 아주 특이하게 풀이하였다. 알모닷은 줄을 가지고 지구를 측량(드마샤ㅎ크 דְמָשַׁח 또는 드마다드 דְמָדַד)하다라고 했으며, 살렙은 강의 물을 끌어 올린다고 했다. 그리고 하살마웻은 그가 거주하는 장소에서 그렇게 불렸다고 라쉬는 설명했다.

미드라쉬는 하살마웻의 문자로 그 이름을 풀이하였는데, 그 이름을 가진 도시는 극도로 빈곤한 도시라고 하였다. 코트야드(하쩨이르 הַצֵּר)의 주민들은 그들의 고통을 덜기 위하여 매일매일 죽음(마베트)을 기다릴 정도로 비참한 도시가 하짜르마베트 הֲצַרְמָוֶת, 즉 하살마웻이라고 하였다.

그리고 케쎄스 하쏘페르(Kesses HaSofer)는 본문에 나오는 이름들은 아랍의 도시의 이름들이라고 하였다. 앞에서 말한 것과 같이 하살마웻은 예멘의 하드라마우트라고 하였다.

창세기 10:27 하도람과 우살과 디글라와

	וְאֶת־הֲדוֹרָם	וְאֶת־אוּזָל	וְאֶת־דִּקְלָה:
음역)	하도람-버에트	버에트-우잘	디클라-버에트
직역)	하도람-그리고 을	그리고 을-우살	디글라-그리고 을

하도람은 현대 지명으로 예멘의 수도 사나 가까이 있는 숲의 도시 도람으로 본다. 또한 하도람은 바알 신의 별칭으로 쓰이는 말이기도 한데 그 의미는 '신은 높이 있다'이다.

그리고 우살은 믿을 수 없기는 하지만 아랍의 후기 전통에서 예멘의 수

도인 사나의 옛 이름이라 하였으며. 우살은 철이 있었던 도시로 보인다(겔 27:19).

마지막에 이름을 올린 디글라는 아마도 '야자수나무'를 가리키는 데켈 דֶקֶל에서 유래한 것으로 보인다. 그리고 예멘에 있는 오아시스의 이름으로부터 유래한 것으로 본다.

창세기 10:28 오발과 아비마엘과 스바와

	וְאֶת־שְׁבָא׃	וְאֶת־אֲבִימָאֵל	וְאֶת־עוֹבָל
음역)	셔바-버에트	아비마에일-버에트	오발-버에트
직역)	스바-그리고 을	아비마엘-그리고 을	오발-그리고 을

오발은 에멘에 있는 지역의 이름이다. 그러나 사마리아 사람들은 오발을 세겜 가까이 있는 사마리아의 네이발(Nablus) 산지 지역이라고 한다. 그리고 아비마엘은 알려지지 않은 이름인데 이름의 의미는 '나의 아버지는 진실로 하나님이다'이다. 그러나 아라비아 옛 왕국 사바인들이 말하는 그 이름의 의미는 '한 아버지, 그는 하나님이다'고 한다.

마지막에 나오는 스바는 남아프리카 왕국의 이름이기도 하다. 앗수르 왕궁의 비문에서도 그 이름을 발견할 수 있는데 이는 솔로몬과 간계를 보여주는 것으로 보인다. 또한 스바는 유향, 금, 보석으로 유명한 도시에 사는 부유한 사람들로 나오기도한다.**⁹** 이러한 이유로 어떤 사람들은 스바를 남서 아프리카의 사바와 연결하기도 한다.

창세기 10:29 오빌과 하윌라와 요밥을 낳았으니 이들은 다 욕단의 아들이며

	וְאֶת־אוֹפִר	וְאֶת־חֲוִילָה	וְאֶת־יוֹבָב	כָּל־אֵלֶּה	בְּנֵי	יָקְטָן׃
음역)	오피르 – 버에트	ㅎ카빌라 – 버에트	요바브 – 버에트	에일레 – 콜	버네이	요크탄
직역)	오빌 – 그리고 을	하윌라 – 그리고 를	요밥 – 그리고 을	이것들 – 모두	아들들	욕단

오빌은 창세기 2장 11-12절에 나오는 금의 근원지인 하윌라의 형제이다. 오빌은 금 때문에 성경에 자주 등장하는 도시이다.**¹⁰** 이스라엘 텔아비브 북동쪽에 위치한 야르콘(Yarkon) 강에 있는 텔 카실레(Tell Qasileh)에서 발견된 돌판에 '베이드 호론(Beth Horon)을 위하여 30 세겔의 금이 오빌로부터'라는 글이 있다. 성경에 따르면 도시 오빌은 배로 접근 할 수 있는 장소로 나오기 때문에 홍해 해안 어딘가에 있었을 가능성이 높다.

솔로몬이 성전 건축을 위하여 오빌로부터 금을 가져올 때부터 오빌은 금

---

9 왕상 10:2,10, 사 60:6, 렘 6:20

10 왕상 9:28, 10:11, 22:49, 한 48, 사 13:12, 시 45:10(히९), 욥 28:16, 대상 29:4, 대하 8:18, 9:10

과 연관하여 성경에 수없이 자주 등장한다.¹¹ 그러나 아랍에 있는 욕단 부족들의 이름에 오빌이 등장하는 본문 때문에 모든 가설이 엉클어지는 것처럼 보인다. 그러나 하윌라는 홍해의 동해안에 있지 않고 페르시아 만과 인디아를 향하는 아라비아의 남서쪽에 있기 때문에 창세기 2장 11절과 25장 18절에 나오는 곳과 다른 곳을 가리키는 것으로 보인다. 그런데 페르시아 만에 있는 바레인에 '후바일라(Huvaila)'라는 장소가 있다.

마지막에 요밥이 나오는데 성경을 읽고 연구하는 모두를 만족시킬 수 있을 정도로 요밥과 일치하는 이름이나 지명을 찾기는 어렵다. 이집트 해안 도시 요바비티와 요밥을 연결하기도 하지만 더 많은 연구가 필요하다.

창세기 10:30 그들이 거주하는 곳은 메사에서부터 스발로 가는 길의 동쪽 산이었더라

	הַקֶּֽדֶם׃	הַ֥ר	סְפָ֑רָה	בֹּאֲכָ֖ה	מִמֵּשָׁ֔א	מוֹשָׁבָ֑ם	וַֽיְהִ֥י
음역)	하케뎀	하르	서파라	보아크하	미메이샤	모샤밤	바여히
직역)	그 동쪽	그 언덕(산)	스발을 향하여	오는(가는)	메사부터	그들이 거주하는 곳	그것이 있었다

야벳의 후손이 거주하는 곳에 대하여서는 단순히 바닷가의 땅이라고 말하였으며, 함의 후손은 그들의 거주지를 말하지 않고 가나안의 경계를 가

---

11 왕상 9:28, 10:11, 22:49(한 48), 사 13:12, 시 45:10(히 9)

르쳐 주었다. 그러나 본문은 셈의 후손들이 거주하는 거주지의 범위를 말하는데 이것은 특이한 진술이다. 어찌 되었든 본문이 말하는 이 지역은 세상에 흩어지기 전에 그들이 거주하였던 곳으로(창 11:2), 이 자리는 셈의 자리였으며, 다른 사람들은 바로 그 근처에 살았다. 그들은 본 장에서 열거한 각 나라들이 분산한 이후에 그곳에 거주하지는 않았다. 그러나 창세기 10장 5절과 19-20절은 그들이 세계로 흩어진 이후에 살았던 곳으로 이해해야 한다.

또 다른 사람들은 셈족이 세상으로 흩어지기 전에는 아라랏 산에 모두 거주했으며 흩어진 이후에 셈족은 본문이 말하는 이곳에 거주했다고 주장하기도 한다. 그러므로 성경을 읽고 연구하는 독자는 더 많은 연구를 하여야 한다.

메사는 창세기 25장 14절에 나오는 맛사와 같은 지역일 수 있지만, 이것은 아라비아 북부에 있는 것으로 보인다. 미드라쉬는 본문에 나오는 메사와 스발은 아라비아와 바벨론 지역이라고 한다. 스발은 남 아라비아에 있는 타파르(Taphar)라고 하였다. 라브 싸디아 가온(Rav Saadiah Gaon)은 메사는 메카(Mecca)라고 그리고 스발은 메디나(Medina)라고 하였다.

스발은 성경시대 이후의 히브리어로 '경계'를 의미한다. 앞에서 우리가 살펴본 것과 같이 하드라마우트(Hadramaut)에 있는 향료와 무역의 중심지이자 항구 도시인 싸파르(Zafar)로 예멘의 수도인 사나(San'a)의 남서쪽에 위치한다.

창세기 10:31 이들은 셈의 자손이니 그 족속과 언어와 지방과 나라대로였더라

	אֵלֶּה	בְנֵי־שֵׁם	לְמִשְׁפְּחֹתָם	לִלְשֹׁנֹתָם
음역)	에일레	쉐임-버네이	러미슈퍼ㅎ코탐	릴쇼노탐
직역)	이들은	셈의-자손들	그들의 가족대로	그들의 혀(언어)들대로

	בְּאַרְצֹתָם	לְגוֹיֵהֶם׃
음역)	버아르쪼탐	러고예이헴
직역)	그들의 땅들 안에	그들의 나라들대로

5절과 20절과 같은 내용이므로 앞 절들을 참고하여 읽기 바란다.

창세기 10:32 이들은 그 백성들의 족보에 따르면 노아 자손의 족속들이요 홍수 후에 이들에게서 그 땅의 백성들이 나뉘었더라

	אֵלֶּה	מִשְׁפְּחֹת	בְנֵי־נֹחַ	לְתוֹלְדֹתָם	בְּגוֹיֵהֶם
음역)	에일레	미슈퍼ㅎ코트	노아ㅎ-버네이	러톨러도탐	버고예이헴
직역)	이들은	가족들	노아의-자손들	그들의 세대들로	그들의 나라들 안에서

	וּמֵאֵלֶּה	נִפְרְדוּ	הַגּוֹיִם	בָּאָרֶץ	אַחַר	הַמַּבּוּל׃ פ
음역)	우메이에일레	니프러두	하고임	바아레쯔	아ㅎ카르	하마불
직역)	그리고 이들로부터	그들이 나누어졌다	그 나라들	그 땅 안에	후에	그 홍수

10장은 1절에서 시작한 노아의 아들들의 족보를 마지막 절에서 노아의 아들들이 온 땅에 흩어진 과정을 요약하며 결론을 내린다. 이는 노아의 후손들을 통하여 만들어진 나라들의 도표를 만드는 문학적인 틀을 형성하고 다음 주제로 전환하는 교량적인 역할을 한다.

1절에서 노아와 노아의 세 아들로 시작하여 이제 70개 나라가 형성된 것을 알리는 결론 절이다. 아래 표에서 우리가 볼 수 있듯이 야벳을 통하여 14, 함을 통하여 30 그리고 셈을 통하여 26 나라로 모두 70개 나라가 완성되었다.

홍수 후에 이들로부터 나라들이 그 땅 위에 퍼져 나갔다고 하였는데 이 말은 분산의 시작을 알려주는 표시 구문이다. 그러므로 우리는 이 구문을 다음과 같이 이해할 수 있다. 이들은 홍수 후에 태어난 노아의 후손의 가족들이다. 훗날 땅에 흩어져 나라를 세울 노아의 후손들이다. 그러므로 전 세계 국가는 이들로부터 즉 노아로부터 시작되었다. 그리고 또 한 가지 사실은 이것이다. 사람들이 같은 이념과 사상을 가지고 모든 인류가 함께 살았던 시간이 있었다는 것이다.

70 나라

야벳

1. 고멜
2. 마곡
3. 마대
4. 야완
5. 두발
6. 메섹
7. 디라스

8. 아스그나스
9. 리밧
10. 도갈마

11. 엘리사
12. 달시스
13. 깃딤
14. 도다님

19. 스바
20. 하윌라
21. 삽다
22. 라아마
23. 삽드가
26. 니므롯*

24. 스바
25. 도단

▲ 스톤 에디션 후마쉬 47

※104~105 페이지와 106페이지 두 도표를 비교하며 연구하는 것이 좋을 것이다.

* 일부 족보에서 니므롯을 생략하고 대신 블레셋을 포함합니다.

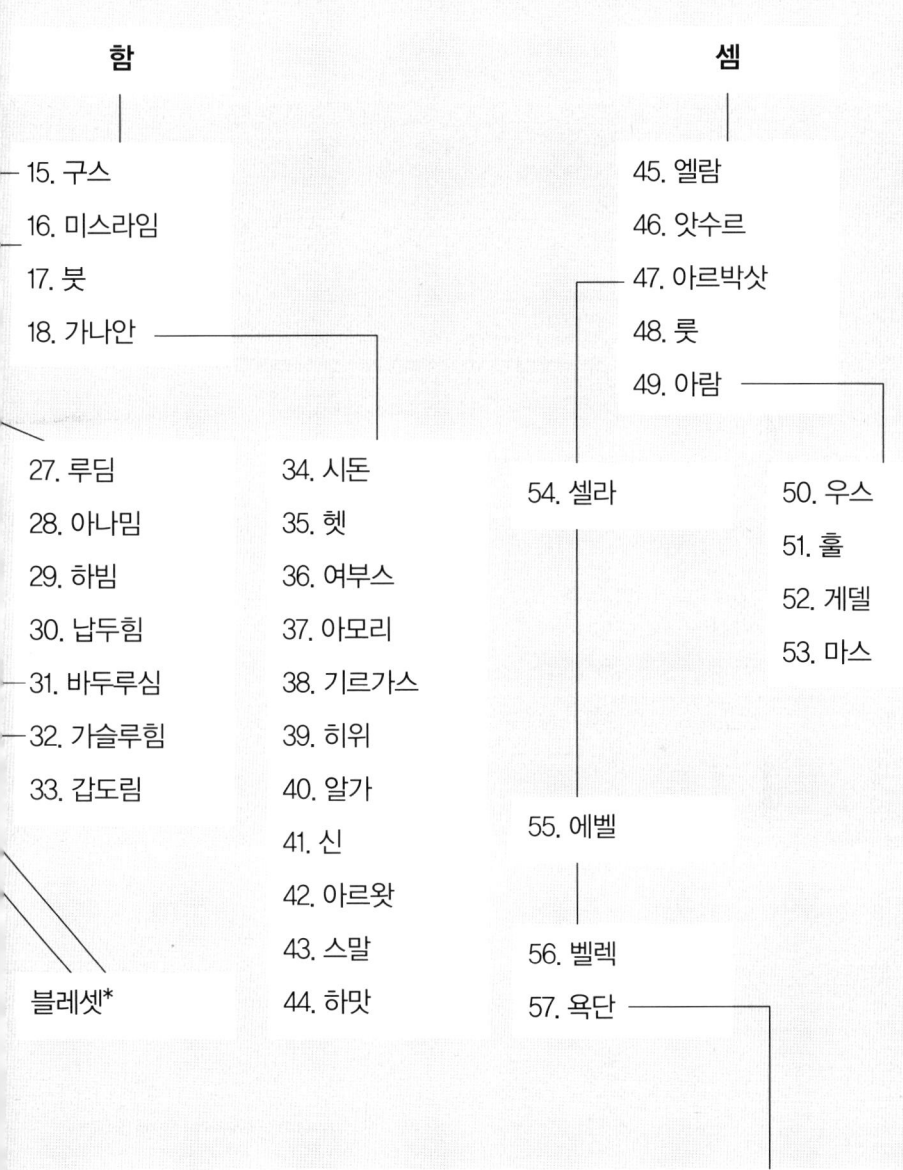

70 나라

1	야벳	25	삽드가	49	앗수르
2	고멜	26	스바	50	룻
3	마곡	27	도단	51	아람
4	마대	28	루딤	52	우스
5	야완	29	아나밈	53	훌
6	두발	30	하빔	54	게델
7	메섹	31	납두힘	55	마스
8	디라스	32	바두루심	56	벨렉
9	아스그나스	33	가슬루힘	57	욕단
10	리밧	34	블레셋	58	알모닷
11	도갈마	35	갑도림	59	셀렙
12	엘리사	36	시돈	60	하살마웻
13	달시스	37	헷	61	예라
14	깃딤	38	여부스	62	히도람
15	도다님	39	아모리	63	우살
16	함	40	기르가스	64	디글라
17	구스	41	히위	65	오발
18	미스라임	42	알가	66	아비마엘
19	붓	43	신	67	스바
20	가나안	44	아르왓	68	오빌
21	스바	45	스말	69	하윌라
22	하윌라	46	하맛	70	요밥
23	삽다	47	니므롯		
24	라아마	48	엘람		

▲ 메암 로에즈, 창세기 1권 410면 참고.

GENESIS
בְּרֵאשִׁית יא
창세기 11장

1 온 땅의 언어가 하나요 말이 하나였더라 **2** 이에 그들이 동방으로 옮기다가 시날 평지를 만나 거기 거류하며 **3** 서로 말하되 자, 벽돌을 만들어 견고히 굽자 하고 이에 벽돌로 돌을 대신하며 역청으로 진흙을 대신하고 **4** 또 말하되 자, 성읍과 탑을 건설하여 그 탑 꼭대기를 하늘에 닿게 하여 우리 이름을 내고 온 지면에 흩어짐을 면하자 하였더니 **5** 여호와께서 사람들이 건설하는 그 성읍과 탑을 보려고 내려오셨더라 **6** 여호와께서 이르시되 이 무리가 한 족속이요 언어도 하나이므로 이같이 시작하였으니 이 후로는 그 하고자 하는 일을 막을 수 없으리로다 **7** 자, 우리가 내려가서 거기서 그들의 언어를 혼잡하게 하여 그들이 서로 알아듣지 못하게 하자 하시고 **8** 여호와께서 거기서 그들을 온 지면에 흩으셨으므로 그들이 그 도시를 건설하기를 그쳤더라 **9** 그러므로 그 이름을 바벨이라 하니 이는 여호와께서 거기서 온 땅의 언어를 혼잡하게 하셨음이니라 여호와께서 거기서 그들을 온 지면에 흩으셨더라 **10** 셈의 족보는 이러하니라 셈은 백 세 곧 홍수 후 이 년에 아르박삿을 낳았고 **11** 아르박삿을 낳은 후에 오백 년을 지내며 자녀를 낳았으며 **12** 아르박삿은 삼십오 세에 셀라를 낳았고 **13** 셀라를 낳은 후에 사백삼 년을 지내며 자녀를 낳았으며 **14** 셀라는 삼십 세에 에벨을 낳았고 **15** 에벨을 낳은 후에 사백삼 년을 지내며 자녀를 낳았으며 **16** 에벨은 삼십사 세에 벨렉을 낳았고 **17** 벨렉을 낳은 후에 사백삼십 년을 지내며 자녀를 낳았으며 **18** 벨렉은 삼십 세에 르우를 낳았고 **19** 르우를 낳은 후에 이백구 년을 지내며 자녀를 낳았으며 **20** 르우는 삼십이 세에 스룩을 낳았고 **21** 스룩을 낳은 후에 이백칠 년을 지내며 자녀를 낳았으며 **22** 스룩은 삼십 세에 나홀을 낳았고 **23** 나홀을 낳은 후에 이백 년을 지내며 자녀를 낳았으며 **24** 나홀은 이십구 세에 데라를 낳았고 **25** 데라를 낳은 후에 백십구 년을 지내며 자녀를 낳았으며 **26** 데라는 칠십 세에 아브람과 나홀과 하란을 낳았더라 **27** 데라의 족보는 이러하니라 데라는 아브람과 나홀과 하란을 낳고 하란은 롯을 낳았으며 **28** 하란은 그 아비 데라보다 먼저 고향 갈대아인의 우르에서 죽었더라 **29** 아브람과 나홀이 장가 들었으니 아브람의 아내의 이름은 사래며 나홀의 아내의 이름은 밀가니 하란의 딸이요 하란은 밀가의 아버지이며 또 이스가의 아버지더라 **30** 사래는 임신하지 못하므로 자식이 없었더라 **31** 데라가 그 아들 아브람과 하란의 아들인 그의 손자 롯과 그의 며느리 아브람의 아내 사래를 데리고 갈대아인의 우르를 떠나 가나안 땅으로 가고자 하더니 하란에 이르러 거기 거류하였으며 **32** 데라는 나이가 이백오 세가 되어 하란에서 죽었더라

창세기 11장

전 세계로 흩어지는 노아의 아들들의 후손들

1–4 이름을 내고 흩어짐을 면하려는 사람.
5–9 하나 되어 불순종하는 인간을 바라보시는 하나님의 결단.
10–26 셈에서 에벨 그리고 벨렉에서 아브라함
27–32 우르에서 하란으로 가는 데라와 아브람

창세기 11:1 온 땅의 언어가 하나요 말이 하나였더라

	אֲחָדִֽים׃	וּדְבָרִ֖ים	אֶחָ֑ת	שָׂפָ֣ה	כָל־הָאָ֖רֶץ	וַֽיְהִ֥י
음역)	아ㅎ카딤	우더바림	에ㅎ카트	싸파	하아레쯔-ㅋ홀	바여히
직역)	하나들(같은)	그리고 말씀들(일들)	하나의	입술	그 땅의-모두	그것이 있었다

10장에서 노아의 세 아들을 통하여 70개 나라가 이루어지는 것을 보았다. 나라가 나누어지는 것은 부족, 지역, 그리고 나라와 언어에 따라 나누어졌다고 하였다. 창세기 10장에 70개 나라가 있었다면 70개 언어가 있었다는 말이다. 이러한 사실을 염두에 두고 11장 전반부를 읽고 연구하는 것이 바람직하다.

'그 땅의 모두'는 '온 땅'을 가리키는 말이며 '그 땅의 주민 모두'를 말한다고 보아야 한다. 그렇다면 11장은 10장의 분산이 일어나기 전의 상황, 즉 함께 모여 살던 시대를 말하는가? 이런 상황이든 아니든, 어찌 되었든 본문을 이해하는 것은 쉽지 않다. 이제 우리는 본문을 계속하여 읽어 가면서 본문이 무엇을 가르치려는지 그 의도를 알아 가는 것이 중요하다.

일반적으로 나라들이 흩어져 분산되기 전에 노아의 후손들은 한데 모여 살았던 것은 분명하다. 그때 그들은 한 언어를 사용하고 같은 말을 한 것은 틀림없다. 그렇다면 창세기 11장에 나오는 바벨탑 사건은 언제 있었는가? 언어의 분산은 바벨탑 사건 이후인가? 아니면 이전인가?

하나님의 뜻을 거스르는 범죄에 인류 전체가 관여하는 것에 대하여 성경이 반복해서 강조하는 것은 성경의 우주적인 역사를 이해하는데 아주 중요하다. 창세기에 나오는 범죄사건에 온 인류가 가담한 것과 본장에 나오는 바벨탑 사건에 인류 전체가 가담하는 속성을 알 때 우리는 그 사건을 바르게 이해할 수 있다. 인류가 하나되어 바벨탑을 건설하는 사건과 하나님이 바벨탑 건설을 중단시키는 사건은 하나님의 인류를 향하신 뜻과 하나님을 향한 인류공동체의 뜻이 어떻게 다른지 올바르게 알때 분명하게 이해할 수 있다.

'하나의 언어' 또는 '하나의 입술', 이 구문은 바벨탑 사건을 이해하는데 결정적인 열쇠가 될 수도 있다. 먼저 '언어' 또는 '입술'이라는 단어를 찾아 보고 연구하는 것이 바람직하다. 이 단어는 히브리어로 '싸파 שָׂפָה'이고 성경에 175번 나오는데 영어 킹제임스 역본에서는 111번을 입술(lips)로 번역하였으며 우리가 읽고 있는 본문과 같이 언어(language)로 번역한 곳은 7개 본문뿐이다.[12] 그렇다면 이 단어를 '입술'로 이해하여 읽는 것과 '언어'로 읽는 것의 차이는 무엇인가? 언어의 의미는 무엇인지 누구나 쉽게 이해하기 때문에 여기에서 우리는 다루지 않겠다.

창세기 11장 1절의 '언어가 하나요'라 했는데 '하나'라는 말의 의미는 무엇인가? 일반적으로 어떤 사건이나 일을 함께 하기로 뜻을 모을 때 '한 입이 되었다' 또는 '입을 하나로 맞추었다'고 한다. 이 말은 어떤 일을 함께 하기로 한 사람들의 생각, 사상, 목적 등 모든 것이 하나로 맞았다는 말이다. 즉 같은 일(들)에 대하여 하나가 되었다는 말이다.

이 의미를 본문에 대입하여 보면 '탑 건설' 그리고 '도시 건설'에 모든 사람들의 생각과 사상과 이념이 하나가 되었다는 말로 이해할 수 있다. 다시 말해서 '공동의 목적'을 가지고 있다는 말로 이해할 수 있다. 지금 이 책을 읽고 있는 여러분은 오해하지 말아야 한다. 이렇게 이해할 수도 있다는 말이다. 그러므로 이 말은 다음에 전개될 사건들의 제목처럼 본문이 알려주는 말로 이해할 수 있다. 이제 어떤 일을 하기 위하여 모든 인류는 '공동의 목적'을 가지고 의견을 통일했다는 말이다.

다음 구문을 문자적으로 해석해 보면 '말씀들이 하나들이다'라 할 수 있다. 우리가 알고 있는 것처럼 히브리어 명사는 단어 뒤에 접미사 '임 ם"을 첨가하면 복수가 된다. 본문을 히브리어 성경으로 보면 한글로 '말'이라는 단어와 '하나'라는 단어가 모두 접미사 '임 ם"을 가지고 있다. 그래서 문자적으로 해석하면 '말씀들' 또는 '일들' 그리고 '하나들'이 된다. 한글로 보면

---

[12] 창 11:1, 6, 7, 9, 시 81:5, 사 19:18, 습 3:9

어색하지만 히브리어 문자적으로 보면 '입술(언어)이 하나요' 그리고 '말씀들이 하나들이요'이다.

이해를 돕기 위하여 히브리어 수사 1을 사용하는 방법을 알아보는 것이 좋을 것이다. 히브리어는 숫자를 말할 때, 하나, 1을 말할 때는 수사가 먼저 나오고, 수사가 수식하는 명사가 따라온다. 그리고 2부터는 명사가 먼저 나오고 수사가 뒤따라 나온다. 한글로 예를 들면 '한 사람'이라고 말할 때, 순서가 '한(1)'이 먼저 나오고 '사람'이 뒤에 나와서 '한 사람'이라고 한다. 그러나 '두 사람'부터는 '사람' 먼저 나오고 '둘(2)'이 뒤에 나와서 '사람 두'라고 쓴다. 그러므로 우리가 읽고 있는 1절은 '한 입술(언어)', '한 말씀들'이 아니라 '입술이 하나이다'와 '말씀(일)들이 하나들이요'라고 하는 것이 맞다. 그리고 히브리어는 수식하는 형용사와 수식 받는 명사는 성수가 일치하여야 한다. 다시 말해서 수식 받는 명사가 복수이면 수식하는 형용사도 복수가 나와야 한다. 그래서 본문에 '말씀(일)들'이 복수이기 때문에 그 명사를 수식하는 형용사 역시 복수가 와야 해서 '하나(1)'가 복수형으로 쓰였다.

이제 '말씀(일)들'이라는 단어를 주의해서 보아야 한다. 우리가 잘 아는 단어인데 바로 '다바르 דָּבָר' 로 '말씀' 또는 '일, 물건(thing)'이라는 의미이다. 그래서 문자적으로 번역하면 '말씀(일)들이 하나들이요'이다. 그러면 이 구문의 의미는 무엇인가? 이해를 돕기 위하여 영어 역본 몇 가지를 읽어보면 좋겠다.

    KJV And the whole earth was of <u>one language</u>, and of **one speech**.
    ASV And the whole earth was of <u>one language</u> and of **one speech**.
    NKJ Now the whole earth had <u>one language</u> and **one speech**.

WEB And the whole earth was of <u>one language</u>, and of **one speech**.

RWB And the whole earth was of <u>one language</u>, and of **one speech**.

NIV Now the whole world had <u>one language</u> and a **common speech**.

NIB Now the whole world had <u>one language</u> and a **common speech**.

NRS Now the whole earth had <u>one language</u> and the **same words**.

DBY And the whole earth had <u>one language</u>, and the **same words**.

NAS Now the whole earth used the <u>same language</u> and the **same words**.

NAU Now the whole earth used the <u>same language</u> and the **same words**.

RSV Now the whole earth had <u>one language</u> and **few words**.

DRA And the earth was of <u>one tongue</u>, and of the **same speech**.

BBE And all the earth had <u>one language</u> and **one tongue**.

YLT And the whole earth is of <u>one pronunciation</u>, and of the **same words**.

NAB The whole world spoke the <u>same language</u>, using the **same words**.

NLT At one time the whole world spoke a <u>single language</u> and used the **same words**.

NJB The whole world spoke the <u>same language</u>, with the **same vocabulary**.

TANAKH Everyone on earth had the <u>same language</u> and the **same words**.

Rabbi Meir Zlotowitz trans. The whole earth was of <u>one language</u> and **common purpose**.

ESV Now the whole earth had <u>one language</u> and the **same words**.

창세기 11장 | **113**

LXA And all the earth was <u>one lip</u>, and there was **one language to all**.

LXE And all the earth was <u>one lip</u>, and there was **one language to all**.

이제 우리는 한글 성경만 보는 것이 아니라 다른 번역본들을 함께 읽어가면서 '싸파 שָׂפָה', 입술(언어)과 '더바림 דְּבָרִים', '말씀(일)들'의 의미를 찾아야 할 것이다. 물론 한글 번역본도 여러 가지를 비교하면서 읽고 연구하는 것이 좋겠다.

우리는 여기서 창세기 10장 5, 20, 31절에 나오는 '언어'라는 단어와 창세기 11장 1절에 나오는 '언어'라는 단어와 '말'이라는 단어를 간략하게 살펴보자. 여러분은 이것을 기초로 하여 더 많은 연구를 하면 좋겠다.

먼저 창세기 10장에 나오는 '언어'라는 단어는 히브리어로 '라숀 לָשׁוֹן'인데, 성경에서 117번 나온다. 영어 킹제임스 번역본은 이 단어를 '혀'로 98번 번역하였으며, 10번은 '언어'로 번역하였는데, 창세기 10장 5, 20, 31절에 나오는 '라숀 לָשׁוֹן'은 모두 혀로 번역하였다. 헬라어 역인 70인 역 또한 모두 '혀'라는 단어 '글로싸 γλῶσσα'로 번역하였다. 70인 역에서 특이한 것은 11장 7절에 두 번 나오는 '싸파 שָׂפָה'를 한 번은 '소리' 라는 단어 '포네 φωνὴν'로 한번은 '혀'라는 단어 '글로싸 γλῶσσα'로 번역한 것이다.

사도행전 2장 4절에 나오는 오순절 날에 임한 '방언'이라는 단어 또한 헬라어로 '글로싸 γλῶσσα'이다. 우리가 예전에 읽었던 한글개역으로 10장 5, 20, 31절을 읽어보면 '방언'이라고 하였는데 이는 아마도 헬라어 단어의 영향인 것으로 보인다. 헬라어로 창세기 10장을 읽으면 5, 20, 31절이 모두 신약성경 사도행전 2장 4절에 나오는 '방언'이라는 단어와 동일한 단어 '글로싸 γλῶσσα'로 쓰였기 때문이다. 그러나 한글 개역개정에서는 창세기 10장은 세 절에 나오는 '라숀 לָשׁוֹן' 이라는 단어를 모두 '언어'라는 단어로 바꾸었다.

창세기 10장과 11장에 나오는 '언어'라는 단어를 간략하게 정리해 보면 다음과 같다. 한글 개역개정으로 읽으면 창세기 10장 5, 20, 31절과 창세기 11장 1, 6, 7, 9절 모두 '언어'라고 번역하였다. 이를 히브리어로 읽어 보면 창세기 10장은 세 절 모두 '혀'라는 의미로 쓰이는 '라숀 לָשׁוֹן'이며 11장 1, 6, 7(2번), 9절은 모두 '입술'의 의미로 사용하는 '싸파 שָׂפָה'이다. 이제 헬라어 역으로 읽어보면 10장은 모두 '혀'의 의미인 '글로싸 γλῶσσα'로 쓰였으며 11장은 1, 6, 9절은 '입술'의 의미인 '케이로스 χεῖλος'로 번역하였는데 7절은 한 번은 '혀'의 의미인 '글로싸 γλῶσσα'로, 한 번은 '소리'의 의미인 '포네 φωνὴν'로 번역하였다.

도표 1)

창세기	10:5	10:20	10:31
히브리어 성경	לָשׁוֹן	לָשׁוֹן	לָשׁוֹן
킹제임스 성경	tongue	tongue	tongue
LXX	γλῶσσα	γλῶσσα	γλῶσσα
한글성경	언어	언어	언어

창세기 10장 5, 20, 31절에 나오는 '언어'라는 단어 '라숀 לָשׁוֹן'과 창세기 11장 1절에 나오는 '언어'라는 단어 '싸파 שָׂפָה'와 '말'이라는 단어 '다바르 דָּבָר'가 한 절에 다 들어 있는 구절이 있다. 이 구절을 찾아 읽어보면 조금

이나마 도움이 될 것이다. 이사야 28장 11절을 찾아 히브리어로 읽어보고 한글로 읽어 보면 좋겠다.

도표 2)

창세기	11:1	11:6	11:7(2번)	11:9
한글 성경	언어	언어	언어(2번)	언어
히브리어 성경	שָׂפָה	שָׂפָה	שָׂפָה(3번)	שָׂפָה
LXX	χεῖλος	χεῖλος	γλώσσας/φωνὴ	χεῖλος

:הַזֶּה	אֶל־הָעָם	יְדַבֵּר	אַחֶרֶת	וּבְלָשׁוֹן	שָׂפָה	בְּלַעֲגֵי	כִּי
하제	엘-하암	**여다베이르**	아ㅎ케레트	**우벌라숀**	**싸파**	벌라아게이	키

진하게 표시한 단어를 보면 '싸파 שָׂפָה', '라숀 לָשׁוֹן' 그리고 '다바르 דָּבַר' 이다. 이 절을 한글 개역개정과 영어 킹제임스 역으로 읽으며 비교하여 연구하는 것이 좋을 것이다.

그러므로 더듬는 입술과 다른 방언으로 그가 이 백성에게 말씀하시니라 (개역개정).

For with stammering lips and another tongue will he speak to this people(KJV).

121면을 주의깊게 읽으며 묵상하면 좋겠다.

창세기 11:2 이에 그들이 동방으로 옮기다가 시날 평지를 만나 거기 거류하며

	בִקְעָה	וַיִּמְצְאוּ	מִקֶּדֶם	בְּנָסְעָם	וַיְהִי
음역)	비크아	바이므쩌우	미케뎀	버나쎄암	바여히
직역)	평야를	그리고 그들이 찾았다	동쪽으로부터	여행이	그것이 있었다

	שָׁם:	וַיֵּשְׁבוּ	שִׁנְעָר	בְּאֶרֶץ
음역)	샴	바예이슈부	쉰아르	버에레쯔
직역)	거기에	그리고 그들이 살았다	시날의	땅 안에서

'동쪽으로부터 여행이 있었다'고 말하는데, 그들은 어디에서 출발하고 있는가? 창세기 10장 30절 말씀을 보면, '그들이 거주하는 곳은 메사에서부터 스발로 가는 길의 동쪽 산이었더라'고 하였다. 그들은 지금 그들 모두가 함께 거할 장소를 찾고 있다.

'동쪽부터'라는 구문은 '케뎀 קֶדֶם + 미 מִ'을 번역한 말인데 케뎀을 번역하지 않고 그대로 사용하면 '케뎀으로부터'이다. '케뎀 קֶדֶם'은 일반적으로 동쪽을 가리키는 말로 번역한다. 고대 근동 지방에서는 이 단어(מִקֶּדֶם)를 '하나님을 떠나는 것으로부터'라는 의미로 표현할 때에도 사용하였다. 이는 '케뎀 קֶדֶם'은 동쪽으로 해가 떠오르는 쪽이다. 고대인들은 해가 떠오르는 곳을 신이 거주하는 곳으로 생각하여 신을 섬기는 단이나 장소를 그들이 사는 곳의 동쪽에 세웠다.

우리가 잘 알고 있는 것처럼 하나님이 거주하는 집인 성막에 유일한 문,

큰 문이 하나 있었는데 동쪽에 있었다. 이 문을 뒤로 하고 여행하는 것은 하나님에게 등을 돌리고 떠나는 것과 같다. 그래서 동쪽으로부터 여행을 했다는 말은 하나님으로부터 떠나는 여행을 하고 있음을 말한다고 이해할 수 있다. 이처럼 하나님을 떠나는 일에 마음이 하나 된 사람들은 그들이 함께 거주할 곳을 찾았으며 거기에 거주하게 되었다.

'그들이 찾았다'고 할 때 '찾다'는 의미는 무엇인가? 그들이 어디에 무엇이 있다는 것을 알고 그것을 찾았다는 의미는 아닌 것 같다. 다시 말해서 시날 땅을 찾아 떠난 것은 아닌데 그들이 옮겨가다가 우연히 발견하게 되었다는 말이다. 다음 구절을 찾아 읽어 보면 본문을 이해하는데 도움이 될 것이다.

> 아담이 모든 가축과 공중의 새와 들의 모든 짐승에게 이름을 주니라 아담이 **돕는 배필이 없으므로(찾지 못하여)**(창 2:20)

> 주께서 오늘 이 지면에서 나를 쫓아내시온즉 내가 주의 낯을 뵈옵지 못하리니 내가 땅에서 피하며 유리하는 자가 될지라 무릇 **나를 만나는 자**(כל־מצאי) 마다 나를 죽이겠나이다(창 4:14)

> 곧 요나단이 그에게 이르기를 두려워하지 말라 내 아버지 사울의 손이 **네게 미치지 못할 것이요(찾아내지 못할 것이다.)** 너는 이스라엘 왕이 되고 나는 네 다음이 될 것을 내 아버지 사울도 안다 하니라(삼상 23:17)

> 네가 하나님의 오묘함을 어찌 능히 측량하며 전능자를 어찌 능히 완전히 **알겠느냐(찾겠느냐)**(욥11:7)

그들이 여행하는 가운데 한 장소를 우연히 만나게 되었는데 그곳이 바로 시날 평지이다. 창세기 10장에서 노아의 세 아들들이 땅에 흩어지는 것을 읽었는데, 10절에 보면 그의 나라는 '시날 땅'이라고 하는 구문이 나온다. 이 말씀에 의하면 창세기 11장에서 동쪽으로부터 여행하면서 그들이 거할 평지를 찾고 있는 무리는 함의 후손 니므롯 가문이라는 것을 알 수 있다.

본 절 하반절을 보면, 니므롯 가문은 시날 땅을 보자마자 거기에 거주하였다고 한다. 그들이 그 땅을 볼 때 매우 만족하였던 것처럼 보인다. 왜냐하면 그들은 여행을 중단하고 그곳에 정착하기 위하여 도시를 건설하고 탑을 쌓았기 때문이다.

21세기를 사는 우리들도 어떤 곳을 지나는데 우연히 아주 좋은 장소와 아주 좋은 집을 보게 되면 어떻게 하는가? 돈이 없기 때문에 그 땅과 그 집을 못 사는 경우가 있는지는 몰라도 돈이 있는 사람은 마음에 흡족한 것을 찾으면 즉시 살 것이다. 그때 조심해야 한다. 믿는 사람들은 생각하기를 아하나님이 우리의 눈을 열어 보게 한 거야. 그러니 얼른 사야 된다고 하며 서둘러 사는 경우가 있다. 이 때 우리는 하나님께 기도하여야 한다.
이것이 나를 유혹하는 자리가 아닌지?
나로 하여금 알지 못하는 가운데 하나님을 떠나도록 하는 자리는 아닌지?
먼저 하나님께 묻는 자리로 나가야 한다.

니므롯 후손은 하나님을 등지고 하나님을 떠나 옮겨가다가 우연히 좋은 땅을 발견하자마자 그 땅에 도시를 건설하고 탑을 쌓으며 하나님께 정면으로 도전하는 일을 도모한다. 이제 우리는 다음 절부터 그들이 하나님을 떠나 하나님의 뜻과 반대되는 길을 가는 모습을 보게 될 것이다.

▲ 바벨탑〈게티이미지 뱅크〉

창세기 11:3 서로 말하되 자, 벽돌을 만들어 견고히 굽자 하고 이에 벽돌로 돌을 대신하며 역청으로 진흙을 대신하고

	וַיֹּאמְר֞וּ	אִ֣ישׁ	אֶל־רֵעֵ֗הוּ	הָ֚בָה	לְבֵנִ֔ים	וְנִשְׂרְפָ֖ה
음역)	바요므루	이쉬	레이에이후-엘	하바	러베이님	버니쓰러파
직역)	그들이 말했다	각자	그의 친구-에게	자	우리가 건설하도록 하자	벽돌들을

	לִשְׂרֵפָ֑ה	וַתְּהִ֨י	לָהֶ֤ם	הַלְּבֵנָה֙	לְאָ֔בֶן	וְהַ֣חֵמָ֔ר
음역)	리쓰레이파	바트히	라헴	할베이나	러아벤	버하ㅎ케이마르
직역)	그리고 우리가 굽도록 하자	굽도록	그들에게	그 벽돌	그 벽돌	돌을 위하여

	הָ֥יָה	לָהֶ֖ם	לַחֹֽמֶר׃
음역)	하야	라헴	라ㅎ코메르
직역)	있었다	그들에게	진흙을 위하여

'그들은 각자 그들의 친구에게 말했다'고 시작하는 구문은 그들 각자가 어떤 생각을 가지고 있는지 그의 친구들에게 말했다는 의미이다. 이 구문 자체가 죄가 되는 것은 아니다. 뒤따라 나오는 구문에, 좋은 것을 말할 수도 있고 나쁜 것을 말할 수도 있다. 그러나 우리가 잘 아는 대로 그들은 죄의 길을 선택하자고 그의 친구에게 말했다.

토라는 지금 이방인의 관찰자의 관점에서 글을 명확하게 써 내려가는 것처럼 보인다. 이 이야기를 전개하는 사람은 메소포타미아의 건축 기술에 대한 정확하고 상세한 지식을 가지고 있는 것으로 보인다. 하(下)메소포타미아의 평원에는 건축을 위한 석재가 희귀하기 때문에 주형, 햇볕에 말린 점토를 공통 건축 자재로 사용해야 했으며, 이는 기념비적인 사원 건축 시대를 열었다. 가마에서 벽돌을 굽는 기술의 발견은 견고성과 내구성을 향상 시켰으며 다층 건물의 건립을 가능하게 했다. 모르타르에 역청을 사용하면 벽돌의 강도, 응집력 및 불의 투과성이 더욱 높아졌다.

역청은 메소포타미아에서는 일찍이 사용하였던 건축자재이며 그것은 바빌론에서 상류로 약 225km 떨어진 유프라테스 강변에 있는 도시 히트(Hit 현재 이라크의 Heet)에서 많이 발견되었다. 반대로 가나안에는 돌이 많았기 때문에 기념비적인 건축물에 돌이 널리 사용되었지만 햇볕에 말린 벽돌이 일반적인 건축의 표준이었다. 로마시대 이전에는 그 지역에서 가마에 구운 벽돌이 사용되지 않았다. 역청은 사해에 풍부하게 있었음에도 불구하고 그것을 모르타르 대신 사용하지 않았다.

다음 구문을 시작하는 '자'는 히브리어로 '하바 הָבָה' 인데 이는 연합하는 일에 초대하는 장면을 보여준다. 이는 공동의 목표나 자신들이 연합하려는 의도와 행위에 함께 할 것을 요청하는 표현이다.

　벽돌 만드는 것과 같은 건축 자재의 준비는 건축을 하기로 결정하기 전에 선행하는 것이 아니라 건축을 하기로 결정한 다음에 할 일이다. 이는 논리적인 모순이라 할 수 있다. 이러한 모순은 메소포타미아에서 건축할 때 벽돌이 중요하다는 것을 가르쳐 주기 위한 것으로 보인다. 아카드 문헌에서는 흔히 볼 수 있는 기록이다. 그들의 창조 서사시 가운데 이런 구문으로 시작하는 창조 서사시도 읽을 수 있다. '벽돌은 놓여 있지 않았고, 벽돌의 틀은 형성되지 않았다.' 바빌론의 건국을 구체적으로 언급하는 에누마 엘리쉬는 '1년 동안 그들은 [신들이] 벽돌을 주조했다'(6.60)라고 말한다. 이 서사시는 또한 점토를 섞고, 사다리를 오르고, 벽돌을 운반하는 신을 묘사하기도 한다. '그래서 그들은 성전 꼭대기까지 벽돌을 운반한다'. 위대한 왕의 업적을 환영하는 아카디안(Akkadian) 건물 비문은 반복적으로 벽돌 만들기를 강조한다. 실제로 첫 번째 벽돌을 만드는 것은 중요한 의식을 수반하기까지 하였다.

　본문에 나오는 벽돌과 모르타르는 바벨탑기사를 서술하는 사람에게 익숙한 것으로 보이지는 않는다. 그는 벽돌과 모르타르가 건축물을 세우는 데 쓰이는 것을 바라보며 경이로움을 금치 못하는 것처럼 보인다. '역청과 불에 탄 벽돌로'라는 구문인 'ina kupri u agurri'는 바빌로니아 건축 비문이 보여주듯이 바벨론 건축의 기본 재료라는 것을 가르쳐 준다.

창세기 11:4 또 말하되 자, 성읍과 탑을 건설하여 그 탑 꼭대기를 하늘에 닿게 하여 우리 이름을 내고 온 지면에 흩어짐을 면하자 하였더니

	וּמִגְדָּל	עִיר	נִבְנֶה־לָּנוּ	הָבָה	וַיֹּאמְרוּ
음역)	우미그달	이르	라누−니브네	하바	바요므루
직역)	그리고 탑을	도시를	우리를 위하여−우리가 건설하자	자	그들은 말했다

	שֵׁם	וְנַעֲשֶׂה־לָּנוּ	בַשָּׁמַיִם	וְרֹאשׁוֹ
음역)	쉐임	라누−버나아쎄	바샤마임	버로쇼
직역)	이름	우리를 위하여−우리는 만들자	그 하늘 안에	그리고 그의 머리는

	כָּל־הָאָרֶץ׃	עַל־פְּנֵי	פֶּן־נָפוּץ
음역)	하아레쯔−콜	퍼네이−알	나푸쯔−펜
직역)	그 땅−모두	얼굴−위에	흩어지지−않도록

'그들이 말했다'고 본문은 시작하는데 '그들'은 누구인가? 아마도 니므롯을 온 땅의 왕으로 삼으려는 사람들의 무리일 것이다(창 10:8,9). 훌린(Chullin) 89a에 따르면 '이러한 계획을 주도한 사람은 니므롯 자신이다'라고 강조하여 말한다. 그리고 탈무드는 말하기를, '그는 왜 니므롯이라 불리었는가? 그는 전 세계 사람을 하나님을 반역(니무로드 נִמְרֹד = 히브리드 הִמְרִד)하는 자리로 인도한 사람이기 때문이다'라 하였다.

그들은 도시를 건설하고 탑을 쌓자고 말하며 그들의 입을 맞추었다. 여기서 도시는 그들이 흩어지지 않고 함께 모여 살 수 있는 거주지를 만들었다는 말이며, 탑은 그들이 서로 멀리 떨어져 있을지라도 어디에서 무엇을 하는지 보기 위한 것으로 보인다. 그것은 또한 목자들이 멀리서 그들의 위치를 찾을 수 있도록 도와주는 등대 역할을 하여 목자들이 길을 잃어버리

는 염려 없이 더 멀리 가서 가축에게 풀을 뜯게 할 수 있도록 도와주는 기능을 하였다고 한다.

신명기 1장 28절 중간 부분을 읽어보면 '그 백성은 우리보다 장대하며 그 성읍들은 크고 성곽은 하늘에 닿았으며'라 하였는데, 이는 매우 높다는 것을 표현하는 관용적 표현이다. 출애굽한 이스라엘 백성들이 가데스 바네아에서 정탐꾼을 보내 가나안 땅을 정탐하고 돌아와서 보고 할 때 그 땅의 도시가 크고 높다는 것을 강조하여 말한 내용이다. 본문에서 '그의 머리가 하늘 안에 있게 하자'는 말은 높이 쌓아 올리자는 말로 이해하면 된다.

'탑의 꼭대기가 하늘 안에 있게 한다'는 말은 메소포타미아의 건물 비문에서 자주 볼 수 있는 표현으로 이는 실제로 지구라트의 꼭대기가 하늘에 닿았다는 의미이다. 수메르 왕 구데아(Gudea, BC 2140 년경)는 '에닌누(Eninnu) 사원'을 두고 말하기를 '그것은 하늘에 있다'고 했다. 니푸르(Nippur)의 문헌은 '그것의 꼭대기가 하늘에 닿았다'고 하였다. 하무라비(BC 1728-1686 년경)는 자신에게 '에안나(Eanna)의 꼭대기를 습격하는 자'라는 별칭을 사용했다. 이는 '그가 사원의 탑을 하늘만큼 높게 건설했다'는 것과 연관이 있다. 그리고 에쌀핫돈(Esarhaddon, 680-669 BC)은 자신이 앗수르 성전의 '꼭대기를 하늘에 닿게 만들었다'고 했다. 이러한 구문은 바벨론에 있는 마르둑(Marduk) 사원과 관련하여 그들이 지속적으로 사용한 표현이다. 이 사원은 '머리를 들어 올리는 집'을 의미하는 esagila 로 알려져 있다. 성경에서도 '그것의 꼭대기가 하늘에 있다'는 표현을 사용하는데, 이는 인간의 교만의 상징으로 '키가 큰 탑', '높은 탑들'을 말했다.[13]

---

13 신 1:28, 9:1, 사 2:12-15, 겔 26:4-9

'우리 자신의 이름을 만들자'는 구문에서 '이름'은 아마도 이사야 56장 5절에서처럼 '기념물'을 만들자는 의미로 읽어야 할 것이다. 이러한 의미는 메소포타미아의 중요한 왕들이 자신의 이름을 '왕으로서 영원한 명성으로 보장하기 위해 고안한 훌륭한 건축 프로젝트와 관련이 있다'는 사실에서부터 시작한다. 그러므로 왕실 이름과 칭호는 지구라트의 기초로 놓인 벽돌과 머릿돌에 새겨져 있다. 그러므로 라가쉬(Lagash)의 구데아(Gudea) 사원 비문에 '그가 자신을 위해 만든 위대한 이름 때문에 신들의 총회에서 신으로 받아들여졌다'고 기록되어 있다. 바벨론에 지구라트를 복원한 느부갓네살은 기념 비문에 '에싸길라와 바벨론의 요새를 강화하고 내 통치를 위한 영원한 이름을 만들었다'고 기록했다.

도시와 탑을 건설한 건축자들의 진정한 목적은 그들이 '흩어지지 않도록' 하는 것이다. 다시 말해서 그들이 이러한 일을 하게 된 동기는 집단의 단결을 강화하기 위한 것이었다. 그들의 노력과 수고는 그들이 원하는 일련의 결과를 가져올 수 있었다. 이처럼 거대한 규모로 많고 많은 사람들이 참여하는 건설은 중앙 집권적 권위와 높은 수준의 조직을 필요로 했다. 그 결과 기념비적인 건축물은 시민의 자부심에 큰 원천이 되었으며 단합의 정신을 키웠음에 틀림없다.

그러나 우리가 그들이 말한 '우리가 전 세계에 흩어져 있지 않기 위하여'라는 건축자들의 명시된 목적은 '땅에 흩어져 땅을 채우라'는 하나님 말씀에 대한 직접적인 도전장이다. 땅에 흩어져 나가던 중 시날 땅에 이른 사람들은 '땅에 흩어지는 것을 하나님의 축복으로 인식'하지 못하였기 때문에 하나님의 뜻과 정 반대되는 일을 이루었다.

이제 우리는 이 말씀을 종합적으로 묵상하는 시간을 가지면 좋겠다. '탑의 꼭대기가 하늘 안에 있게 한다'는 말을 영적으로 해석하기도 한다. 하나님을 반역하는 무리들이 모여 자기들의 이름을 내고 흩어짐을 면하기 위해 모여 살 수 있는 도시를 건설하고 하나님과 같아지려는 의도에서 하늘에 닿는 탑을 건설하여 하나님과 비겨 보겠다는 불순한 동기에서 시작 되었다는 말씀이다.

반역한 무리들은 하나님의 이름을 부르면서 예배하는 자리에서 떠나, 자기들의 이름을 부르면서 예배하는 자리로 나간 것이다. 그러므로 그들은 하나님과 하나님의 법을 등지고 그들 자신의 뜻을 따라 살기로 결심하자고 제안하고 그 뜻에 입을 맞춘 자들이 모여 그들의 계획대로 일을 이루어 가고 있는 장면이다. '어리석은 자들의 입은 그의 멸망이 되고 그런 자의 입술은 그의 영혼의 그물이 된다(잠 18:7)'는 잠언의 말씀을 그들은 성취한 것이다.

하나님을 떠난 무리들이 건설하려는 도시와 탑은 그들 스스로가 고안해 낸 것이 아니다. 그들이 메소포타미아 지역에서 보아온 것, 그들이 경험한 것을 말했다. 메소포타미아 지역의 도시들의 거대하고 다양한 종교의 사원들이 가지고 있는 지구라트를 본 따 그들의 탑을 쌓으려 했던 것이다(Akk. ziqquratu). 지구라트는 아카드어(Akkadian) 동사 자카루(zagaru)에서 파생된 것으로 그 의미는 '높게 쌓다'이다.

그러면 이 세대가 저지른 죄는 정확하게 무슨 죄인가? 그들이 저지른 중대한 범죄에 비하여 그들에게 내려진 벌은 관대하기 때문에 우리는 그들의 죄가 무엇인지 찾기 위하여 주의해서 본문을 읽어야 한다. 아담과 하와에게 내려진 벌이나, 가인에게 내려진 벌이나 모두 관대한 것은 사실이다.

그러나 노아시대에는 노아의 가족과 함께 방주에 탄 모든 생물을 제외하고 모두 멸망했다. 그러므로 우리는 우리 각자에게 물어야 할 것이다. 그들이 범한 죄는 무엇인가? 나는 그들과 같은 죄를 저지르는 자리에 있지는 않은가?

라쉬(Rashi)는 본문에 나오는 단어가 가지는 문자적인 의미를 중요하게 여기는 반면, 람반(Ramban)은 문자 그대로의 의미를 고수하는 것을 반대한다. 그는 본문에 나오는 하나님의 칭호에 관심을 둔다. 바벨탑을 쌓고 도시를 건설하는 것을 바라보고 계시는 하나님과, 내려오셔서 그것을 중단시키시는 하나님을 모두 하나님의 고유한 이름 하쉐임 יְהוָה 으로 사용하였다. 반면에 홍수 기사에서는 일반적으로 하나님을 엘로힘 אֱלֹהִים 으로 사용한 것을 지적하였다. 우리는 이 기사를 계속 읽어가면서 하나님은 왜 그런 칭호를 사용하였는지 연구하여야 할 것이다.

이제 우리는 3, 4절을 연결하여 읽어보아야 한다. 모든 인종과 모든 사회 계층의 연합은 그들을 하나님의 전능함에서 해방시키는 것처럼 보이게 만들었다. 다시 말해서 하나님이 없이 그들의 능력으로 모든 것을 할 수 있다는 것을 가르쳐 주는 것처럼 보인다. 바로 이것이 그들이 도시를 건설하고 탑을 높이 쌓는 궁극적인 목표이자 은밀한 동기였다. 토라(성경)는 그들이 함께 모여서 공동의 목표를 세우고 그 일을 하려는 분명한 동기를 말한다.

4절은 우리가 거대한 도시와 꼭대기가 하늘에 닿는 탑을 건설하고 우리가 온 땅에 흩어지지 않도록 하고 우리 자신의 이름을 내자고 하였다. 그래서 어떤 사람들은 말하기를 홍수가 나면 우리는 모두 탑 꼭대기에 올라가 살면서 하나님과 전쟁을 벌이자고 하였다고 한다. 이러한 가르침은 모두 부도덕하고 타락한 함의 후손에 초점을 맞추어 설명하려는 의도에서 비롯되었다.

그리고 우리 자신의 이름을 만들자. 이 말은 탑을 쌓아 올리는 사람들의 진정한 태도를 보여준다. 자아를 의식하면 겸손과 교만이라는 두 가지 반응이 나타날 수 있다. 겸손과 교만은 인류를 위해 무언가를 하려는 사람들의 노력을 자극하는 데 도움이 될 수 있다. 또한 사람들이 불굴의 운명에 맞서 싸우며 하나님을 반역하여 인간의 한계에서 벗어나도록 유도하기도 한다.

바벨의 사람들은 의도적으로 교만을 선택했다. 그들은 개인의 가치가 사회에 대한 공헌에만 근거한다는 사실을 인정하지 않았다. 그들의 탑은 전혀 쓸모가 없었다. 그것은 단지 인간과 신 사이의 영원한 경계를 무너뜨릴 수 있다고 믿었던 인간들의 교만의 기괴한 생각을 구체화 시킨 것일 뿐이다. 그리고 하나님은 그들의 이기주의적 계획을 파괴하고 그들을 땅 위에 흩어 놓았다. 하나님은 인간들이 통과할 수 없는 장벽, 바벨탑보다 더 높은 장벽을 세웠다. 그들의 사상과 이념이 나누이므로 인하여 영원히 연합할 수 없도록 만들었다. 다시 말해서 세상 사람들이 모두 연합하여 하나님을 대적하는 것을 영원히 불가능하게 만들었다. 사람들은 서로 다른 생각을 하게 되어 그들의 위대함에 대한 그들의 꿈이 얼마나 헛된 것인지 스스로 깨닫도록 하였다.

3, 4절을 다시 한 번 주의 깊게 읽고 묵상하는 것이 좋겠다. 3절은 그들의 공동 목적이 있었는데, 그 목적을 이루는 재료는 이러한 것들로 하자는 것이다. 그리고 4절은 그들의 공동목적의 조감도를 보여준다. 그들은 공동

의 일을 이루기 위하여 연합하는데, 하나님의 이름과 영광을 위하여 하는 것이 아니라 자신의 영광과 이름을 위하여 하자는 것이다.

우리는 교회를 건축한다든지, 선교사를 파송한다든지 또는 구제할 때, 누구를 위하여 하는 것인지 분명한 고백이 있어야 한다. 교회를 위함인지, 교회 이름을 위함인지, 자기 이름과 영광을 위함인지 깊이 고려해보아야 한다. 하나님의 이름과 영광을 위해 일한다면서 자기의 이름을 내고 자기가 영광을 받으려는 경우가 많이 있다.

우리가 앞으로 공부할 창세기 12장 1절을 간략하게 먼저 읽어보자. '하나님 여호와가 말했다. 가라. 너를 위하여.' 한글 성경으로 읽으면 '너를 위하여'라는 말은 없다. 하나님은 하나님을 위하여 가라고 말씀 하실 수 있다. 그러나 우리 인간은 나를 위하여 하면 안 된다.

그러나 4절에서 사람들은 다시 다른 사람들을 초대하여 도시와 탑을 건설하자고 하는 것이다. 그리고 이유는 흩어지지 않도록 만들기 위해서다. 이것이 바벨탑 건축이다. 이들이 도시와 탑을 건설하는 것을 보면 철저하게 준비하여 만들고 있는 것을 볼 수 있다. 그리고 불에 구워서 만들자 할 때, 이는 빨리 만들려는 계획을 가지고 있는 것을 알 수 있다. 그러면 이들이 왜 이렇게 빨리 만들려고 하는가?

그들은 도시와 탑을 건설하자고 했는데 도시만 건설하면 안 되나? 그런데 왜 탑을 만드는 것일까? 다음에 말한 이유를 읽어보며 묵상하면 좋겠다.

① 홍수가 있었다는 것을 알고 있다. 그래서 홍수가 나면 피하기 위해서이다.
② 자기 자신을(우리를 위하여) 우상으로 예배하기 위해서이다. 즉 우리는 이정도야 라고 과시하려는 것이다. 자기의 이름을 내려고 하는 것이다.
③ 흩어지지 않도록 하려는 것인데, 이는 하나님은 흩어지라고 했는데 이들은 하나님을 대항하기 위하여 도시와 탑을 건설하는 것이다.

그들이 그렇게 한 결과를 미리 한 번 묵상하는 것 또한 좋을 것이다.

① 자신들의 목적을 위한 수단을 강구하였다. 그리고 하나님의 방법이 아닌 사람의 방법을 구하였다. 오늘의 교회가 무너지는 것을 보면, 인간들 스스로 수단을 찾고 있기 때문이다.
② 자기 스스로 하늘에 닿으려고 하는 우매함을 보여준다.
③ 자기 스스로 이름을 내려고 하는 명예욕이 있다.

다윗이 하나님의 성전을 건축하려고 했다. 그러자 하나님이 너는 건축하지 말라고 하자 즉시 내려놓고 아들이 성전을 건축하도록 준비 한다. 오늘날 몇몇 교회와 목회자들이 자기 이름을 내려고 성전을 건축하고 교육관을 건설하고 선교사를 파송하고 공원묘지를 만드는 모습을 보게 되는데, 그것이 누구를 위함인지 깊이 생각해야 할 것이다.

④ 땅에 흩어져서 충만하게 하라는 말씀을 어기는 모습이 보이는데 여기서 인류 통일이라는 거짓된 꿈에 빠지는 것을 본다. 오늘도 적그리스도들이 하려는 것은 인류를 통일하려는 것이다. 대부분 거짓된 관념에 사로 잡혀 있는 것을 볼 수 있다.
⑤ 바벨탑은 나선형 모양으로 7층 높이인데 , 바벨탑을 높이 쌓기 위해 돌을

짊어지고 높은 곳으로 올라가다 발을 잘못 디뎌 죽게 되었을 때에 죽은 사람을 안타깝게 생각한 것보다 저 돌을 누가 다시 저기까지 메고 가냐라고 물으며 안타까워했다고 한다. 요즘에 교회에서도 누가 시험을 당할 때에 그를 도와 주는 것이 아니라 더 시험 들게 하는 경우가 있다. 그래서 하나님으로부터 완전히 떠나게 한다면 이는 누구의 잘못인가?

⑥ 바벨탑의 꼭대기는 신들의 좌소라고 하여 신의 형상을 만들어 놓았는데, 이를 지구라트(Zigurat)라고 한다. 메소포타미아에 아직도 이러한 탑이 약 20개 정도 남아 있다. 이것들 가운데 크기가 큰 것은 바닥이 122m, 높이가 47m정도이다. 각 층이 요일별로 별들의 자리를 정해놓았는데 이는 층층마다 신들이 거하는 자리라는 것이다. 그리고 가장 꼭대기는 신들에게 제사를 지내는 자리였다.

▲ 바벨탑 사건〈게티이미지 뱅크〉

창세기 11장 | **131**

창세기 11:5 여호와께서 사람들이 건설하는 그 성읍과 탑을 보려고 내려오셨더라

	וַיֵּרֶד	יְהוָה	לִרְאֹת	אֶת־הָעִיר	וְאֶת־הַמִּגְדָּל
음역)	바예이레드	하쉐임	리르오트	하이르-에트	하미그달-버에트
직역)	그가 내려왔다	하쉐임이	보기 위해	그 도시 -를	그 탑-그리고 을

	אֲשֶׁר	בָּנוּ	בְּנֵי	הָאָדָם׃
음역)	아쉐르	바누	버네이	하아담
직역)	…한	그들이 건설했다	아들(후손)들	그 아담의

'하쉐임이 내려오셨다'는 말은 성경 독자들이 말씀을 잘 이해하도록 돕기 위하여 하나님을 의인화하여 설명한 구문이다(Ibn Ezra). 하나님은 하나님이 창조한 사람의 행위를 살피고 사람에게 그 행위를 알려주기 원하실 때, 성경에서 하나님이 '내려오셨다'(Radak)라고 표현한다. 사람이 에덴동산에서 쫓겨나기 전에는 이런 표현을 사용할 필요가 없었다. 하나님과 사람이 함께하는 자리였기 때문에 '동산에서 거니시는 하나님이 소리를 듣고'라 하였다. 그러나 에덴동산 밖에서는 달랐다.

스포르노(Sforno)는 이렇게 말했다. '하나님은 사람이 이미 저지른 죄악 때문이 아니라, 사람이 선택한 행동의 불가피한 결과 때문에 처벌을 가할 때 하나님이 '내려오신다'는 용어를 사용한다.' 그러므로 탈무드는 반항적이고 탐식적인 아들의 벌을 설명하는데(신 21:18-21), 토라는 사람들이 계획하는 그들의 의도의 깊은 곳까지 다 아시는 하나님이 내려오시는데, 이는 그 사람들의 죄가 아직 끔찍하지는 않지만 앞으로 훨씬 더 나빠질 것을 아시고 내려오신다. 소돔을 벌하시기 위하여 하나님과 천사들이 내려왔을 때에도 같은 표현을 사용하였다. 왜냐하면 그들의 죄는 점점 더 악해져 가고 있었기 때문이다.

라쉬(Rashi)는 하쉐임이 지구상에서 일어나는 일을 '보기'위해 '내려오심'이 필요 없다고 말한다. 토라는 사람들에게 도덕적 교훈을 가르치기 위해 하나님을 의인화해서 설명하고 있을 뿐이라고 하였다.

피르케이 아보트를 읽어 보면 '판사는 그가 개인적으로 사건을 완전히 조사할 때까지 피고인을 죄인이라고 비난해서는 안 된다고 하였다(Tanchuma, Gur Aryeh). 이와같이 하나님은 사람들이 하나님을 떠나 신성 모독 하는 자리로 나가는 것을 분명하게 아시고 계시다는 것을 사람들에게 가르치기 위하여 하늘의 보좌에서 내려오셨다는 표현을 사용하였다.

하나님은 사람들의 행위에 대하여 변덕스럽게 반응하지 않는다. 하나님은 사람의 행위를 분명하게 조사한다. 앞에서 말한 것과 같이 의인화 또는 사람들이 이해하는 용어로 하나님을 묘사하는 것은 소돔과 고모라의 상황을 조사할 때도 다시 나타나는 표현이다(창 18:21).

이러한 비유적 표현은 '하나님은 전능하시기 때문에 어떤 일에도 제한이 없다'는 것을 가르쳐준다. 왜냐하면 '하나님의 내려오심'은 높은 곳에 계시는 하나님이, 인간사에 대한 하나님의 사전 지식을 전제하는 것이며, 하나님의 후속 대응은, 무조건 하나님의 절대적 주권을 보여주기 때문이다. 오히려 여기에는 미묘한 아이러니가 있다. 사람은 '탑의 꼭대기가 하늘에 있는' 탑을 세우려 한다.

그 꼭대기에는 신이 거하는 것으로 널리 알려져 있다. 즉 인간은 신에게로 올라가려고 한다. 그러나 성경은 하나님께서 그러한 인간의 마음의 의도와 그들의 행위를 면밀히 조사하기 위해 하나님이 '내려오셨다'고 한다. 이처럼 성경은 인간이 알지 못하는 하나님의 무한한 초월성과 무엇과도 비교할 수 없는 하나님의 초월성을 강조하여 보여준다.

다음 구문을 보면 '그 도시와 그 탑을 보기 위해'라고 하였는데 이 구문에서 '보기 위해'라는 말은 사람들이 하나님을 떠나려는 의도에 대한 하나님의 '처벌 방법을 고려하다'는 의미이다(Zohar). 현인들이 설명하듯이 허쉬(Hirsch)는 '하나님이 어떤 일에 대하여 판단하기 전에 문제를 정확하게 조사하기 때문에 도시나 탑을 짓는 그 자체는 잘못된 것이 아님이 분명하다'고 하였다.

도덕적 미래에 대한 가장 큰 위험은 그들이 입을 맞춘 공동의 목적과 건축자들의 동기이다. 앞 절 4절에 사람들이 말한 것처럼, '우리 스스로 우리의 이름을 만들자(내자)'는 것은 하나님 없는 세상을 만드는 방법으로 도시와 탑을 건설하자는 것이다. 다시 말해서 도시와 탑을 건설하는 의도가 무엇이냐가 중요하지 그 도시와 탑을 건설하는 자체는 문제가 되지 않는다(Radak).

그렇다면 그 도시와 탑은 이미 건설되었는가? 하나님은 아마도 그들이 이미 성취한 사실인 것처럼 믿는 그들의 악한 의도는 처벌 받아야 한다는 것을 가르치기 위함이다. 그러므로 그런 의도를 도모한 악인을 처벌하기 위하여 이러한 표현을 사용한 것이지 도시와 탑이 이미 만들어진 것을 말하는 것은 아니다(Tosafos HaRosh).

마지막 구문 '아담의 후손들'은 인간의 기원, 사상 그리고 연약함에 대한 근본적인 의식을 가르쳐준다. 인간은 연약하여 그들의 뜻을 모으고 함께 거하기를 원한다. 그들은 함께 거하며 신전과 같은 탑을 세우기도 하였다.

메소포타미아의 신화를 읽어보면 '신들은 실제로 건축 명령을 내렸다. 마르둑(Marduk)은 그의 더 큰 영광을 위해 바빌론에 성전을 세웠다.' 그 신화는 말하기를 '바벨과 그의 성전은 태고 시대, 세상이 창조되던 바로 그 때에 있었다'고 한다. 그러나 성경은 사람들이 입을 맞추어 하나님을 떠나려는 의도를 가지고 도시와 탑을 건설하는 과정을 통하여 하나님을 떠난 인간의 본성이 얼마나 악해질 수 있는지를 보여준다. 홍수 후의 사람들의 기원에 대한 강조는 메소포타미아 사람들의 믿음을 묵시적으로 무효화한다. 지금 하나님을 떠나 하나님을 거역하는 일을 도모하는 모든 사람의 기원은 하나님이 창조한 아담부터라고 성경이 말하므로 하나님 외에는 다른 신이 없다는 것을 강조하기 때문이다.

미드라쉬(Midrash)는 '버네이 하아담 בְּנֵי הָאָדָם' 즉 '그 아담(사람)의 아들(후손)들'이라는 구문에 주목한다. '그 사람의 아들들'이라는 구문 '버네이 하아담 בְּנֵי הָאָדָם'에서 '아담(사람)' 할 때 관사 הָ를 붙인 이유는 무엇인가? 일반적으로 '사람의 아들'은 히브리어로 '벤 아담 בֶּן אָדָם'을 사용하는데 성경에서 99번 나온다. 그리고 '사람의 아들들'은 히브리어로 '버네이 아담'으로 성경에 20번 나오며[14] '그 사람의 아들들'은 히브리어로 '버네이 하아담 בְּנֵי הָאָדָם'으로 성경에서 12번 나온다.[15] 성경을 읽는 독자는 이 구절

---

[14] 신 22:8, 삼하 7:14, 시 11:4, 14:2, 31:20, 49:3, 53:3, 57:5, 58:2, 62:10, 66:5, 89:48, 90:3, 잠 8:4, 15:11, 렘 32:19, 겔 31:14, 단 10:16, 욜 1:12.
[15] 창 11:5, 삼상 26:19, 왕상 8:39, 대하 6:30, 시 33:13, 전 2:8, 3:18–19, 21, 8:11, 9:3, 12.

을 찾아보며 비교 연구하여야 한다.

본문에서는 '버네이 하아담 בְּנֵי הָאָדָם'을 사용하였는데 '그 아담'이라는 말은, 바로 범죄 한 '그 아담' 즉 하나님이 창조하신 첫 번째 사람 아담을 말하며 그의 후손을 가리키는 말이다. 아담(사람)의 후손들이 지금 도시와 탑을 건설한 것은 사실이다. 그러나 그들은 하나님이 주신 모든 은혜를 감사로 받지 못하고 그들이 잘못한 것에 대한 변명의 수단으로 종종 하나님의 은혜의 선물을 사용하였다.

아담이 선악을 알게 하는 나무의 열매를 먹은 후 하나님이 아담에게 물었을 때, 아담이 '잘못했어요'라는 말 대신에 '당신이 나와 함께 하도록 나에게 준 여자가 나에게 주어서 먹었습니다'라고 변명했다. 이처럼 아담의 후손들은 하나님의 선하심을 언제나 변명의 근거로 삼았다.

지금 홍수 후에 하나님은 그들에게 복을 주기 위하여 땅에 흩어지라 하였는데 그 은혜를 모르고 자신들을 위하여 도시와 탑을 건설하는 그들의 안타까운 모습을 성경은 보여준다. 그러므로 성경은 도시와 탑을 건설한 사람들을 '그 아담의 후손들'이라고 한 것이다.

다시 한 번 정리하면서 은혜를 나누는 시간을 가지면 좋겠다. 하나님이 세상에 오시는 것은 의로운 사람이 행하는 것을 보려고 오는 것이 아니다. 범죄 한 사람 즉 하나님을 떠난 사람들의 아들들이 하는 행위를 보려고 오시는 것이다. 이사야 6장 3절 '서로 불러 이르되 거룩하다 거룩하다 거룩하다 만군의 여호와여 그의 영광이 온 땅에 충만하도다 하더라'는 말씀에서 '그의 영광이 온 땅에 충만하다'는 말씀은 하나님이 안 계신 곳이 없다는 말이다. 하나님은 바벨탑을 쌓고 있는 거기에도 계신다. 그런데 하늘에서도 볼 수 있는데 전능하신 하나님이 그 자리에 왜 내려오신 것일까? 하나님은 빛이 있으라 하며 창조하신 후에 보시기에 좋았다고 하셨다. 보시고 좋았다고 하는데 이는 이미 하나님은 창조 전에 모든 것을 보시고 계시며 아시고 계시는 분임을 말하는 것이다.

탈무드를 읽어보면 랍비 두 사람이 길을 가는 도중에 길에 아름다운 꽃이 활짝 피어 있는 것을 보았다. 그때 한 랍비가 '부인이 꽃을 좋아하는데 저 꽃을 꺾어가지고 가면 우리 부인이 너무 좋아하겠다'고 말하자 다른 랍비가 '내가 꺾어 줄게' 하면서 꽃이 있는 쪽으로 걸어갔다. 처음 랍비가 '꽃을 꺾지 말게! 그리고 이곳에 우리가 푯말을 하나 세우세 그리고 푯말에 "하나님이 창조한 아름다운 꽃을 보세요"라고 쓰세'라고 말했다. 그러면서 그가 하는 말이 '우리만 하나님이 창조하신 이 아름다운 꽃을 보는 것은 아까우니 표를 만들어 세우면 이 길을 지나가는 사람들이 이 아름다운 꽃을 그대로 지나치지 않고 보고 하나님을 찬양할 것이 아닌가'라고 하였다.

하나님이 우리를 위해 창조한 좋은 것을 보고 즐길 수 있어야 한다. 우리가 어떤 일을 시작하기 전에 하나님이 이것을 보고 좋아하실까? 칭찬할까를 생각하면서 그 일을 계획하고 준비 하라고 탈무드가 가르치는 말이다.

본문에서 하나님이 오셨다는 말은 하나님은 조사 없이 심판하시지 않는 분임을 보여준다. 즉 이유 없이 주관적인 판단에 의해서 심판하시는 분이 아니다. 이것은 '너희의 눈에 보이지 않지만 나는 어디에나 있다'고 강조하여 말하는 것이며, '언제나 어디에나 나는 있다'는 것을 하나님은 강조하여 말씀하고 있는 표현이다. 그리고 나는 상과 벌을 주는 하나님임을 강조하기 위하여 이러한 말씀을 하는 것이다.

하나님은 내려오시거나 말씀하실 필요 없이, 죄인들, 죄인의 후손들이 잘못 하는 것에 관하여 심판하시면 된다. 그러나 하나님은 은혜가 크시기 때문에 죄인이 돌아오기를 원하신다. 하나님은 죄인들이 돌아올 곳이 있다는 것을 가르쳐 주기 위하여 오신다. 세상에 사는 사람들은 죄 지은 자를 향하여 빨리 심판하기를 원할지 모르나, 하나님은 그 죄인이 돌아오기를 원하신다. 현대를 사는 우리 크리스천들은 하나님이 우리를 보고 있다는 것이 느껴질 때, 이는 하나님이 내가 돌아오기를 기다리시는 모습을 보아야 한다. 하나님은 우리에게 어디에나 계시는 하나님, 언제나 계시는 하나님을 강조하여 가르치기 위하여 성경에서 이와 같은 표현을 자주 사용한다는 것을 알아야 한다.

우리는 이 말씀을 읽으면서 '나는 하나님의 사람'이라고 하면서 아직도 '옛 아담의 후손'의 자리에 있지는 아니한지? 아니면 둘째 아담으로 '오신 예수님의 후손이 되어 진정한 하나님의 양자'로 살고 있는지 자신을 돌아보아야 할 것이다.

창세기 11:6 여호와께서 이르시되 이 무리가 한 족속이요 언어도 하나이므로 이같이 시작하였으니 이 후로는 그 하고자 하는 일을 막을 수 없으리로다

	לְכֻלָּם	אַחַת	וְשָׂפָה	אֶחָד	עַם	הֵן	יְהוָה	וַיֹּאמֶר
음역)	러ㄱ훌람	아ㅎ카트	버싸파	에ㅎ카드	암	헨	하쉐임	바요메르
직역)	그들 모두에게	하나	그리고 입술	한	백성	보라	하쉐임이	그가 말했다

		מֵהֶם	לֹא־יִבָּצֵר	וְעַתָּה	לַעֲשׂוֹת	הַחִלָּם	וְזֶה
음역)		메이헴	이바쩨이르-로	버아타	라아쏘트	하ㅎ킬람	버제
직역)		그들로부터	막아지다-않다	그리고 지금	만드는 것을	그들의 그 시작이다	그리고 이것이

			לַעֲשׂוֹת:	יָזְמוּ	אֲשֶׁר	כֹּל
음역)			라아쏘트	야저무	아쉐르	콜
직역)			할 것을	그들이 구성한	…한	모두

'하쉐임이 말씀하셨다'고 하니 성경을 읽는 독자는 하나님이 누구에게 말했다는 말인가라는 의문을 가지게 된다. 이는 성경을 읽는 독자가 이해하기 쉽도록 하나님을 의인화해서 말씀하고 있는 장면이다. 하나님이 창조한 피조물인 사람이, 이제 앞으로 어떤 일을 이루어갈지 하나님께서 정확하게 아신다는 것을 하나님이 독자에 알려주시는 말씀이다.

다음 구문을 보면 '보라 그들은 한 백성이요 그리고 그들 모두를 위하여 한 입술(언어)이며 이것이 만들기 위함의 시작이다'고 하였다. 이 말씀은 사람들이 한 나라처럼 연합되었다는 말이며, 사상을 함께 공유하는 연합제를 이루었다는 말이다.

미드라쉬 아가다(Midrash Aggadah)는 이 구문을 다음과 같이 해석하였다. 그들의 반역이 가능했던 것은 그들이 하나의 민족이요 한 가지 사상을 가지고 있었기 때문이다. 그들 각자는 상대방이 원하는 것이 무엇인지 정확하게 이해하고, 그것에 하나 되어 공동의 목표를 가지게 되었고 그 목표를 이루는 일에 하나될 수 있었다.

다음 구문을 조금 의역해 보면 '이제 그들이 제안한 모든 것이 그들에게서 이루어지게 만들어서는 안 된다'는 말이다. 이 구절을 수사학적 질문으로 읽어도 좋다. '그들로부터 그들이 생각한 일이 이루어지게 보고만 있어도 되는가?'(Rashi).

이븐 에즈라(Ibn Ezra)와 라닥(Radak)은 라쉬의 의견에 동의하지 않는다. 이것은 그들이 하고자 하는 일을 계획한 것으로 읽어야 한다. 하나님이 그들이 하는 것을 막지 않으면 그들은 그들이 무엇을 하든지 성공적으로 해 낼 수 있다고 하나님은 생각하셨다. 그래서 하나님께서 '내려왔다'고 하신 것이다.

사실 에덴에서 쫓겨난 사람들은 공통된 사상, 또는 이념과 철학의 부재로 그들의 계획을 이루는데 방해를 받는다. 그러나 지금 시날 땅, 바벨에서는 이러한 모든 차이점이 존재하지 않았다. 그들 모두는 하나된 사상과 이념과 철학을 가지고 공통된 목표를 만들 수 있었으며 그것을 이루는 방법을 함께 찾았던 것이다. 그들은 모든 일을 할 수 있는 능력이 있다고 생각했다.

이처럼 사람들의 마음의 성향이 악하기 때문에 하나로 통일된 이념을 가진 사람들의 악은 어떤 제약도 없이 사회에서 발전해 나가기 쉽다. 만약 이 때 하나님이 그들의 사상과 이념을 나누지 않았다면 그들은 도시와 탑을 건설하는 것뿐만 아니라 자신을 우상으로 또는 다른 우상을 만들어 섬기는 일을 지속적으로 했을 것이다.

현대 교회들도 하나님이 기뻐하지 않는 일에 입술을 맞추어 한 입술이 되어 하나님이 원하지 않는 일을 하나님의 일이라 하며 밀어붙이는 것을 종종 본다.

그러다 두 입술이 되어 하나의 입술이 된 한 팀은 2층에서 예배 하고 또 다른 하나의 입술이 된 다른 팀은 1층에서 예배하며 서로서로 싸우는 모습을 볼 수 있다. 이는 교회가 해서는 안 되는 일을 하지만 누구도 막을 수 없게 되어 일어나는 안타까운 모습이다. 우리는 하나님이 기뻐하는 일이 아니면 그것을 하지 않도록 해야 한다. 사람들이 계획을 세워 하나로 뭉치면 그것을 막는 것은 쉽지 않다.

창세기 11:7 자, 우리가 내려가서 거기서 그들의 언어를 혼잡하게 하여 그들이 서로 알아듣지 못하게 하자 하시고

	אֲשֶׁר	שְׂפָתָם	שָׁם	וְנָבְלָה	נֵרְדָה	הָבָה
음역)	아쉐르	서파탐	샴	버나벌라	네이러다	하바
직역)	…한	그들의 입술을	거기서	그리고 우리가 섞어버리자	우리가 내려가도록 하자	자

			רֵעֵהוּ:	שְׂפַת	אִישׁ	יִשְׁמְעוּ	לֹא
음역)			레이에이후	서파트	이슈	이슈머우	로
직역)			그들의 이웃의	입술	각자	그들이 들을 것이다	않다

본 절을 시작하는 단어인 '하바 הָבָה'는 3, 4절에서도 나온 단어이다. 이 단어는 사람들이 자신들의 프로젝트를 소개하기 위하여 사용하는 단어인데[16] 유일하게 본 절에서는 하나님께서 그 단어를 사용하셨고 아이러니 하게도[17] 사람들의 프로젝트를 방해할 계획을 말씀하시는데 사용한다.

하나님이 내려오실 이유를 말씀하신다. '섞기 위하여' 하나님이 내려오신다. 무엇을 섞기 위하여 내려오시는가? '그들의 입술을(언어를)' 섞기 위하여 내려오신다. 본문에서 '섞다'는 히브리어 어간 '발랄 בָּלַל'에서 온 '나벌라 נָבְלָה'이다. '발랄 בָּלַל'은 성경에 여러 가지 형태로 83번 나오는데 본문에 나온 문자와 같은 문자배열로 네 번 쓰였다.[18] 그러나 본문과 같은 모음부호를 가지고 쓰인 곳은 없다.

---

[16] 창 11:3-4, 29:21, 30:1, 38:16, 47:15, 출 1:10, 삿 1:15, 삼상 14:41, 시 60:13(한 60:11), 108:13(한 12).
[17] 창 11:7
[18] 창 11:7, 삿 20:6, 삼상 25:25, 겔 4:14.

성경을 읽는 독자는 본문을 읽으면서 '섞다', '혼동하다' 또는 '혼란스럽다'는 의미로 쓰인 단어 "나벌라 נִבְלָה' 문자를 주의 깊게 보면 '벽돌'을 가리키는 단어는 '러베이나 לִבְנָה'의 문자와 같은 데 순서만 바뀐 것을 알 수 있다. 이것을 우연이라고 말하기에는 무엇인가 석연치 않다. 하나님은 사람들이 도시와 탑을 건설하는데 사용할 '벽돌'이라는 단어의 문자를 바꾸어 '섞다'는 의미로 사용하여 그들을 '혼란스럽게 하시겠다'는 말씀으로 언어적 유희를 하는 것으로 읽을 수 있다. 다시 말해서 '벽돌이 들쑥날쑥하든지', '크고 작든지'하면 어떤 건물도 반듯하게 세워질 수 없을 뿐만 아니라 넘어질 수밖에 없다.

본문이 가르치려는 교훈은 '하나님의 뜻에 반하는 사람의 경영은 본질적으로 비뚤어지고 자멸할 운명이다'는 것이다. 하나님은 하나님의 뜻과 반대로 나가는 사람의 계획을 바꾸어 하나님 뜻대로 모든 일을 이루시는데 인간이 사용하는 도구나 물건이나 재료가 나쁘다고 말씀하지 않는다. 그들의 마음의 생각이나 그들의 이념이나 사상이 잘못되었다는 것을 가르쳐 주기 위하여 하나님은 사람들이 사용하는 자재를 가리키는 단어를 사용한다. 사람들이 연합하여 하나를 이룬 공동의 목표와 그들이 그 일을 이루는데 입을 맞추어 하나된 것을 섞어 혼란스럽게 하므로 그들이 스스로 흩어지게 만든다.

마지막 구문은 단어 순서대로 보면 '않다, 그들이 들을 것이다, 각자, 입술, 그들의 이웃의'이다. 문장으로 연결하면 조금은 어색하지만 '그들은 그들의 이웃의 입술(언어)을 각각 듣지 않을 것이다'이다. 이 구문에 입술이라는 단어 '싸파 שָׂפָה'가 두 번 나오는데 한글 킹제임스역을 제외한 한글 번역본에서는 모두 한 번만 번역하였다. 영어 번역본을 보면 대부분 앞에 나오는 '싸파 שָׂפָה'는 '언어(language)'로 두 번째 나오는 '싸파 שָׂפָה'는 말(speech)로 번역하였다. 70인 역은 앞의 것은 혀(tongue)로 뒤에 것은 목소리(voice)로 번역하였다. 이처럼 대부분의 번역본은 입술을 언어와 말로 해석하여 언어와 말을 혼잡하게 하였다고 한다. 물론 그렇게 번역하고 해석해도 무리는 없다. 그러나 의문이 생긴다. 그들이 공동으로 사용하던 언어가 혼잡하게 되었다고 해서 바로 하루 전에 사용하던 언어를 서로 알아들을 수 없게 될 수 있을까? 그들은 하루 전에 불과 몇 시간 전에 공동으로 사용하던 언어를 어떻게 순식간에 완전히 잊어 버려 의사소통을 할 수 없게 되었을까 하는 의문이 생긴다. 아무리 생각해도 순식간에 그 때까지 사용하던 언어를 알아들을 수 없게 되었다는 것은 이해하기 어렵다. 그러므로 우리는 더 많은 연구가 필요하다.

이븐 에즈라(Ibn Ezra)는 하나님께서 사람들 가운데 서로를 증오하는 마음을 두어 각 나라가 새로운 언어를 사용하게 했다고 하였다. 또 다른 한 가지 견해는 인간에게 지혜를 심어 주신 분이 이제는 그의 언어를 잊게 만들었다는 의견이다. 이븐 에즈라는 자신의 견해로는 언어의 탄생은 언어의 분산과 그에 따른 많은 왕국의 부상으로 인해 공통 언어가 잊어진 결과라고 결론지었다. 그러나 앞에서도 우리가 말했듯이 이 견해는 이해하기 어렵다. 도시와 탑을 건설하는 현장에서 어제 서로 서로의 말을 알아들었는데 오늘 서로 서로의 말을 알아들을 수 없어 그들의 목표를 이루지 못했다는 것은 이해하기 어렵다.

'그들이 각자 그들의 이웃의 '싸파 שָׂפָה'를 듣지 않을 것이다'는 구문은 그들이 그들의 이웃의 '언어'를 이해할 수 없었다는 말인가? 그러면 '이해하다'는 단어를 사용하면 좋을 텐데 왜 '샤마 שָׁמַע', '듣다'는 단어를 사용하였을까? '샤마 '는 성경에서 1157번 나온다고 하는데 그 가운데 7번을 이해하다로 번역하였고(영어 킹제임스) 본 절이 그 7절 가운데 하나이다. 영 역본은 대부분 '이해하다'로 번역하였으며, 한글 역본은 대부분 '알아듣다'로 하였다. 말을 '듣는 것'과 '이해하는 것'은 어느 정도 차이가 있는가? 또한 '듣는다'는 말과 '알아듣다'는 의미의 차이는 무엇인가? 우리가 외국인이 말하는 것을 듣고 무슨 뜻인지 모를 때 우리는 무엇이라고 말하는가?

이제 우리는 이러한 문제를 과제로 남겨두고 다음 절로 넘어가는 것이 좋겠다.

창세기 11:8 여호와께서 거기서 그들을 온 지면에 흩으셨으므로 그들이 그 도시를 건설하기를 그쳤더라

	כָּל־הָאָרֶץ	עַל־פְּנֵי	מִשָּׁם	אֹתָם	יְהוָה	וַיָּפֶץ
음역)	하아레쯔-콜	퍼네이-알	미샴	오탐	하쉐임	바야페쯔
직역)	그 땅의-모두	얼굴(지면)-위에	거기로부터	그들을	하쉐임이	그가 흩었다
		הָעִיר׃	לִבְנֹת			וַיַּחְדְּלוּ
음역)		하이르	리브노트			바야ㅎ크덜루
직역)		그 도시	건설하는 것을			그리고 그들이 중단했다

'하쉐임은 그들을 흩었다'는 말로 시작하는데, 이 말은 7절 말씀에 대한

결론으로 읽을 수 있다. 또 이 말씀은 사람들이 4절에서 계획한 것을 수포로 돌아가게 한 것을 말한다. 다시 한번 4절을 묵상하면서 '그때 사람들은 무엇이 두려워 이러한 계획을 했을까'에 대하여 묵상해 보면 본문을 이해하는데 도움이 될 것이다.

도시와 탑의 건설자들이 흩어지게 된 것은 하나님의 원래의 뜻이었다. 하나님은 그들에게 온 땅에 흩어져 온 땅을 채우는 복을 허락하셨다(창 1:28). 그러나 그들이 공동의 목표와 사상과 이념의 통일로 인하여 흩어지지 않고 자신의 이름을 내고 자신의 목표를 이루려 했다. 그러나 하나님은 그들의 '싸파 שָׂפָה'를 흩으심으로 인하여 서로 서로가 들을 수 없게 만들었다.

다음 구문은 '온 땅의 지면 위에'라 하였는데, 인류가 온 땅 위에 흩어지는 것은 처음부터 하나님의 계획속에 있었다는 것을 명심해야 한다. 대홍수 직후 하나님은 다음과 같은 말씀으로 인류를 축복하셨다. '열매를 맺고 번성하여 땅을 채우라(창 9:1).'

마지막 구문은 '그들이 그 도시를 건설하는 것을 중단했다'이다. 그들은 그들의 계획에 의하여 모든 공정을 잘 이루어 가고 있었는데 갑자기 중단했다. 그들의 목표를 이루지 못했지만 어느 정도 공정은 이루어진 것으로 보인다. 왜냐하면 다음 절에 그 도시의 이름이 나오기 때문이다. 그러면 왜 중단했는가? 조금 전까지만 해도 잘 알아듣던 언어나 말을 갑자기 못 알아듣게 되어 그들의 일을 중단했는가? 아니면 점차적으로 그들이 서로서로 알아들을 수 없게 되어 이제 그 일이 중단되었다는 말인가?

창세기 11:9 그러므로 그 이름을 바벨이라 하니 이는 여호와께서 거기서 온 땅의 언어를 혼잡하게 하셨음이니라 여호와께서 거기서 그들을 온 지면에 흩으셨더라

	בָּלַל	כִּי־שָׁם	בָּבֶל	שְׁמָהּ	קָרָא	עַל־כֵּן
음역)	발랄	키-샴	바벨	셰마흐	카라	알-케인
직역)	그가 섞었다	왜냐하면-거기서	바벨	그녀의 이름을	그가 불렀다	그래서

	הֱפִיצָם	וּמִשָּׁם	כָּל־הָאָרֶץ	שְׂפַת	יְהוָה	
음역)	헤피짬	우미샴	하아레쯔-콜	서파트	하쉐임	
직역)	그가 그들을 흩어지게 만들었다	그리고 거기로부터	그 땅의-모두	입술(언어)을	하쉐임이	

	כָּל־הָאָרֶץ׃ פ	עַל־פְּנֵי	יְהוָה
음역)	하아레쯔-콜	퍼네이-알	하쉐임
직역)	그 땅-모두	지면-위에	하쉐임이

4절에서 그들은 도시와 탑을 건설하고 자신들의 이름을 내자고 하였는데, 그들의 이름을 내지도 못하고 도시를 건설하다가 중단하였다. 그 후 그곳에 남아 있는 사람들은 그 도시 이름을 바벨이라 부르고 그 도시의 이름을 그렇게 부른 이유를 본문이 설명하는데 '하쉐임이 그 땅의 모두의 입술(언어)을 섞었기 때문이다'고 하였다.

그러나 성경을 읽는 독자는 본문을 이해하기 어렵다. 왜냐하면 도시의 이름은 '바벨' בָּבֶל'이고 '섞다', '혼잡하게 하다'는 '발랄' בָּלַל'이다. '바벨'과 '발랄'이 무슨 관계가 있기에 이 단어를 연결하여 도시의 이름을 설명하고 있는가? 바벨은 메소포타미아의 일반적인 개념에서 '신의 문'이라는 의미를 가진 것으로 이해한다. 이제 그들은 그 도시 '바벨'은 지구의 배꼽이 아

창세기 11장 | **147**

니라 특별한 의미 없이 말하고 듣는 횡설수설의 장소가 되었으며 인간의 분열이 시작하는 장소가 되었다. 그리고 하나님으로부터 비참하게 소외당하는 장소가 되었다.

이븐 에즈라(Ibn Ezra)는 그들이 건설하다 중단된 도시의 이름 '바벨 בָּבֶל' 은 히브리어 두 단어, '바 בָּ'와 '베일 בֶל'의 합성어라고 설명하였다. 첫 번째 단어 '바 בָּ'는 '왔다'이며 두 번째 단어 '베일 בֶל'은 '발랄 בָּלַל'에서 파생된 단어라 하였다. 그래서 이 두 단어가 합성하면 '바벨 בָּבֶל'이 되어 '섞어짐이 왔다'고 이해하였다.

다음 구문은 그 도시의 이름을 '바벨 בָּבֶל'이라 부른 이유를 설명한다. 그래서 '왜냐하면' 또는 '…때문에'라는 접속사로 구문을 시작한다. '왜냐하면 거기서 하쉠임이 그 땅 모두의 입술(언어)을 섞었기 때문이다.' 하나님을 반역하기 위해 보편적 헤게모니를 만들려는 사람의 시도는 필연적으로 사람들을 광범위한 지역으로 흩어지게 만드는 하쉠임의 처벌을 받는 것이 마땅하다. 하나님은 그들을 세상에 흩어지게 하는데 '입술의 섞음'이라는 방법을 사용하였다.

하나님이 주시는 형벌을 묵상해 보면 또 다른 교훈을 받을 수 있다. 조직화 된 사회는 그 사회의 기본적인 요건에 무조건적으로 순응하는 것이 아니라 조화로운 단일성을 목표로 가져야한다. 이때 그 도시가 필요로 하는 각각의 요건과 요구는 그 사회를 구성하는 구성원의 소명에 따라 자발적으로 참여해야 한다. 하나님의 말씀을 듣고 그 말씀을 이루기 위한 목표를 세우고 그 목표를 이루는데 사람들은 자신이 재능을 기부하여 서로의 재능이 조화를 이루어 아름다운 작품을 만들어가야한다.

그러나 본문은 하나님의 뜻을 저버리고 하나님의 뜻에 정면으로 도전하는 목표를 세우고 그 일에 동참하자고 권면한다. 그래서 '자'라는 단어를 두 번씩이나 사용하는 것을 볼 수 있다. 이는 그들이 세운 공동 목표에 뜻을 같이 하여 그 목표를 이루어 우리의 이름을 내고 하나님과 비기며 살자는 것이다. 그때 하나님은 그 사람들의 요구가 없었지만 그들이 모의한 사건에 반응을 보이신다. 그것이 마지막 구문이다. '그리고 거기로부터 하쉐임이 그 땅의 모든 지면 위에 그들을 흩어지게 만들었다.' 그러나 그들 모두가 거기로부터 흩어진 것은 아니라고 본다. 모든 땅의 지면 위에는 지금 그들이 있는 그 땅도 포함된다. 그러므로 그곳에도 남아 있는 사람도 있었던 것은 사실이다(Radak).

미쉬나는 '흩었다'는 단어가 8절과 9절에 중복하여 나온 것에 주목한다(Sanhedrin 107b). 미쉬나는 '흩어진 세대' 이 세대는 다가올 세상에서 그들에게 돌아갈 분깃이 없다고 하였다. 다시 말해서 '하쉐임이 거기로부터 그들을 흩었다'고 말하는 8절은 이 세대를 말하는 것이며, '그리고 거기로부터 그가 그들을 흩었다'고 말하는 9절은 오는 세상을 말한다. 그러므로 하나님을 떠난 그들은 총체적으로 흩어졌다. 이 세상에서도 다가오는 세상에서도 그들은 하나님의 분깃을 가질 수 없다.

라쉬(Rashi)는 아주 흥미 있는 질문을 한다. 누구의 죄가 더 큰가? 홍수 시대의 사람들의 죄인가? 아니면 분산의 세대, 흩어지는 벌을 받은 시대의 사람들의 죄인가? 여러분은 어느 시대 사람의 죄가 더 크다고 생각하는가? 홍수 시대 사람들은 모여서 악을 도모하지는 않았다. 그러나 흩어짐의 시대 사람들은 모여서 하나님을 떠나자고 의견과 사상과 이념의 일치를 모아 하나님의 뜻을 거역했다.

그들이 받은 벌을 비교해 보면 아이러니하다. 홍수 시대의 사람들은 모두 익사했다. 홍수의 세대는 완전히 파괴되었다. 그러나 흩어짐의 시대 사람들은 하나님의 뜻대로 흩어지기만 했지 죽임을 당하지 않고 살아있다. 성경은 홍수 시대는 악으로 가득 찼다고 말한다(창 6:5). 그러나 흩어지는 시대는 악으로 가득하지는 않은 것처럼 보인다. 그들은 모여서 평화를 누리고 함께 모여 살기를 원한다. 물론 하나님의 뜻은 사람이 흩어지는 것이지만 그 시대 사람들은 흩어지지 말고 함께 모여 살며 이름을 내자고 하니 홍수시대처럼 악으로 가득하지는 않은 것으로 보인다. 그러나 우리는 더 많은 연구를 하여야 한다.

창세기 11:10 셈의 족보는 이러하니라 셈은 백 세 곧 홍수 후 이 년에 아르박삿을 낳았고

	וַיּוֹלֶד	שָׁנָה	בֶּן־מְאַת	שֵׁם	שֵׁם	תּוֹלְדֹת	אֵלֶּה
음역)	바욜레드	샤나	머아트-벤	쉐임	쉐임	톨러도트	에일레
직역)	그가 낳았다	년	백-아들	셈은	셈의	족보이다	이것은

		הַמַּבּוּל׃	אַחַר	שְׁנָתַיִם	אֶת־אַרְפַּכְשָׁד	
음역)		하마불	아ㅎ카르	셔나타임	아르파크흐샤드-에트	
직역)		그 홍수	후에	2에	아르박삿-을	

10절에서 26절까지는 셈부터 시작하여 아브람까지 10세대를 보여준다.

이는 창세기 5장 족보의 연속이라고 보면 된다. 5장은 아담에서 노아까지 10대를 보여주고 본 장은 셈에서 아브람까지 10대를 보여주므로 아담의 20대 후손이 아브라함이라는 것을 가르쳐 주며 아브람을 성경의 무대 위에 등장시킨다.

11장 1절에서 9절까지는 사람들이 바벨탑을 쌓은 다음부터 두 무리로 나뉘어서 전개되는 것을 보여준다. 믿음의 후손인 아브람과 세상에서 바벨탑을 쌓으며 세상 신을 섬기는 모습을 보여주는 하나님을 떠난 무리이다. 이 두 무리는 창세기 12장부터 요한계시록 20장까지 계속하여 대립된 길로 가는 것을 보여준다. 그다음 큰 성 바벨론이 무너지고 회복이 이루어진다. 사람은 생수의 강이 흘러가는 물과 바벨탑을 쌓은 물, 두 물 사이에서 살아가고 있다. 이러한 가운데서 서로의 이념을 달리하며 나누어져 가는 것을 보게 되는데, 이미 창세기 10장에서 우리가 읽은 것처럼 언어는 노아의 세 아들의 후손을 통하여 70개로 나누어져 가고 있었다. 이제 우리는 온 땅의 지면으로 흩어지는 사람들 무리 가운데 하나님의 선택받은 사람들의 족보를 읽게된다. 하나님이 선택한 사람들에게 언약한 땅을 향하여 걸어가는 믿음의 조상 후손의 삶을 통하여 하나님의 선택함을 받은 크리스천인 우리는 세상에서 어떻게 살아야 하는지 하나님의 말씀 안에서 그 방법을 배우고자 한다.

'이것은 셈의 족보이다'는 구문으로 시작하는 것은, 10장에 나오는 노아의 후손, 세 아들의 족보 가운데 선택받은 민족 이스라엘의 1대 족장의 조상을 알리기 위하여 노아의 아들 셈의 족보로 시작한다. 아담 창조부터 노아 그리고 노아의 아들 셈부터 아브라함까지의 시간에 대한 기록은 비교적 자세하게 나오므로 우리가 세상의 나이를 계산할 수 있도록 해 주었다. 세상은 저절로 생겨난 것이 아니라 창조되었다는 것과 사람 또한 진화된 것이 아니라 하나님이 피조물이라는 것을 가르쳐준다. 특히 본문은 최초의 사람 아담과 노아와 아브라함의 연결고리를 가르쳐준다.

이와 같이 토라는 분명히 초기 세대의 족보에 상당한 관심을 가지고 있다. 이 족보는 한 가족이 전 세계적으로 흩어져 여러 국가를 이루게 된 역사적 상황과 변화에 대한 정보를 제공한다. 그러나 또 다른 목적을 가지고 있는 것도 사실이다. 특별히 토라가 셈족의 혈통을 추적할 때, 족장은 초인적인 존재가 아니라 세상 사람들이 알고 있는 조상, 즉 아버지와 어머니에게서 그들이 태어났다는 것을 가르쳐 주려고 한다. 그들은 자신의 주도권과 도덕적, 영적 노력을 통해 진리를 찾는 것 외에 다른 장점이나 특별한 것이 없는 평범한 인간 사람이라는 것을 강조한다.

이제 우리가 셈의 후손의 출생에 대하여 살펴볼 것인데 5장에 나오는 족보와 비교하여 보면 특이한 점을 발견할 수 있다. 한 사람 한 사람의 이름을 열거할 때, 5장에 나오는 '바야모트 וַיָּמֹת 그가 죽었다'는 단어는 나오지 않는다. 바흐야(R 'Bachya)는 그 이유를 이렇게 설명하였다. 인류의 구속주인 메시아가 셈족의 후손에서 태어날 것이기 때문이다. 메시아의 혈통은 그 개념 자체가 불멸의 존재라는 것을 가르쳐 주기 위하여 메시아의 족보 기록에 까지도 '죽는다'는 용어를 사용하지 않았다.

'그가 아르박삿을 낳았다'고 하였는데 아르박삿은 셈의 아들 다섯 명 가운데 세 번째로 이름이 나오는 아들이다(창 10:22). 셈이 아르박삿을 낳았을 때는 셈이 100세이었으며 홍수가 2년 지난 후였다. '아르박삿'을 히브리어로 읽으면 '아르파ㅋ흐사드 אַרְפַּכְשַׁד'인데 이 단어는 '아르파 אַרְפָּא'와 '카샤드 כֶּשֶׂד'의 합성어로 읽을 수도 있다. 이 합성어는 '갈대아의 사람'이라는 의미가 되기 때문에 혹자는 셈의 아들 아르박삿 때부터 갈대아 우르에서 살았다고 하기도 한다.

누주(Nuzu)에서 발견된 호리(Horite) 문서에 따르면 니느웨 근교에 아라프카(Arrapca)라는 지역이 있는데 이 지역이 바로 아르박삿(Arpachshad)과 연결된 것으로 보인다. 셈의 후손 가운데 가장 유명한 사람은 에벨이다. 그때부터 세상이 나뉘었기 때문이다(창 10:25). 창세기 10장에서는 에벨의 아들 가운데 욕단의 후손을 보여주었다. 본문에서는 에벨의 아들 가운데 벨렉의 후손을 보여준다. 그러므로 에벨이 두 아들을 낳은 다음 세상은 나누어졌다. 에벨은 이스라엘 세 족장 아브라함, 이삭, 야곱의 시대까지 살았다. 그래서 유대인 전통에 따르면 세 번째 족장 야곱은 '셈과 에벨의 천막에서 그의 영적 유산을 연구했다'고 한다(Rashi ckd 25:27).

토라와 고대 비문에 따르면 '히브리인은 원래 주전 3천년 말부터 2천년 초까지 메소포타미아의 대초원을 차지하는 유목민이었다'고 한다. 족장들과 그들의 이름을 딴 지역을 조사한 결과 그들의 첫 번째 원시 정착촌은 유프라테스 계곡과 그 주변, 특히 메소포타미아의 서쪽과 북서쪽에 있는 카부르(Khabur)에 위치했다. 그러므로 여호수아가 여호수아 24장 2절에서 '강 저쪽에서 거주하며 다른 신을 섬겼으나'라고 한 말이 이 사실을 확인시켜 준다. 강 건너편은 바로 유프라테스 강을 말하며 아브라함과 그의 조상이 그곳에 살았다는 것을 가르쳐준다.

창세기 11:11 아르박삿을 낳은 후에 오백 년을 지내며 자녀를 낳았으며

	חֲמֵשׁ	אֶת־אַרְפַּכְשַׁד	הוֹלִידוֹ	אַחֲרֵי	וַיְחִי־שֵׁם
음역)	ㅎ카메이슈	아르파ㅋ흐샤드-에트	홀리도	아ㅎ카레이	쉐임-바여ㅎ키
직역)	오	아르박삿-을	후에	그를 낳은 후	셈-있었다

	וּבָנוֹת: ס	בָּנִים	וַיּוֹלֶד	שָׁנָה	מֵאוֹת
음역)	우바노트	바님	바욜레드	샤나	메이오트
직역)	그리고 딸들을	아들들과	그는 낳았다	년	백

앞에서 보았듯이 창세기 5장에 나오는 아담에서 노아까지 10대의 족보와 본문에 나오는 셈부터 아브람까지 10대 족보는 형식이 비슷하지만 아주 중요한 구문을 생략하고 있다. 그 구문은 바로 '바야모트 וַיָּמֹת 그는 죽었다'이다. 이는 이 세대가 자손을 통해 영구적으로 세상을 채우고 멸망하지 않을 것이라는 암시를 보여 주기 위함이다. 그리고 이 혈통을 통하여 메시야가 태어날 것을 암시적으로 보여준다. 그런 이유 때문에 토라는 '그들 모두 죽었지만 그들이 죽었다'는 구문을 창세기 11장 족보에서는 언급하지 않았다(Lekach Tov).

노아의 아들 셈에서 아브라함까지 10대가 있었다는 것을 우리는 잘 알고 있다. 이것은 족장 아브람이 와서 그의 조상들이 악하여 잃어버렸던 상을 모두 받을 때까지 모든 세대에 걸쳐 하나님이 얼마나 오래 참으셨는지를 보여준다(Avot 5:2). 즉 아브람은 조상들의 악한 길을 선택하지 않고 오히려 진리를 인식하고 하나님의 길을 따르며 그 길을 후손들에게 가르쳤다(창 18:19). 그러므로 아브람은 그의 조상들이 의로웠다면 받을 수 있는 모든 보상을 받을 수 있는 자격이 있었다(Ibn Aknin).

셈은 아르박삿을 낳은 후 500년을 더 살면서 자녀를 낳았다고 하였다. 그러므로 우리가 셈의 나이를 계산해보면 600세를 살고 2158에 죽었다는 것을 알 수 있다.

창세기 11:12 아르박삿은 삼십오 세에 셀라를 낳았고

	שָׁנָֽה	וּשְׁלֹשִׁ֖ים	חָמֵ֥שׁ	חַ֛י	וְאַרְפַּכְשַׁ֣ד
음역)	샤나	우셜로쉼	ㅎ카메이슈	ㅎ카이	버아르파ㅋ흐샤드
직역)	년	그리고 삼십	다섯	살았다	그리고 아르박삿

			אֶת־שָֽׁלַח׃	וַיּ֖וֹלֶד
음역)			샬라ㅋ흐-에트	바욜레드
직역)			셀라-을	그리고 그는 낳았다

아르박삿은 35세, 1693년에 셀라를 낳았다.

창세기 11:13 셀라를 낳은 후에 사백삼 년을 지내며 자녀를 낳았으며

	שָׁלֹשׁ	אֶת־שֶׁלַח	הוֹלִידוֹ	אַחֲרֵי	אַרְפַּכְשַׁד	וַיְחִי
음역)	샬로슈	셀라ㅎ크-에트	홀리도	아ㅎ카레이	아르파ㅋ흐샤드	바여ㅋ히
직역)	3	셀라-을	그를 낳은	후에	아르박샷은	있었다

	וּבָנוֹת׃ ס	בָּנִים	וַיּוֹלֶד	שָׁנָה	מֵאוֹת	וְאַרְבַּע	שָׁנִים
음역)	우바노트	바님	바욜레드	샤나	메이오트	버아르바	샤님
직역)	그리고 딸들	아들들	그리고 그는 낳았다	년	백	그리고 4	년들

아르박샷은 셀라를 낳은 후 403년을 더 살면서 자녀를 낳았다고 하였다. 그러므로 우리가 아르박샷의 나이를 계산해보면 438세를 살고 2096에 죽었다는 것을 알 수 있다.

창세기 11:14 셀라는 삼십 세에 에벨을 낳았고

	אֶת־עֵבֶר׃	וַיּוֹלֶד	שָׁנָה	שְׁלֹשִׁים	חַי	וְשֶׁלַח
음역)	에이베르-에트	바욜레드	샤나	셜로쉼	ㅎ카이	버셸라ㅎ크
직역)	에벨-을	그리고 그는 낳았다	년	삼십	살았다	그리고 셀라

셀라는 30세, 1723년에 에벨을 낳았다.

창세기 11:15 에벨을 낳은 후에 사백삼 년을 지내며 자녀를 낳았으며

	שָׁנִים	שָׁלֹשׁ	אֶת־עֵבֶר	הוֹלִידוֹ	אַחֲרֵי	וַיְחִי־שֶׁלַח
음역)	샤님	샬로쉬	에이베르-에트	홀리도	아ㅎ카레이	셸라ㅎ크-바여ㅎ키
직역)	년	3	에베르-을	그를 낳은	후에	셸라-이었다

	וּבָנוֹת: ס	בָּנִים	וַיּוֹלֶד	שָׁנָה	מֵאוֹת	וְאַרְבַּע
음역)	우바노트	바님	바욜레드	샤나	메이오트	버아르바
직역)	그리고 딸들	아들들	그리고 그는 낳았다	년	백	그리고 4

셸라는 에벨을 낳은 후 403년을 더 살면서 자녀를 낳았다고 하였다. 그러므로 우리가 셸라 나이를 계산해보면 433세를 살고 2126에 죽었다는 것을 알 수 있다.

창세기 11:16 에벨은 삼십사 세에 벨렉을 낳았고

	אֶת־פָּלֶג:	וַיּוֹלֶד	שָׁנָה	וּשְׁלֹשִׁים	אַרְבַּע	וַיְחִי־עֵבֶר
음역)	팔레그-에트	바욜레드	샤나	우셜로쉼	아르바	에이베르-바여ㅎ키
직역)	벨렉-을	그리고 그는 낳았다	년	그리고 30	4	에벨-이었다

에벨은 34세, 1757년에 벨렉을 낳았다.

창세기 11장 | 157

창세기 11:17 벨렉을 낳은 후에 사백삼십 년을 지내며 자녀를 낳았으며

	שָׁנָֽה	שְׁלֹשִׁ֣ים	אֶת־פֶּ֔לֶג	הוֹלִיד֣וֹ	אַחֲרֵ֖י	וַֽיְחִי־עֵ֗בֶר
음역)	샤나	셜로쉼	펠레그-에트	홀리도	아ㅎ카레이	에이베르-바여ㅎ키
직역)	년	30	벨렉-을	그를 낳은	후에	에벨-이었다

	וּבָנֽוֹת׃ ס	בָּנִ֖ים	וַיּ֥וֹלֶד	שָׁנָ֑ה	מֵא֖וֹת	וְאַרְבַּ֥ע
음역)	우바놑	바님	바욜레드	샤나	메이오트	버아르바
직역)	그리고 딸들	아들들	그리고 그는 낳았다	년	백	그리고 4

에벨은 벨렉을 낳은 후 430년을 더 살면서 자녀를 낳았다고 하였다.

그러므로 우리가 벨렉의 나이를 계산해보면 464세를 살고 2187에 죽었다는 것을 알 수 있다.

창세기 11:18 벨렉은 삼십 세에 르우를 낳았고

	אֶת־רְעֽוּ׃	וַיּ֥וֹלֶד	שָׁנָ֑ה	שְׁלֹשִׁ֣ים	וַֽיְחִי־פֶ֖לֶג
음역)	러우-에트	바욜레드	샤나	셜로쉼	펠레그-바여ㅎ키
직역)	르우-을	그리고 그는 낳았다	년	30	벨렉-이었다

벨렉은 30세, 1787년에 르우를 낳았다 하였는데 '르우 '는 아마도 '르우엘 רְעוּאֵל'의 축약형으로 보인다.

BC 19세기에 마리 문서에도 나오는 이름이다. 성경에서도 여러 번 나오는 이름이다.

창세기 11:19 르우를 낳은 후에 이백구 년을 지내며 자녀를 낳았으며

	שָׁנִים	תֵּשַׁע	אֶת־רְעוּ	הוֹלִידוֹ	אַחֲרֵי	וַיְחִי־פֶלֶג
음역)	샤님	테이샤	에트-르우	홀리도	아ㅎ카레이	펠레그-바여ㅎ키
직역)	년들	9	르우-을	그를 낳은	후에	벨렉-이었다

	וּבָנוֹת: ס	בָּנִים	וַיּוֹלֶד	שָׁנָה	וּמָאתַיִם
음역)	우바노트	바님	바욜레드	샤나	우마타임
직역)	그리고 딸들을	아들들	그리고 그는 낳았다	년	그리고 200

벨렉은 르우를 낳은 후 209년을 더 살면서 자녀를 낳았다고 하였다. 그러므로 우리가 벨렉의 나이를 계산해보면 239세를 살고 1996에 죽었다는 것을 알 수 있다. 우리는 여기서 벨렉의 나이에 관심을 둘 필요가 있다. 왜냐하면 벨렉은 그의 조상들의 나이에 절반 밖에 못 살았기 때문이다. 갑자기 수명이 반으로 줄었다.

창세기 11:20 르우는 삼십이 세에 스룩을 낳았고

	וַיְחִי	רְעוּ	שְׁתַּיִם	וּשְׁלֹשִׁים	שָׁנָה	וַיּוֹלֶד	אֶת־שְׂרוּג׃
음역)	바여ㅎ키	르우	셔타임	우셜로쉼	샤나	바욜레드	써루그-에트
직역)	이었다	르우	2	그리고 30	년	그는 낳았다	스룩-을

르우는 32세, 1819년에 스룩을 낳았다. 스룩이 살던 곳의 지명이 스룩이 되었다고 볼 수 있다. 도시 스룩은 사루기(Sarugi)에 있는 도시 가운데 잘 알려진 도시로 발릭 밸리(Balikh Valley)에 있는데 하란에서 그리 멀지 않다. 고대 근동의 중요한 무역로의 한 길 위에 있었던 스룩은 현대 그자리에 세워진 도시 사룩(Saruc)이다.

창세기 11:21 스룩을 낳은 후에 이백칠 년을 지내며 자녀를 낳았으며

	וַיְחִי	רְעוּ	אַחֲרֵי	הוֹלִידוֹ	אֶת־שְׂרוּג	שֶׁבַע	שָׁנִים
음역)	바여ㅎ키	르우	아ㅎ카레이	홀리도	써루그-에트	쉐바	샤님
직역)	이었다	르우	후에	그를 낳은	서룩-을	7	년들

	וּמָאתַיִם	שָׁנָה	וַיּוֹלֶד	בָּנִים	וּבָנוֹת׃ ס		
음역)	우마타임	샤나	바욜레드	바님	우바노트		
직역)	그리고 200	년	그리고 그는 낳았다	아들들	그리고 딸들		

르우는 스룩을 낳은 후 207년을 더 살면서 자녀를 낳았다고 하였다. 그러므로 우리가 르우의 나이를 계산해보면 239세를 살고 2026년에 죽었다는 것을 알 수 있다.

창세기 11:22 스룩은 삼십 세에 나홀을 낳았고

음역)	אֶת־נָח֑וֹר׃ 나ㅎ코르-에트	וַיּ֖וֹלֶד 바욜레드	שָׁנָ֑ה 샤나	שְׁלֹשִׁ֖ים 셜로쉼	שְׂר֔וּג 쎄루그	וַיְחִ֣י 바예ㅎ키
직역)	나홀-을	그리고 그는 낳았다	년	30	스룩	이었다

스룩은 30세, 1849년에 아브람의 할아버지 나홀을 낳았다.

나홀은 고대 설형 문자로 기록된 문서에는 나하룸(Naharum)이라는 사람의 이름과 나후르(Nahur)라는 도시의 이름으로 나온다. 후자는 자주 언급되며 서부 셈족인들이 거주하는 상 발리크 밸리(Upper Balikh Valley)의 중요한 장소였다.

창세기 11:23 나홀을 낳은 후에 이백 년을 지내며 자녀를 낳았으며

	וַיְחִי	שְׂרוּג	אַחֲרֵי	הוֹלִידוֹ	אֶת־נָחוֹר	מָאתַיִם
음역)	바여ㅎ키	서루그	아ㅎ카레이	홀리도	나ㅎ코르-에트	마타임
직역)	이었다	스룩	후에	그를 낳은	나홀-을	200

	שָׁנָה	וַיּוֹלֶד	בָּנִים	וּבָנוֹת: ס	
음역)	샤나	바욜레드	바님	우바노트	
직역)	년	그리고 그는 낳았다	아들들	그리고 딸들	

스룩은 나홀을 낳은 후 200년을 더 살면서 자녀를 낳았다고 하였다. 그러므로 우리가 스룩의 나이를 계산해보면 230세를 살고 2049년에 죽었다는 것을 알 수 있다.

창세기 11:24 나홀은 이십구 세에 데라를 낳았고

	וַיְחִי	נָחוֹר	תֵּשַׁע	וְעֶשְׂרִים	שָׁנָה	וַיּוֹלֶד	אֶת־תָּרַח:
음역)	바여ㅎ키	나ㅎ코르	테이샤	버에쓰림	샤나	바욜레드	타라ㅎ크-에트
직역)	이었다	나홀	9	그리고 20	년	그는 낳았다	데라-을

앗수르(Assyrian) 자료에 의하면 데라라는 도시가 있었는데 그 도시는 하란과 나홀에서 멀지 않은 발리크(Balikh)강에 위치한 장소의 이름 틸 투라

히(Til(sa) Turahi)라고 한다. 그 이름은 '야레이아ㅎ크 ,' 즉 '달'과 관련이 있는 것으로 보인다. 데라의 가족 중 여러 사람은 달 숭배와 관련된 것으로 보인다. 여호수아 24장 2절을 읽어보면 데라는 우상 숭배자라고 분명하게 말한다.

창세기 11:25 데라를 낳은 후에 백십구 년을 지내며 자녀를 낳았으며

	וַיְחִ֤י	נָחוֹר֙	אַחֲרֵ֣י	הוֹלִיד֣וֹ	אֶת־תֶּ֔רַח	תְּשַֽׁע־עֶשְׂרֵ֥ה
음역)	바여ㅎ키	나ㅎ코르	아ㅎ카레이	홀리도	테라ㅎ크-에트	에쓰레이-터샤
직역)	이었다	나홀	후에	그를 낳은	데라-을	10-9

	שָׁנָ֖ה	וּמְאַ֣ת	שָׁנָ֑ה	וַיּ֣וֹלֶד	בָּנִ֖ים	וּבָנֽוֹת׃ ס
음역)	샤나	우머아트	샤나	바욜레드	바님	우바노트
직역)	년	그리고 100	년	그는 낳았다	아들들	그리고 딸들

나홀은 데라를 낳은 후 119년을 더 살면서 자녀를 낳았다고 하였다. 그러므로 우리가 나홀의 나이를 계산해보면 148세를 살고 1997년에 죽었다는 것을 알 수 있다.

창세기 11:26 데라는 칠십 세에 아브람과 나홀과 하란을 낳았더라

	אֶת־אַבְרָם	וַיּוֹלֶד	שָׁנָה	שִׁבְעִים	וַיְחִי־תֶרַח
음역)	아브람-에트	바욜레드	샤나	쉬브임	테라ㅎ크-바여ㅎ키
직역)	아브람-을	그는 낳았다	년	70	데라-이었다

			:וְאֶת־הָרָן	אֶת־נָחוֹר
음역)			하란-버에트	나ㅎ코르-에트
직역)			하란-그리고 을	나홀-을

데라는 70세, 1948년에 아들들을 낳았다. 드디어 초대 족장이 성경 무대에 처음으로 이름을 올리는 구절이다. 데라의 집에 세 아들이 언제 어떻게 태어났는지는 모르지만 아브람은 그의 아버지의 나이 70세에 태어난 것으로 본다.

데라는 셈 가계에 나오는 그의 조상들이 아이를 출산하기 시작한 나이보다 두 배의 나이를 살았을 때 아들을 얻었다고 토라는 말한다. 이 사실은 그의 후손인 이스라엘의 족장들의 특징 가운데 하나로 노년에 가서야 자녀를 얻게 되는 모티브를 본문이 암시하는 것으로 보인다.

아브람이라는 이름은 창세기 17장 5절에서 '아브라함'으로 확장될 때까지 일관되게 사용되며 그 후에는 각각의 문맥에서 요구하는 대로 느헤미야 9장 7절과 역대기상 1장 26(한 27)절에만 다시 나타난다. 지금까지 고대근동 자료에 의하면 아브람(Abram)이라는 이름과 정확히 일치하는 장소는 발견되지 않았다. 그것은 '고귀한 아버지' 또는 '아버지는 고귀하다'는 의미라고 할 수 있는데, BC 19세기와 18세기의 아카드어 텍스트에서 발견된 아바라마(Abarama) 또는 아비람(Abiram)의 변형된 형태로 볼 수 있다.

미쉬나를 읽어보면 '아브람 אַבְרָם'은 '아브 אַב' + '아람 אֲרָם'이라고 하여 '아람에게 아버지' 또는 '아람의 아버지'라 하였다(Berachot). 사실 '아브람'은 '아람-나하라임'에서 출생했기 때문에 그런 가능성을 말할 수 있다. 아브람은 후에 '전 세계의 아버지' 또는 '전 세상의 아버지'라는 의미를 가진 '아브라함 אַבְרָהָם'으로 이름이 바뀐다(창 17:5).

야살의 책(Sefer HaYashar)을 읽어보면 흥미 있는 것을 발견할 수 있다. 데라(Terach)는 니므롯(Nimrod)의 궁정에서 자신의 이름을 기리기 위해 자기 아들의 이름을 '아브람 אַבְרָם'이라 했다. 아브람이 태어났을 때 살아 있었던 아브람의 경건한 조상 셈과 에벨은 왜 사람들에게 영향을 주어 우상을 파괴하게 하지 않았는가? 그들은 우상을 대항하여 일어났는지는 모르지만 사람들은 그들의 눈앞에서 우상을 감추었기 때문에 파괴할 수 없었다. 그러나 아브람은 우상을 파괴했다(Ra'avad).

또 다른 하나의 의견은 셈과 에벨은 가나안에서 살면서 하나님의 길을 가르쳤는데 아브람은 바벨론에 살았기 때문에 우상을 파괴하는 일을 하며 사람들에게 영향을 주었다고 하였다. 그리고 아브람이 강을 건너 가나안에 왔을 때 그는 온 땅을 다니며 적극적으로 백성들이 회개하도록 인도하고 가르치므로 셈과 에벨을 능가했다(Kesef Mishneh).

하나님이 사람을 창조하실 때 아브라함은 아담보다 먼저 창조될 자격이 있었지만, 하나님은 그가 죄를 지을 수 있는데, 만약 그가 죄를 범하면, 그 후에 그것을 바로 잡을 사람이 없을 것이라고 생각하셨다. 그러므로 하나님은 아담을 먼저 창조하여 그가 죄를 지으면 아브라함이 와서 그것을 바로 잡을 것이라고 미드라쉬는 말한다(창세기 미드라쉬 14:6). 그리고 아브람의 어머니의 이름은 카르네보(Karnebo)의 딸 아므델라(Amthela)라고 미쉬나는 말한다(Bava Batra 91a).

데라에게는 아브람 이외에 두 아들이 있었으며 그들의 이름은 나홀과 하란이다. 나홀이라는 이름은 분명히 그의 할아버지의 이름을 따라서 붙여진 이름으로 보인다. 그리고 마지막으로 나오는 이름 하란은 shem-har, ya'akob-har, ana-har와 같이 이집트에서 발견되는 일부 서부 셈족의 개인 이름에 '산신'이라는 의미에서 '산'이라는 어미를 가지고 있는 것으로 추측해 볼 수 있다.

도표 3)

세대	이름	생존연대	아버지가 된 나이	생존기간
1	셈	1558-2156	100	600
2	아르박삿	1658-2096	35	403
3	셀라	1693-2126	30	433
4	에벨	1723-2187	34	464
5	벨렉	1757-1996	30	239
6	르우	1787-2026	32	239
7	스룩	1819-2049	30	230
8	나홀	1849-1997	29	148
9	데라	1878-2083	70	205
10	아브람	1948-2123	86/100	175

▲ 셈으로부터 아브람까지 이르는 10대

창세기 5장의 족보와 11장의 족보의 차이점을 다시 한번 간략하게 살펴보면 다음과 같다.

창세기 5:3~5
5:3 아담은 백삼십세에 자기의 모양 곧 자기의 형상과 같은 아들을 낳아 이름을 셋이라 하였고
5:4 아담은 셋을 낳은 후 팔백년을 지내며 자녀들을 낳았으며
5:5 그는 구백삼십 세를 살고 죽었더라

창세기 11장의 족장의 특징은 죽었다는 단어가 나오지 않는다.
11:12 아르박삿은 삼십오 세에 셀라를 낳았고
11:13 셀라를 낳은 후에 사백삼 년을 지내며 자녀를 낳았으며

왜 죽었다는 말이 없을까? 그러나 11장 28절에 죽었다는 말이 나온다. 이는 하나님이 새로운 족보를 쓰실 때에 모두 살아서 하나님의 역사를 이루기를 원하시는 하나님의 마음을 보게 된다. 초대 족장 아브람이 11장 26절에 등장하고 아브람의 후손으로 유다가 오고, 유다의 후손으로 다윗이 오고 다윗의 후손으로 메시아가 온다. 앞에서 우리가 살펴본 대로 메시아는 영원히 죽지 않으며 메시아를 기대하고 있는 믿음의 조상들은 죽는 것이 아니라 잠자고 있다가 메시아가 오면 다시 일어나 영원히 살게 된다는 것을 암시적으로 보여 준 족보 기록 방식이다.

창세기 11:27 데라의 족보는 이러하니라 데라는 아브람과 나홀과 하란을 낳고 하란은 롯을 낳았으며

	אֶת־אַבְרָם	הוֹלִיד	תֶּרַח	תֶּרַח	תּוֹלְדֹת	וְאֵלֶּה
음역)	아브람-에트	홀리드	테라ㅎ크	테라ㅎ크	톨러도트	버에일레
직역)	아브람-을	낳았다	데라는	데라의	족보	그리고 이것이

	אֶת־לוֹט׃	הוֹלִיד	וְהָרָן	וְאֶת־הָרָן	אֶת־נָחוֹר
음역)	로트-에트	홀리드	버하란	하란-버에트	나ㅎ코르-에트
직역)	롯-을	낳았다	하란은	하란-그리고 을	나홀-을

27절부터 32절까지는 아담의 아들들과 함께 시작된 하나님의 신성한 선택의 역사적 과정의 정점을 알려주는 고유한 공식을 가지고 있다. 지금 토라는 인류 역사의 전환기적인 정점의 시기에 이르렀다. 본문이 말하는 역사적인 과정의 공식은 아브람의 전기에 대한 소개이다. 이 단락에 나오는 이름 가운데 불가사의한 이름, '이스가'를 제외하고 나머지 이름은 모두 가부장적 이야기에서 자기 이름의 역할을 한다.

27절은 마치 26절을 반복하는 듯이 보이나 그렇지 않다. 26절은 셈에서부터 아브람까지 10대 족보를 보여주며 아담의 20대 후손이 아브람이라는 것을 알려 준 것이다. 반면에 27절은 선택받은 사람 아브람의 아버지 데라의 족보를 열면서 아브람의 세계의 시작을 알려준다. 그래서 26절과 27절에 나오는 데라의 아들들의 이름이 나열된 순서는 동일하다.

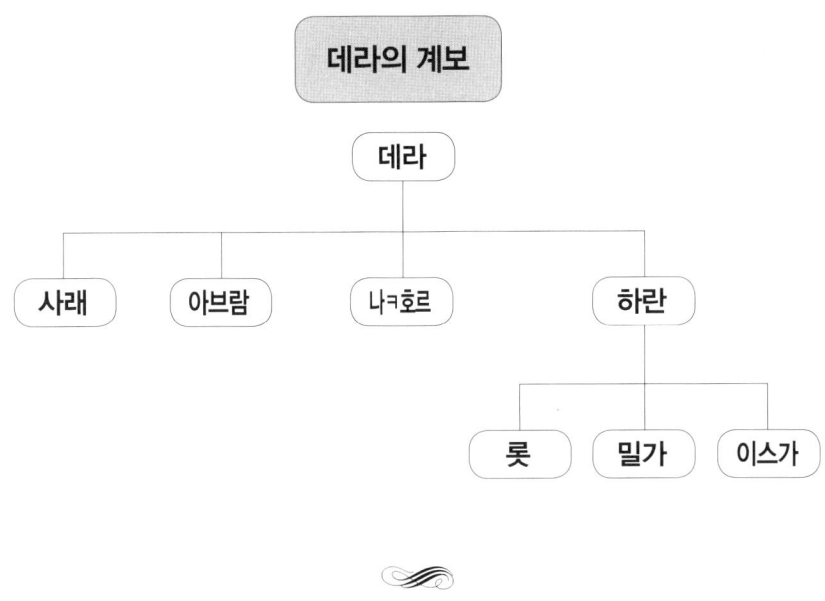

창세기 11:28 하란은 그 아비 데라보다 먼저 고향 갈대아인의 우르에서 죽었더라

	בְּאֶרֶץ	אָבִיו	תֶּרַח	עַל־פְּנֵי	הָרָן	וַיָּמָת
음역)	버에레쯔	아비브	테라ㅎ크	퍼네이-알	하란	바야마트
직역)	땅 안에서	그의 아버지	데라	얼굴(면전)-위에	하란	그가 죽었다
			כַּשְׂדִּים:	בְּאוּר	מוֹלַדְתּוֹ	
음역)			카쓰딤	버우르	몰라드토	
직역)			갈대아	우르에서	그가 출생한	

셈으로부터 아브람까지 10대 족보를 보여줄 때 죽음이라는 단어가 나오

지 않았다. 5장에 나오는 첫 번째 인류의 10대 족보에 이어서 인류의 두 번째 10대 족보가 나열된 뒤 데라의 족보를 시작하면서 죽었다는 단어가 다시 나오는 것을 볼 수 있다. 하란이 죽었다는 말은 창세기 12장 4, 5절을 이해하는 데 도움을 준다.

하란은 그의 아버지가 살아 계실 때 죽었다고 말한다. 예나 지금이나 자녀가 부모보다 먼저 죽는 것은 슬픈 일이다. 특히 고대 근동에서는 자녀가 죽은 것을 지켜보아야 하는 아버지는 벌을 받은 것이라고까지 하였다. 이러한 표현은 민수기 3장 4절에서도 읽을 수 있다.

조하르(Zohar)에 따르면, 하란의 죽음은 특별히 언급한 것이라고 하였다. '그날까지 아버지의 생애 동안 아무도 죽지 않았기 때문이다. 하란의 죽음이 부모보다 먼저 죽은 첫 번째 사건이 되었기 때문이다.'

콜 엘리야후(Kol Eliyahu)의 빌라 가온(Vilna Gaon)은 조하르의 말을 인용하면서 반박하였다. '조하르가 말한 것은 표면적으로는 이해할 수 없다. 왜냐하면 하란이 그의 아버지 데라가 살아 있을 때 죽었는데, 그 이전 세대에서도 아들이 아버지보다 먼저 죽은 기록이 있다. 아담의 아들 가운데 아벨은 아버지보다 먼저 죽었으며, 에녹 또한 그의 아버지 야렛보다 먼저 죽었다. 그리고 노아의 아버지 라멕도 그의 아버지 므두셀라보다 먼저 죽었다.' 창세기 5장에 나오는 아담부터 노아까지 10대 족보를 참고하면 좋겠다.

홍수 후 세대에도 마찬가지다. 아르박삿은 그의 아버지 셈보다, 벨렉은 그의 아버지 에벨보다, 나홀은 그의 아버지 스룩보다 먼저 죽었다. 이것을 확인하기 위하여 셈에서 아브람까지 족보를 표로 만들어 기록하면서 읽어

나가면 분명하게 알 수 있다. 그러므로 성경을 읽고 연구할 때 자신의 지식이나 생각을 가지고 성경을 해석하면 안 된다. 성경을 읽고 연구하는 사람은 최선을 다하여 연구하는 것이 바람직하지만 하나님께 영안을 열어 달라고 먼저 기도하여야 한다. 그래서 영으로 기록된 말씀은 영으로 읽어야 한다는 것을 잊어서는 안 된다(시 119:18).

조하르도 이 두 가지 족보를 읽었을 텐데 왜 그런 말을 하였을까? 그 시대의 연대기를 깊이 파고 들어가면 그의 진술을 어느 정도 이해할 수도 있다. 조하르가 설명하는 연대기에 따르면 데라의 아들 하란이 죽었을 때 그의 조상인 아르박삿, 벨렉 그리고 나홀은 여전히 살아있었다. 그러나 조하르의 연대기 계산법은 토라가 창세기 5장과 11장에서 말하는 것과 비교하면 여전히 이해하기 어렵다.

라쉬(Rashi)는 미드라쉬 해석을 인용하면서 '알 프네이 אל־פְּנֵי'를 묵상해보면 그는 그의 아버지 때문에 죽었다는 것을 알 수 있다고 하였다. 왜냐하면 '알 프네이 אל־פְּנֵי'는 '미프네이'와 같은 의미로 '…때문에'로 해석할 수 있기 때문이라고 하였다(Mizrachi). 연장선상에서 미드라쉬는 데라가 니므롯에게 불평했다고 말한다. 왜냐하면 아브람이 니므롯의 우상을 분쇄했기 때문에 니므롯은 아브람을 불타는 용광에 던졌다. 라쉬가 설명하는 이 이야기를 좀 더 구체적으로 읽어보면 다음과 같다.

아브람의 아버지인 데라는 갈대아 우르에서 우상 판매업자 였다. 어느 날 그는 아파서 아들 아브람에게 오늘은 네가 회사에 출근해서 아버지 대신 일을 하라고 요청했다. 아브람은 아버지가 아파서 나오지 못하는 날 어머니에게 제사 음식을 준비해달라고 부탁했다. 우상이 가득한 방으로 음식을 가져가 그 우상들이 손을 뻗으면 음식을 가져갈 수 있는 곳에 두었다. 그런 다음 그는 망치를 들고 가장 큰 우상을 제외한 모든 우상을 부수었다. 그리고 아브람은 남아 있는 가장 큰 우상의 손에 망치를 들려주었다.

데라는 요란한 소리를 듣고 아픈 몸을 이끌고 가게로 달려왔다. 우상 대학살을 본 데라는 무슨 일이 있었는지 알아보려고 어찌된 영문인지 아브람에게 물었다. 아브람은 대답했다. '아버지 제가 우상들에게 제사하려고 제사상을 차려가지고 우상들에게 갔는데 작은 우상이 큰 우상보다 먼저 음식을 먹으려하니 이 큰 우상이 작은 우상들에게 말하기를 너희는 매너도 없느냐며 화를 내고 망치를 휘둘러 작은 우상들 모두를 산산조각 냈습니다.'

데라는 말했다. '너는 거짓말을 하고 있다. 우상은 생명이 없다. 그들은 먹거나 움직일 수 없다.'

그때 아브람이 말하기를 '아버지 그러면 왜 그들을 숭배하고 판매합니까?' 아브람이 우상숭배에 대한 용감한 비난의 결과로 니므롯은 불의용광로에 아브람을 던져졌으나 아브람은 그 불의 용광로로부터 구원받았다.

그래서 라쉬는 본 절의 마지막 구문 '버우르 카스딤 בְּאוּר כַּשְׂדִּים'을 이렇게 설명하기도 하였다. 이 구문에서 '우르 אוּר'를 '오르 אוֹר'로 읽어 불로 해석하였다. '하란은 הָרָן 갈대아의 불때문에 죽었다.'

그 자리에 나홀과 함께 있던 하란은 어리둥절하며 어느 쪽을 선택해야 할지 모르는 상태에 있었다고 한다(Rashi). 마침내 아브람은 불타는 용광로에서 기적적으로 구원받았다. 그때 하란은 어느 편에 설 것인지 지금 선택하라는 요청을 받았다. 하란은 아브라함의 편에 서서 용광로에 던져졌다. 그의 내장은 그을렸고 그는 용광로에서 나오기는 했으나 그의 아버지의 면전에서 죽었다. 하란은 아브람의 기적이 자기에게도 일어날 것을 기대했는데 불에서 나오기는 했으나 살지 못하고 죽었다. 하란은 이렇게 그의 아버지 데라의 면전에서 죽었다.

하란이 죽은 곳은 그의 고향 땅인 갈대아 우르이다. 갈대아의 우르는 아람인과 관련이 있지만 아람 사람들과는 구별되는 셈족 사람들의 지역이다. 갈대아는 히브리어 '카쓰딤 כַּשְׂדִּים'이 기본 형태이다. 영어는 그리스어 '칼두 chaldea'에 기초를 두고 있는데 아카드어 영향을 받아 –sd 소리가 –ld로 발음된 것에 영향을 받았다.

갈대아가 지명으로 쓰인 곳은 창세기 15장 7절과 느헤미야 9장 7절을 비교하며 읽으면 좀 더 이해하기 쉬울 것이다. 하 메소포타미아의 위대한 도시 국가 우르는 고고학자들에 의하여 잘 발굴되었다.

현대 지명으로 보면 이라크 남부의 페르시아만 고대 해안선 북부 근처의 텔 엘–미카이야르에 위치하는데 이 도시의 역사는 기원전 4천년으로 거슬러 올라간다. 기원전 3천년 동안 이 지역을 주도하는 도시 국가 중 하나이자 최고의 문화를 자랑하는 문화의 중심지였다. 기원전 2060 ~ 1950 년경 제 3왕조의 왕들이 다스리던 때 절정에 이르렀던 국가이다.

그러나 많은 문서 기록에는 기원전 1천년이 시작되기 전에 남부 바빌로니아의 갈대아에 대한 기록이 없으며, 이 백성은 기원전 7–6세기까지 지배 계급으로 나오지 않는다. 따라서 '갈대아인의 우르'가 이 도시를 지칭한다면, 그 성격은 우리 본문에서 시대착오적인 것처럼 보일 수 있다. 일부 학자들은 본문이 상 메소포타미아에 있는 우르라는 지역 중 하나를 언급할 수 있다고 지적하기도 한다. 아마도 남부의 유명한 도시의 시민들에 의해 세워지고 그 이름을 따서 명명되었는지도 모른다. 상 메소포타미아 우르는 가부장적 이야기의 중심인 하란과 훨씬 더 가까울 수 있다."

우리가 위에서 라쉬의 해석을 언급하였는데 좀 더 살펴보는 것이 좋을 것이다. 라쉬는 아브람이 갈대아의 불 속에서 구원을 받았으며 하란은 갈대아의 불로 인하여 아버지 데라의 면전에서 죽었다고 하였다. 라쉬는 머나헴(Menachem)을 인용하면서 기본형 '우르 אוּר'는 세 가지 의미가 있다고 하였다.

이사야 24장 15절을 읽어보면 '바우림 카브두 하쉐임 בָּאֻרִים כַּבְּדוּ יְהֹוָה' 이라는 구문이 나오는데 이 구문을 유대인의 영역본으로 읽으면 '섬들에서 하쉐임을 공경하라'라고 해석하였다.

대부분의 한글 역본은 '동방에서'라 번역하였다. 바흐야(Bachya)는 히브리어 '우르 אוּר'는 세 가지 의미, 즉 '섬', '불(빛)', 그리고 지명 '우르'로 번역할 수 있다고 하였다. 지명으로 번역할 때 '빛의 지역'이라 하여 '동쪽(방)'이라고 부른다. 이것에 근거하여 한글 역 대부분은 '동방'이라 번역하였다. 영어 킹제임스 역으로 이사야 24장 15절을 읽어 보면 '불속에서 하쉐임께 영광 돌리라'이다. 70인 역으로 읽어보면 '섬에서 하쉐임을 영화롭게 하라' 이다.

'우르 אוּר'의 의미를 좀 더 살펴보면서 정리해보려 한다. 본문에 나오는

---

19 창 12:1, 4, 24:4, 10, 27:43, 29:4이하를 읽어보면 하란이 모든 말씀의 중심도시로 나온다.

'우르 אוּר'는 앞에서 살펴본 것처럼 기본적으로 세 가지 의미가 있다. 창세기 1장 3절 '하나님이 말씀하셨다. 빛 있으라' 할 때 빛이라는 단어가 바로 '우르 אוּר'인데 이 단어를 '오르 אוֹר'라 읽었다. 그러므로 '우르'라는 단어는 빛이라는 단어 '오르 אוֹר'와 어근이 같다. 그러므로 도시 '우르 אוּר'는 빛이라는 말에서 파생된 '불'을 섬기는 도시라는 말이 된다. 이 불이라는 단어와 '카쓰딤 כַּשְׂדִּים'이 연결되어 '카쓰딤의 불'이란 말이 된다.

이러한 해석을 참고로 하여 우리가 지금 읽고 있는 창세기 11장 28절 마지막 구문을 번역한다면 '갈대아의 우르에서', '갈대아의 동방에서' 그리고 '갈대아의 불 속에서'라 할 수 있다. 그러므로 우리는 본문을 좀 더 묵상하면서 하나님이 의도하시는 바가 무엇이지? 하나님이 성경을 읽고 연구하는 독자에게 가르치려는 것이 무엇이지? 그 답을 찾기 위하여 지속적인 연구가 필요하다.

이제 우리는 이 말씀을 우리의 삶과 연결하여 적용하는 시간을 가지면 좋겠다. 하나님이 세상을 창조할 때에 빛을 창조하셨는데 후대 많은 사람들은 빛을 섬기기 시작하여 빛을 발하는 것으로 해, 달 그리고 별들을 섬기게 되었다.

그러므로 갈대아 우르는 불(빛)을 섬기는 도시였다. 그래서 혹자는 말하기를 그 도시가 해를 섬겼느냐, 달을 섬겼느냐고 묻기도 한다. 그런데 많은 사람들이 달을 먼저 섬기기 시작했다고 한다. 왜냐하면 성경은 '저녁이 되니'라고 말씀하고 있기 때문이다. 그러므로 빛이 해보다 달이 먼저라고 생각했었기 때문에 달 신을 먼저 섬겼다고 한다. 이는 어디까지나 추측일 뿐이다.

21세기에 들어서면서부터 도로명 주소를 쓰는데 절이 있으면 절 이름을 따라 길 이름을 만드는 것을 볼 수 있다. 이것은 고대 근동지방에서도 마찬가지라 생각한다. '우르 אוּר'라는 말은 '우상이 가득한 지역'이라는 말로 이해할 수 있으며 '그곳으로부터 아브람이 부름을 받았다'는 말로 우리는 이해할 수 있다.

토라를 아무리 여러 번 읽어보아도 아브라함이 우르에서 우상에 잡혀 살던 시기를 기록한 곳은 없다. 이는 하나님께서 아브라함이 우르에서 살던 시기는 중요하지 않은 것으로 보기 때문이다. 성경에서 아브람의 기록은 갈대아의 우르에서 나온 때부터 시작한다.

성경을 읽고 연구하는 우리도 우리가 죄악에 빠져있던 과거를 짊어지고 살 필요는 없다고 본다. 하나님은 그것을 기억하지도 않으시기 때문이다. 하나님은 우리가 죄악에서 나온 날부터 우리의 날을 기록하는 것으로 알고 죄악에서 나오게 하신 하나님, 불러 내 주신 하나님께 감사하며 하나님의 말씀을 따라 사는 삶을 살기로 결심하면 좋겠다.

창세기 11:29 아브람과 나홀이 장가 들었으니 아브람의 아내의 이름은 사래며 나홀의 아내의 이름은 밀가니 하란의 딸이요 하란은 밀가의 아버지이며 또 이스가의 아버지더라

	אֵשֶׁת־אַבְרָם	שֵׁם	נָשִׁים	לָהֶם	וְנָחוֹר	אַבְרָם	וַיִּקַּח
음역)	아브람-에이쉐트	쉠	나쉼	라헴	버나ㅎ코르	아브람	바이카ㅎ크
직역)	아브람-부인	이름	부인들	그들을 위하여	그리고 나홀이	아브람	그가 취했다

	בַּת־הָרָן	מִלְכָּה	אֵשֶׁת־נָחוֹר	וְשֵׁם	שָׂרַי
음역)	하란-바트	밀카	나ㅎ코르-에이쉐트	버쉠임	사라이
직역)	하란의-딸	밀가	나홀-부인	그리고 이름	사라

	יִסְכָּה׃	וַאֲבִי	אֲבִי־מִלְכָּה
음역)	이쓰카	바아비	밀카-아비
직역)	이스가	그리고 아버지	밀가-아버지

아브람과 나홀이 그들의 죽은 형제인 하란의 딸들을 취하여 결혼한 것으로 보인다. 그러나 본문을 주의 깊게 읽어보면 '그가 취했다'는 '동사'는 단수이고 주어는 아브람과 나홀이다. 이는 문법의 파괴를 의미하는데 아브람과 나홀은 각각 부인을 취하였다는 말이고 '그들을 위하여' 각자가 자신을 위하여 취한 것을 '그들을 위하여'로 묶었기 때문에 복수형을 취하였다.

부인의 이름도 남편의 이름이 나온 순서대로 나오는 것을 읽을 수 있다. 그래서 먼저 아브람의 부인의 이름이 나오는데 그녀의 이름은 '사래'이다. 사래는 창세기 17장 15절에서 '사라'로 이름이 바뀌어진다. 히브리어로 '사라이 שָׂרַי'는 '공주'를 의미하는데 만약 '사라이 שָׂרַי'가 갈대아 우르의 주요 신인 달신의 '씬 Sin'의 배우자의 이름인 아카드어 '샤라투 sharratu'에 근거

를 둔다면 '여왕'을 의미한다.

나홀의 아내 '밀가'의 혈통은 본문이 말하지만 아브람의 아내 '사래'의 혈통은 말하지 않는다. 왜 사래의 혈통을 말하지 않았을까? 나훔 사르나(Nahum M. Sarna)는 이것을 다음과 같이 설명한다. 후에 아브라함이 당황스러운 환경에서 벗어나기 위해 아브라함이 그의 아내 사래를 자기의 이복 누이임을 밝힐 때(창 20장) 문제가 일어나지 않도록 미연에 방지하기 위하여 사래의 정보를 일시적으로 숨겼다고 한다.

마하랄(Maharal)은 토라를 읽고 연구해서 이해하는데 있어서 근본적인 원리를 설명하는 것을 읽어 보면 좋을 것 같아서 소개한다. 마하랄은 창세기 21장 12절의 말씀에 근거하여 사라의 예지하는 능력이 아브람보다 더 크다는 것을 암시하는 것이 적절했다고 말한다. 창세기 21장 12절에서 하나님은 아브라함에게 너의 부인 사라의 말에 순종하라(들으라)고 하셨다. 라쉬가 언급했듯이 그녀의 예언 능력은 아브라함의 것보다 우월했기 때문이다. 마하랄은 토라가 다양한 수준에서 이해될 수 있다고 설명하며, 토라의 모든 심오한 내용을 이해할 수 없는 독자에게 전달하려고 시도하지 않는다고 하였다.

유대인 학자들은 '이스가'라는 이름이 사라의 예언의 영에 대한 암시가 있다고 하였다. 마하랄은 다른 사람들이 자기와 다르게 이스가와 사라가 다른 사람이라고 생각할 자유가 있다고 하였다. 토라가 아무리 분명하게 말해도 그 말 안에는 여전히 심오한 신비가 숨겨져 있기 때문이라고 덧붙였다.

그는 더 나아가 여성은 마치 두 번 태어난 것처럼 인생에서 두 가지 사명을 가지고 있다고 말한다. 첫 번째 사명은 개인으로서 태어날 때부터 시작되는 것이고 두 번째 사명은 의로운 사람과 결혼하면 그녀가 더 높은 임무를 가지게 되는데 사라가 가지는 두 가지 이름은 그녀의 두 가지 임무를 나타낸다고 하였다. 하나는 아버지와 관련하여 사용되고 다른 하나는 남편과 관련하여 사용된다. 개인의 위대함을 나타내는 이름인 '이스카'는 사라가 자신의 사명을 맡은 것으로 하란의 딸로 탄생된 듯 사용되는 이름이다. 그리고 '사라'는 아브라함과 함께 세상을 이끄는 궁극적인 목표를 가진 이름을 가리키는 말로 아브라함의 사명과 관련된 이름으로 두 사람이 결혼할 때부터 부르게 된 이름이다.

'나홀의 아내 이름은 밀가이다'는 구문은 리브가와 라헬 그리고 레아의 조상을 가르쳐 주는 이름이다(창 23:20, 24:15). '밀가'라는 이름은 발음하는 것에 따라 '말러카 מִלְכָּה', '여왕'으로 읽을 수 있다. 아카드어로 '말카투(malkatu)'는 달(Moon) 신인 씬(Sin)의 딸로 '천국의 여왕'으로 알려진 여신 '이쉬타르 Ishtar'의 호칭이다.

나홀은 그의 형제 '하란'의 딸, 즉 그의 조카딸과 결혼했다. 이 결혼으로 이루어진 가정에서 아브라함의 아들, 이삭의 아내가 된 리브가가 그들의 손녀로 태어난다(창 24:24, 27). 그러므로 본문에서 이들의 결혼을 자세하게 말하는 것은 앞으로 전개될 선택받은 족장들의 가정사를 미리 암시하는 것이다.

다음 구문 '하란의 딸, 밀가의 아버지 그리고 이스가의 아버지'는 주의해서 읽어야 한다. 갑자기 나타난 이름 이스가는 누구인가? 이스가는 앞에 나온 사라이가 아닌가? 이스가는 거룩한 영감으로 미래를 '볼 수 있었다.' 그리고 모든 사람들이 그녀의 아름다움을 '바라보았기' 때문에 사람들은 그녀를 '보다', '응시하다'는 의미로 '이스가'라 불렀다. 또한 '이스가'는 고귀함을 말한다(Rashi).

하이덴하임(Heidenheim)은 지금 토라는 우리에게 밀가의 아버지가 하란이라고 말하고 있다고 설명하였다. 탈무드는 '이스가'와 '사라이'를 동일인으로 보며 하란의 명성은 위대하고 고귀한 그의 두 딸 때문이라고 하였다(Sanhedrin 69b).

밀가의 중요성은 그녀가 중요한 가문의 모계라는 사실이다. 그러나 성경 전체에서 이곳에 한 번 밖에 안 나오는 이스가의 중요성은 찾을 수 없다. 그렇다면 토라는 왜 알 수 없는 인물을 이곳에 뚱딴지같이 삽입시킨 것인가? 그것도 하란, 아브람, 나홀, 그리고 밀가와 함께 나란히 나오게 하였는가? 본 절 하 반절에서 이들의 순서를 주의 깊에 살펴보자. 사라와 밀가 그리고 하란 밀가와 이스가이다. 이것을 그림으로 그리면 좀 더 분명하게 이해할 수 있을 것이다.

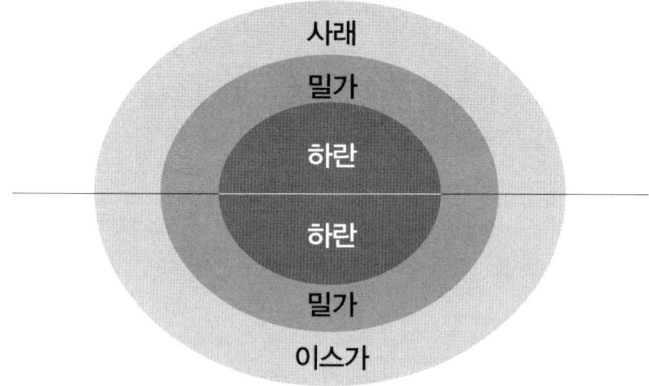

　그림에서 보듯이 하란을 중심으로 밀가는 한 원에 들어가고 사라는 이스가와 한 원에 들어가는 것을 볼 수 있다. 그러므로 하란은 밀가와 이스가(사라)의 아버지이다. 이렇게 읽으면 문제가 되는 것은 아브람과 사래가 부부가 되기 전의 관계이다. 왜냐하면 창세기 20장 12절에서 아브라함은 그의 아내 사라에 대하여 말하기를 '그녀는 나의 자매이다. 나의 아버지의 딸이다. 그러나 나의 어머니의 딸은 아니다'고 하였다. 이 구문을 개역한글과 개역개정에서는 '그녀는 나의 이복누이'로 번역하였다. '이복누이'라는 말과 '나의 아버지의 딸인데 나의 어머니의 딸은 아니라'는 말과 같은 말인가? 대부분의 영역본과 한글 새 번역과 공동번역 그리고 한글 킹제임스 역은 모두 비슷하게 번역하였다. 어머니가 다르다는 말을 좀 더 연구하는 것이 필요하다고 본다.

　하아메크 다바르(Haamek Davar)는 말하기를 "사래"는 미래를 "예언"할 수 있는 선지자인 "이스가"와 동일 인물이기 때문에 아브라함이 그녀와 결혼하였다'고 하였다. 탈무드가 이스가를 사래와 동일시하는 것은 아브라함이 나중에 사라를 '내 아버지의 딸'이라고 불렀다는 사실에 의해 증명된다 하였다(창 20:12). 아브라함이 '내 아버지의 딸'이라는 말은 내 아버지의 손녀 딸도 된다는 말이다. 그러므로 아브라함은 나홀과 같이 조카딸과 결혼하였다고 말한다(Radak, Rashi). 이처럼 데라의 살아 있는 두 아들, 아브람과 나홀이 데라의 죽은 아들 하란의 딸들, 밀가와 이스가(사래)와 결혼하므로 데라는 죽은 아들에 대하여 위로를 받았다고 한다.

창세기 10장 21절에서 셈은 에벨의 모든 후손의 아버지로 불리었다. 출애굽기 18장 1절을 읽어보면 모세가 장인을 위대하게 존경했다고 하였다(출 4:18). 그러나 모세가 하나님의 선지자이자 하나님의 도구가 된 후 모세의 장인 이드로는 '나는 모세의 장인'이라고 말함으로써 자신의 존재감을 드러냈다. 지금 창세기 본문에서도 하란은 자신의 딸들로 인하여 자랑스러워했다. 그래서 하란은 그녀들의 아버지로서 자신을 드러냄으로 자신을 자랑스러워했다(Rashi).

야살의 책(Sefer HaYashar) 7장 22절과 50절에 따르면 하란은 아브라함과는 다른 어머니에게서 태어났고 데라는 한 명 보다 더 많은 아내를 가졌던 것 같다고 하였다. 그래서 아브람은 창세기 20장 12절에서 말하기를 사라는 나의 아버지의 딸인데 나의 어머니의 딸은 아니라고 했다고 한다. 그러나 대부분의 사람들은 데라가 두 아내를 가진 것에 대하여 동의하려 하지 않는다. 그러므로 본문은 해석하기 어렵다.

창세기 11:30 사래는 임신하지 못하므로 자식이 없었더라

	וַתְּהִי	שָׂרַי	עֲקָרָה	אֵין	לָהּ	וָלָד׃
음역)	바트히	사라이	아카라	에인	라흐	발라드
직역)	이었다	사래는	불임자	없다	그녀에게	아이

본 절은 문자적인 해석으로 읽을 것이 아니라 구문론 적으로 읽어야 할 것이다. 전 반절은 '사라는 불임자이다'이고 후 반절은 '그녀는 아이를 가지

지 않았다'이다. '사라는 불임자여서 아이를 가지지 않았다'는 말과 '사라는 잉태하지 못하므로 자식이 없었다'는 말의 의미는 다르다고 본다. 불임자라는 말인 '아카라 עֲקָרָה'는 성경에 12번 나오는데 10번은 '불임자'로 2번은 남자 불임자와 여자 불임자로 나온다. '불임자'라는 말은 사라가 다른 남자에게 시집을 가도 아이를 낳을 수 없다는 말이다. 다시 말해서 하나님이 사라의 태를 닫아 놓으셨다는 말이다. 그러나 '잉태하지 못하므로'는 지금 아브람과의 관계에서는 잉태하지 못하지만 다른 남자와 동침하면 아이를 낳을 수 있다는 말로 이해할 수도 있다. 아니면 남자가 문제가 있어서 여자가 잉태하지 못할 수도 있을 것이다. 어떻게 이해하느냐에 따라서 해석을 달리 할 수도 있으나 창세기 12장 1절 이하와 18장을 읽으면 '없는 것 가운데서 있게 하시는 하나님'을 알게 될 것이다. 그러므로 사라이는 불임자인데 즉 태를 닫아 놓으셨는데 여시겠다는 축복의 말씀이 창세기 12장과 18장의 말씀이며 21장에서 성취된 것을 우리는 잘 알고 있다.

토라는 사라는 불임자라고 말하지만, 밀가는 자녀가 없더라도 그렇게 말하지 않았다. 의심할 여지없이 이 구문은 다음 장 12장을 준비하는 것임에 틀림없다. 그것은 미래에 아브라함에게 많은 후손이 있을 것이라는 신적인 약속과 아브람의 믿음을 시험하는 가혹한 현실 사이의 현저한 대조를 지적한다. 신적인 섭리의 고의적인 행동은 자녀가 없는 장기적인 상태를 종결시킨다. 그 결과로 생긴 자손은 하나님의 목적의 도구가 될 예정이다. 이 주제는 모계인 리브가와 라헬 그리고 후에는 삼손과 사무엘의 어머니들과 관련하여 반복된다.

이삭과 야곱의 아내인 리브가와 라헬처럼 사라도 하나님의 섭리로만 출산하였다. 어떤 사람들은 '하나님은 의인의 기도를 원하신다'(Yevamos 64a)

고 하였다. 그래서 족장의 아내가 남편으로부터 기도를 불러일으키기 위해 불임이었다고 설명하는데 웃고 넘길 말은 아닌 것 같다.

이처럼 기도하여 얻은 자녀가 태어나는 것은 자연의 선물 그 이상의 귀한 선물인 자녀가 될 것이다. 그런 자녀는 어머니의 눈물과 의로운 아버지의 간구의 대가로 태어날 것이다. 그런 자녀는 출생부터 하나님의 섭리의 자녀로 지정된 것이다.

그러나 다른 현자들은 이렇게 가르친다. 과거의 그 해로운 영향과의 완전한 단절을 완료하기 위해 자녀들의 모계가 불임이라고 주장하기도 한다. 하나님의 백성의 탄생에는 무에서 시작하는 새로운 창조가 필요했다는 것이다. 그러므로 완전하며 신선한 원천으로부터 건강하고 새로운 가족을 만들 수 있다. 사래의 불임은 곧바로 그 가정이 가나안을 향하여 떠나는 여정으로 이어진다. 이것은 성지에서 아이를 임신하려는 희망이 그 중 하나였을 수도 있음을 시사한다(Ohr HaChaim).

'그녀는 아이를 가지지 않았다'는 구문은 '그녀는 낳는 것을 가지지 않았다'고 할 수 있다. 그래서 고대 근동 지방에서는 '태가 없었다'는 말을 할 때 사용하기도 하는 구문이다. 태가 없는 여인이 아이를 갖는다는 것은 있을 수 없는 일이다. 그러므로 후에 사라가 아이를 낳았다는 말은 상상할 수 없이 놀라운 일이다. 이는 하나님이 아브라함의 믿음을 테스트하는 걸림돌이었다. 이렇게 우리는 하나님이 무엇을 말씀하실 때에 걸림돌이 있는 경우가 많다는 것을 알아야 한다. 그러므로 후에 이삭의 출생은 없는 것 가운데서 있게 하는 신적인 섭리 가운데 출생한 것이다. 그러므로 믿음은 없는 것 가운데서, 보지 못하는 가운데서, 보는 것이 믿음의 산 증거이다.

창세기 11:31 데라가 그 아들 아브람과 하란의 아들인 그의 손자 롯과 그의 며느리 아브람의 아내 사래를 데리고 갈대아인의 우르를 떠나 가나안 땅으로 가고자 하더니 하란에 이르러 거기 거류하였으며

	בֶּן־הָרָן	וְאֶת־לוֹט	בְּנוֹ	אֶת־אַבְרָם	תֶּרַח	וַיִּקַּח
음역)	하란-벤	로트-버에트	버노	아브람-에트	테라ㅎ	바이카ㅎ
직역)	하란의-아들	롯-그리고 을	그의 아들	아브람-을	데라	그가 취했다

	אַבְרָם	אֵשֶׁת	כַּלָּתוֹ	שָׂרַי	וְאֵת	בֶּן־בְּנוֹ
음역)	아브람	에이쉐트	칼라토	사라이	버에이트	버노-벤
직역)	아브라함의	부인	그의 며느리	사래	그리고 를	그의 아들의 아들

	כַּשְׂדִּים	מֵאוּר	אִתָּם	וַיֵּצְאוּ	בְּנוֹ
음역)	카쓰딤	메이우르	이탐	바예이쯔우	버노
직역)	갈대아	우르로부터	그들과 함께	그리고 그들이 나갔다(출발했다)	그의 아들

	עַד־חָרָן	וַיָּבֹאוּ	כְּנַעַן	אַרְצָה	לָלֶכֶת
음역)	ㅎ카란-아드	바야보우	커나안	아르짜	랄레ㅋ헤트
직역)	하란-까지	그리고 그들이 왔다	가나안	땅을 향하여	가기 위해

	שָׁם׃	וַיֵּשְׁבוּ
음역)	샴	바예이셔부
직역)	거기서	그리고 그들이 거주했다

하란은 우르에서 북서쪽으로 약 885km 떨어진 먼 곳이다. 발리크 강 왼쪽 기슭에 있는 현재의 시리아-터키 국경에서 북쪽으로 약 16km 떨어진 곳에 있다.

이 이름은 '경로', '여행', '캐러밴'을 의미하며 메소포타미아에서 지중해까지 나 있는 주요 국제 무역로에서 중요한 정거장 역할을 한 도시이다. 마

리 문서에 따르면 BC 18세기에 하란은 반유목민인 아모리 부족의 중심지라고 하였다. 이 도시는 우르와 같이 달(moon)신 숭배의 중심지이기도 했다.

갈대아 우르에서 가나안으로 가는 여정은 일반적으로 하란으로 돌아가지 않는다. 우르에서 보면 하란은 먼 북쪽에 있는 도시이기 때문이다. 낙타를 효과적으로 잘 길들이기 전에는 시리아 사막을 가로지르는 여정을 선택하지 않을 것이다. 우르에서 가나안으로 가는 길 가운데 가장 가능성이 높은 경로는 유프라테스 강을 따라 마리로 이동한 다음 알레포로 이동하여 남쪽으로 다마스커스를 지나 가나안의 하솔로 들어가는 길이다.

그러나 데라는 하란을 통과하는 멀고 힘든 길을 선택하였는데 그 이유는 알 수 없으나 굳이 찾아본다면 하란이 당나귀 캐러밴의 국제 무역의 중심이었던 것은 사실이며 하란과 우르는 모두 달 신 숭배의 중심지였다는 사실과 관련을 지을 수 있다. 그리고 데라가 있던 우르가 북부 우르라면 문제는 사라질 수도 있다. 성경을 읽는 독자가 궁금한 것 또 한 가지는 데라 가족이 왜 우르를 떠나 이주할 계획을 했느냐는 것이다. 우르가 남부 우르였다면, 이주는 도시의 점진적인 쇠퇴와 점점 더 가혹한 경제상황, 그리고 중세 청동기 시대(BC 2100~1600)의 과정에서 알려진 바와 같이 인구 과잉으로 인해 이주하였을 수 있다.

본 절은 데라가 우르를 떠날 때 함께 했던 식구를 선택한 것처럼 '데라가 취했다'고 말한다. 이븐 에즈라(Ibn Ezra)와 라닥(Radak)에 따르면 이 여정은 '하나님이 아브라함을 불러 너의 나라를 떠나라'는 말씀에 대한 아브라함의 순종의 결과이다. 아브라함은 그와 동행하기로 동의한 아버지에게 말했다.

그러나 데라가 가족의 어른이기 때문에 토라는 데라에게 주도권을 부여함으로써 그를 존중하고 있다(창 12:1, 행 7:2-4).

데라는 그의 손자 하란의 아들을 데리고 출발한다. 이는 롯의 아버지 하란이 죽고 롯은 그의 할아버지에게 의존하고 있었기 때문에 롯을 데리고 갔다. 따라서 아브람은 롯이 자신의 보살핌을 받기를 원했다. 아브라함은 롯이 아버지가 죽은 자리에서 벗어나 새롭게 살 수 있도록 환경을 바꾸어 주기 원하여 함께 떠난 것으로 보인다.

그리고 데라는 아브람의 아내를 데리고 갔다고 한다. 이는 당연한 일이다. 이미 29절에서 사래는 아브람의 부인으로 데라의 며느리가 되었기 때문이다. 아브람이 부인을 두고 떠날 수는 없는 일이다. 사라는 의로운 사람 아브람의 아내이기 때문에 기꺼이 자신의 땅을 떠났을 것이다. 하나님의 명령에 따라 움직이는 아브라함의 아내이며 앞의 일을 내다보는 선견자이기 때문이다. 그러므로 사래는 아브라함이 하나님의 이름으로 말한 것을 믿고 기꺼이 그분의 뜻을 행했다(Radak).

성경 독자는 본 절을 읽으면서 의문이 생긴다. 데라의 세 아들 가운데 하란은 죽었지만 나홀과 그의 부인이 있는데 데라가 취한 가족 명단에는 나오지 않는다. 그러나 성경에서 나홀과 관련된 본문을 찾아 읽어보면 나홀은 우르에서 하란으로 이주하였음에는 틀림없다.[20] 그리고 창세기 24장 10절을 읽어보면 '나홀의 도시(성)'라고까지 부르는 것을 볼 수 있다. 이는 하란은 나홀과 특별한 관계가 있다. 그러므로 나홀은 다른 가족보다 먼저 그

---

[20] 나홀과 하란이 관련된 성경 구절, 창 24:15, 24, 47, 29:4-5, 31:53.

곳으로 이주하였는지, 아버지가 우르를 떠난 뒤 나중에 우르를 떠나 하란에 도착했는지는 알 수 없다(Ibn Ezra, Gevuros Hashem 5장).

'그들은 그들과 출발했다'고 하는데 주어 그들은 누구이고 뒤에 나오는 그들은 누구인가? 우리가 일반적으로 생각해 보면 '그들이 그(데라)와 함께 나갔다'고 말하는 것이 가장 자연스럽다. 아니면 '그(데라)가 그들과 함께 나갔다'고 말해야한다. 그러나 본문은 '그들이 그들과 함께 나갔다'고 하니 도대체 그들은 누구인가 하는 의문이 생긴다.

우리가 주의 깊게 본문을 읽어보면 앞에 나오는 주어는 아브라함과 데라를 말하는 것으로 보이며 뒤에 나오는 '그들과 함께'에서 그들은 사래와 롯을 말하는 것으로 이해하는 것이 좋을 것이다. 왜냐하면 후에 데라와 아브라함이 나누어질 때도 사래와 롯은 아브람과 함께하였기 때문이다(창 12:5).

그들은 어디를 향하여 가고 있는가? '가나안 땅을 향하여'라고 하였는데 왜 그들은 가나안으로 가는가? 하나님이 어느 땅을 지정해 주시지는 않은 것으로 보인다(행 7:3). 그러나 아브라함은 가나안을 목적지로 선택했다. 아브람이 하나님의 말씀을 따라 가야할 땅은 어떤 땅인가? 아브람이 그 장소를 목적지로 정하고 떠나서 그곳에 도착한다 할지라도 하나님이 그곳에 나타나지 않으시면 다른 목적지를 다시 정하고 가야할 것이다.

아브람이 선택한 그 땅의 기후는 다른 땅의 기후처럼 홍수에 의해 악영향을 받지 않았으며, 영적 발전을 위한 가장 큰 잠재력을 가지고 있었다(Sforno). 너찌브(N'tziv)에 따르면, 가나안은 멀리서 그 거룩함을 인식할 수 있는 땅이기 때문에 선지자인 아브람은 그것을 보고 그곳을 향하여 나갔다고 하였다.

'그러나 그들은 하란까지 왔을 때 그들은 거기서 정착했다'고 말한다. 아브람과 데라는 원래 가나안까지 가려했지만 자신의 땅을 완전히 떠날 수는 없었던 것으로 보인다. 따라서 데라는 가나안 국경 근처에 있는 하란에 정착하였다. 아브람이 계속 여행하여 가나안으로 간다 하더라도 데라는 아브람과 가까이 있을 수 있다고 생각했는지 모른다. 데라는 죽을 때까지 그곳에 정착했고, 아브람은 하나님의 명령에 따라 가나안으로 갔다(Radak). 그러나 아브람은 적어도 하란에서 어느 정도 시간을 보냈을 것이다.

창세기 11:32 데라는 나이가 이백오 세가 되어 하란에서 죽었더라

	וּמָאתַיִם	שָׁנִים	חָמֵשׁ	יְמֵי־תֶרַח	וַיִּהְיוּ
음역)	우마타임	샤님	ㅎ카메이슈	테라ㅎ-여메이	바이흐유
직역)	그리고 200	년들	5	데라의-날들	그들은 이었다
		בְּחָרָן׃ ס	תֶּרַח	וַיָּמָת	שָׁנָה
음역)		버ㅎ카란	테라ㅎ	바야마트	샤나
직역)		하란에서	데라는	그리고 그는 죽었다	년

데라는 205년을 살고 죽었다고 하는데 창세기 11장 26절과 12장 4절의

말씀을 근거하여 계산해 보면 아브람이 가나안을 향하여 하란을 떠났을 때 데라는 145세이다. 그러므로 데라는 아브람이 떠난 후 60년 동안 하란에 더 살았던 것으로 보인다. 그러나 본문을 이렇게 읽을 때 문제가 발생한다. 사도행전 7장 4절 말씀을 읽어보면 '아브라함이 갈대아 사람의 땅을 떠나 하란에 거하다가 그의 아버지가 죽으매 하나님이 그를 거기서 너희 지금 사는 이 땅으로 옮기셨느니라'하였다. 데라가 죽은 다음에 아브람이 하란을 떠났다면 계산이 아주 복잡해진다. 왜냐하면 아브람은 데라가 70에 태어났고 데라는 205살을 살고 죽었다. 그러면 아브람이 그의 아버지 데라가 죽자마자 떠났다 하더라도 아브람은 135세 때 하란을 떠나야 맞다. 그러나 성경은 아브라함이 75세에 하란을 떠났다고 말한다. 그러면 아브람이 하란을 떠날 때 그의 아버지 데라는 145세 밖에 안 된다. 이러한 숙제를 가지고 본문을 주의 깊게 읽어 가면 좋겠다.

토라는 데라가 아직 살아 있었지만 데라가 죽었다고 말했다. 라쉬(Rashi)는 그 이유를 흥미롭게 설명한다. 데라는 사악할 뿐만 아니라 영적인 의미에서 그는 진실로 죽었기 때문이다. 악인은 살아 있어도 죽었다고 말하고 의인은 죽어도 살아 있다고 한다. 라쉬의 이러한 설명은 창세기 12장 1절을 설명한 창세기 미드라쉬에 근거를 두고 있다. 이러한 말씀으로부터 악인은 살아 있어도 죽은 자라고 불린다는 것을 배울 수 있다. 아브라함은 두려워했다. 하나님의 말씀을 듣고 아버지를 떠나야 할 때 '사람들이 말하기를 노년에 있는 아버지를 두고 떠났다고 비난할 것을 두려워하였다. 그리고 하나님의 이름에 불명예를 돌리게 될까봐 두려워하였다.' 그러므로 하나님은 아브람을 안심시키며 말씀하셨다. '부모님을 공경하는 의무에서 면제 받는 사람은 없다. 그러나 너는 나의 말을 듣고 떠나면 그 의무로부터 면제함을 받는다.'

사실 라쉬가 창세기 15장 15절 주석에서 말했듯이 데라는 나중에 회개했다. 현인들이 말했듯이 데라는 앞으로 올 세상에 들어가 있기 때문이다. 그러나 라쉬는 말하기를 '아브람이 아버지 데라를 떠났을 때, 그때까지는 데라가 아직 회개하지 않았다'고 했다. 그것은 창세기 15장 15절에 표현된 것처럼 데라의 회개에 대한 암시적인 말씀이 있은 다음에 이루어진 이유이다(Mizrachi, Gur Aryeh).

람반(Ramban) 또한 데라가 생애 말년까지 회개하지 않았다는 견해를 공유한다. 그럼에도 불구하고 람반은 데라의 죽음에 대한 간단한 설명이 여기에 기록된 것은 이유가 있다고 하였다. 데라의 죽음은 데라가 죽었다는 말씀이 나온 후 60년이 지난 다음에 일어났다. 이는 아들 아브람의 이야기를 진행하기 전에 토라가 아버지의 죽음을 기록하는 것이 일반적이라는 것을 가르쳐준다. 노아를 보면 그의 죽음은 일찍 말하여졌지만 아브라함 시대까지 노아는 아직 살아 있었고 그의 아들 셈은 아브라함의 생애 내내 살았지만 노아가 죽었다는 기사는 창세기 9장 29절에 기록되었다. 탈무드는 '야곱이 셈을 보았다'라고 말한다(Bava Batra 121b).

데라는 하란에서 죽었다는 말로 11장은 마감한다. 지금까지 살펴본 것을 여러분이 다시 한 번 묵상해 본다면 이해할 수 없는 것이 있다. 앞에서 이야기했지만 창세기와 사도행전의 기사가 다르게 보이기 때문이다. 사도행전에서는 아브라함의 아버지 데라가 죽은 다음에 하란을 떠났다고 하는데 창세기에 나오는 나이를 따라 계산하면 아브람이 하란을 떠난 뒤 60년 후에 데라가 죽었기 때문이다.

한글 성경으로 읽으면서 정리해보고 지속적으로 더 많은 연구를 하기 바란다. 사도행전 7장 4절은 '아브라함이 갈대아 사람의 땅을 떠나 하란에 거하다가 그의 아버지가 죽으매 하나님이 그를 거기서 너희 지금 사는 이 땅으로 옮기셨느니라'라고 하였다. 아브람이 아버지와 함께 하란에 살다가 아버지 데라가 하란에서 죽으니 아브람이 하란을 떠났다는 말씀이다. 그러면 데라가 205세에 죽었기 때문에 그때 아브라함의 나이는 135세가 된다. 왜냐하면 창세기 11장 26절에 '데라는 칠십세에 아브람과 나홀과 하란을 낳았더라'고 말씀하기 때문에 데라가 70세에 아브라함을 낳았다고 보는 것이다.

물론 성경은 데라가 70세에 아브람 나홀 하란을 낳았더라고 하였기에 어느 때를 기준으로 말하는지 정확하지 않은 것은 사실이다. 그때가 누구를 낳았을 때인지 분명하지 않다는 말이다. 그러므로 혹자는 아브람이 아버지가 죽은 후에 하란을 출발하였다라고 하는 것에 대하여 다음과 같이 설명하였다. 데라의 아들 하란이 그의 아버지가 70세 때에 출생하였고, 그로부터 60년이 지난 후 데라가 130세 때에 아브람이 출생하였다고 하였다. 왜냐하면 아브람이 75세에 하란을 떠났으므로 그의 아버지의 나이가 205세가 되기 때문이다. 그러면 어느 정도 이해가 되는 말이라고 생각할 수 있다.

그러나 좀 더 생각해보면 또 다른 한 가지 의문이 생긴다. 후에 아브람이 하나님께 말하는 것을 들어보면 다시 혼미해진다. 하나님이 아브라함에게 네가 100세에 아들을 낳을 것이라 하였다. 그때 아브라함이 하나님께 말했다. '100세가 된 사람이 어찌 아들을 낳습니까?'(창 17:17). 독자 여러분이 생각해 보자! 만약 아브라함이 그의 아버지가 130세때 자신을 낳았다고 한다면 '아브라함이 100세 된 사람이 어찌 아들을 낳을 수 있습니까'라고 말할 수 있을까? 자기가 130세 태어났는데 100세에 어찌 아이를 낳을 수 있느냐고 묻지 않을 것이다.

여러분이 사마리아 5경으로 창세기 11장 32절을 읽어보면 '데라가 145세를 향수하고 죽었다'고 기록되어 있다. 만약 이 성경으로 나이를 계산한다면 딱 맞는 것을 알 수 있다. 데라가 70세에 아브람을 낳고 아브람이 75세가 되면 데라는 145세가 되고 그 때 데라가 죽고 아브람이 하란을 떠나면 정확하게 맞는다. 그러나 좀 더 깊이 생각하면 이 또한 문제가 있다. 사도행전 7장에서 아브라함에 관한 이야기를 한 사람은 스데반이다. 스데반이 사마리아 5경을 읽었기 때문에 이렇게 말했을까? 사마리아인은 그들의 5경만을 성경이라고 하고 선지서와 성문서는 성경으로 인정하지 않는다. 그러므로 이것 또한 문제가 있다. 그러므로 우리는 좀 더 분명한 것을 찾기 위하여 더 많은 연구, 더 깊은 연구를 하여야 할 것이다.

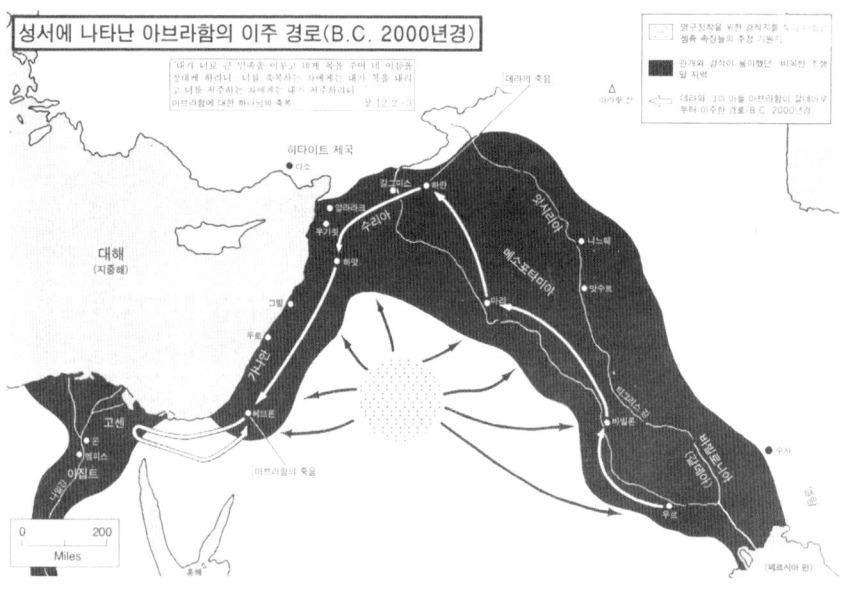

▲ 아브라함의 이동 경로, 후마쉬 68

GENESIS

בְּרֵאשִׁית יב

창세기 12장

1 여호와께서 아브람에게 이르시되 너는 너의 고향과 친척과 아버지의 집을 떠나 내가 네게 보여 줄 땅으로 가라 **2** 내가 너로 큰 민족을 이루고 네게 복을 주어 네 이름을 창대하게 하리니 너는 복이 될지라 **3** 너를 축복하는 자에게는 내가 복을 내리고 너를 저주하는 자에게는 내가 저주하리니 땅의 모든 족속이 너로 말미암아 복을 얻을 것이라 하신지라 **4** 이에 아브람이 여호와의 말씀을 따라갔고 롯도 그와 함께 갔으며 아브람이 하란을 떠날 때에 칠십오 세였더라 **5** 아브람이 그의 아내 사래와 조카 롯과 하란에서 모은 모든 소유와 얻은 사람들을 이끌고 가나안 땅으로 가려고 떠나서 마침내 가나안 땅에 들어갔더라 **6** 아브람이 그 땅을 지나 세겜 땅 모레 상수리나무에 이르니 그 때에 가나안 사람이 그 땅에 거주하였더라 **7** 여호와께서 아브람에게 나타나 이르시되 내가 이 땅을 네 자손에게 주리라 하신지라 자기에게 나타나신 여호와께 그가 그 곳에서 제단을 쌓고 **8** 거기서 벧엘 동쪽 산으로 옮겨 장막을 치니 서쪽은 벧엘이요 동쪽은 아이라 그 곳에서 여호와께 제단을 쌓고 여호와의 이름을 부르더니 **9** 점점 남방으로 옮겨갔더라 **10** 그 땅에 기근이 들었으므로 아브람이 애굽에 거류하려고 그리로 내려갔으니 이는 그 땅에 기근이 심하였음이라 **11** 그가 애굽에 가까이 이르렀을 때에 그의 아내 사래에게 말하되 내가 알기에 그대는 아리따운 여인이라 **12** 애굽 사람이 그대를 볼 때에 이르기를 이는 그의 아내라 하여 나는 죽이고 그대는 살리리니 **13** 원하건대 그대는 나의 누이라 하라 그러면 내가 그대로 말미암아 안전하고 내 목숨이 그대로 말미암아 보존되리라 하니라 **14** 아브람이 애굽에 이르렀을 때에 애굽 사람들이 그 여인이 심히 아리따움을 보았고 **15** 바로의 고관들도 그를 보고 바로 앞에서 칭찬하므로 그 여인을 바로의 궁으로 이끌어들인지라 **16** 이에 바로가 그로 말미암아 아브람을 후대하므로 아브람이 양과 소와 노비와 암수 나귀와 낙타를 얻었더라 **17** 여호와께서 아브람의 아내 사래의 일로 바로와 그 집에 큰 재앙을 내리신지라 **18** 바로가 아브람을 불러서 이르되 네가 어찌하여 나에게 이렇게 행하였느냐 네가 어찌하여 그를 네 아내라고 내게 말하지 아니하였느냐 **19** 네가 어찌 그를 누이라 하여 내가 그를 데려다가 아내를 삼게 하였느냐 네 아내가 여기 있으니 이제 데려가라 하고 **20** 바로가 사람들에게 그의 일을 명하매 그들이 그와 함께 그의 아내와 그의 모든 소유를 보내었더라

창세기 12장

아브람을 세상의 무대 위로 올리시는 하나님

1–3 하나님의 부르심(하나님의 소명)과 약속
2–3 하나님이 주신 복
4–5 아브라함의 답변(반응)
6–9 가나안 땅에 있는 아브라함
10–20 이집트에 있는 아브라함

창세기 12:1 여호와께서 아브람에게 이르시되 너는 너의 고향과 친척과 아버지의 집을 떠나 내가 네게 보여 줄 땅으로 가라

	מֵאַרְצְךָ	לֶךְ־לְךָ	אֶל־אַבְרָם	יְהוָה	וַיֹּאמֶר
음역)	메이아르쩌크하	러크하-레크흐	아브람-엘	하쉐임	바요메르
직역)	너의 땅으로부터	너를 위하여-너는 가라	아브람-에게	하쉐임	그는 말했다

	אֶל־הָאָרֶץ	אָבִיךָ	וּמִבֵּית	וּמִמּוֹלַדְתְּךָ
음역)	하아레쯔-엘	아비크하	우미베이트	우미몰라드터크하
직역)	그 땅으로-에	너의 아버지의	그리고 집으로부터	그리고 너의 친족으로부터

	אַרְאֶךָּ׃	אֲשֶׁר
음역)	아르에크하	아쉐르
직역)	내가 너를 볼 것이다	…한

아브라함의 이야기는 노아의 이야기를 소개하는 유형과 같은 특별한 형식이 없으며 미래에 일어날 사건에 대하여 준비하는 예비적인 일도 없이 단순하게 시작한다. 토라는 놀라울 정도로 갑작스럽게 족장 역사의 현장을 터트린다. 1대 족장 아브라함의 생애의 처음 75년은 완전히 침묵 속에서 지나갔다. 1대 족장을 부르시는 하나님의 부르심은 어떤 예고나 준비 없이 순식간에 찾아왔다. 하나님의 부르심의 요구는 간단하면서도 설득력이 있으며, 부르심에 대한 아브람의 즉각적인 반응은 족장으로서의 시작을 멋지게 열어준다. 중요한 것은 아브람을 부르신 이후 일어나는 모든 사건의 전개가 놀라울 정도로 빠르게 펼쳐진다는 것이다. 성경을 읽는 독자가 따라가기 힘들 정도이다.

1절에서 3절은 하나님이 아브람을 부르신 다음 복을 주시는 장면이다. 하쉐임은 아브람에게 말씀하셨다. 열 세대에 이르기까지 침묵하셨던 하나님이 말씀을 시작하신 것이다. 말씀으로 창조하신 하나님의 소리가 홍수가 일어나기 전 마지막으로 노아에게 들려진 다음 세상 심판이 있었다. 그 후 새로운 세계를 시작하는 노아에게 소망과 복의 메시지를 가져다 준 그 목소리(창 9:8-17)가 지금 다시 한 번 세상에 들려오는 순간이다.

데라와 그의 가족이 갈대아 우르를 떠나 가나안으로 가려다가 하란에 머물러 정착하였다. 토라는 그들이 왜 하란에 정착하였는지 설명해 주지 않는다. 그런데 갑자기 하나님의 음성이 아브라함에 임하였다. '가라-너 자신을 위하여'인데 히브리어로 읽어보면 '레ㅋ흐-러ㅋ하 לְךָ-לֶךְ'이다. 그저 '레ㅋ흐 לֶךְ 가라'하면 될 것인데 왜 '러ㅋ하 לְךָ'를 붙여서 말씀하셨는가? 본문에서 '레ㅋ흐 לֶךְ 가라'는 무엇인가로부터 '분리' 즉 '떠남'을 말한다. 그리고 2인칭 대명사 접미사를 가진 전치사 '러ㅋ하 לְךָ'는 '너 자신을 위하여'로 번역할 수 있다. 그러므로 하나님이 아브람에게 하신 첫 번째 말씀은 '아브람아 너는 너 자신을 위하여 …로부터 떠나 분리하라'는 말이다. 지금 가는데 네가 가는 것은 '다른 사람을 위하여 가는 것'이 아니라 '너 자신을 위하여 가라는 것이다.[21]

히브리어는 본래 모음부호가 없기 때문에 '레ㅋ흐-러ㅋ하 לְךָ־לְךָ'에서 모음 부호를 떼면 똑같은 모양의 단어 לך-לך 가 두 개가 연달아 나온 것이다. 그러므로 이 단어는 모음을 어떻게 붙이느냐에 따라 다르게 읽을 수도 있다. '가라-가라'고 읽을 수도 있고 '너 자신을 위하여 가라'고 읽을 수 도 있다. 하나님이 아브라함에게 말씀하시는 장면에서 이와 같은 표현이 두 번 나온다. 한 번은 본문에 나오고 다른 한 번은 창세기 22장 2절에 나온다.

탈무드는 아브라함이 10가지 시험을 받았다고 하는데 첫 번째 시험은 본문에 나오는 것처럼 아버지 집을 떠나는 것이고 마지막 10번째 시험은 아들, 이삭을 번제로 드리는 시험이라고 하였다.[22] 특이하게도 첫 번째 시험과 마지막 시험에 똑같은 문구가 나왔다. 똑같은 구문임에도 불구하고 해석을 다르게 하는 경우를 볼 수 있다. 대부분은 두 곳에 나오는 구문을 똑같이 해석한다. 그러나 다르게 해석하는 사람들이 있다. 두 번째 구문은 별다른 의견이 없는데 첫 번째로 나오는 본문에서 해석을 달리하기도 한다. 앞에서 말한 대로 이 두 단어의 모음부호를 버리면 자음 문자는 똑같다. 그래서 이 구문을 '가라-가라'고 읽어야 한다고 한다. 왜냐하면 갈대아 우르를 떠날 때 '가라'와 이제 하란을 떠날 때 '가라'가 합쳐져서 두 번 가라는 말

---

21 출 18:27, 수 22:4 참고
22 Avot s'Rabbi Nosson 33

로 읽어야 한다는 것이다. 물론 그렇게 읽을 수도 있지만 본문을 주의 깊게 읽어보면 '가라'는 말을 두 번 반복할 필요는 없는 것 같다. 그러므로 '너 자신을 위하여 가라'로 읽는 것이 좋겠다.

또 흥미 있는 해석을 읽을 수 있다. 히브리어 문자는 고유의 수를 표시한다는 것을 우리는 잘 알고 있다. 이 구문의 문자가 가지는 수를 모두 합하면 ㄱ(20) + ㄴ(30) + ㄱ(20) + ㄴ(30) = 100이 된다. 이는 우연이 아니라고 생각한다. 아브라함은 75세에 하란을 떠났는데 100년이 지난 후 175세에 조상에게로 돌아갔으며 아브람은 100세에 아들, 이삭을 얻었다. 하나님은 아브라함을 선택하여 부르실 때 아브람의 유효기간은 앞으로 100년이라는 것을 가르쳐 준 것은 아닐까 생각해 볼 수 있다. 그리고 네가 100세가 되면 너의 대를 이을 아들을 주겠다는 암시를 준 것은 아닌가 하고 생각해 볼 수 있다. 사람들이 생각할 때 우연인 것 같지만 하나님의 일에는 우연은 없다.

하나님은 아브람에게 이 말씀을 통해 언제 아들을 낳을 것과 앞으로 일어날 일정 등등의 말씀을 암시적으로 알려 주시는 것으로 이해할 수 있다. 다니엘이 기도 응답을 받았어도 모르기에 알 수 있는 지혜가 필요한데 이 지혜를 하나님이 주시는 것이다. 우리도 하나님이 말씀하시는 것을 잘 모른다. 그러기에 깨달아 아는 지혜가 필요하다. 우리는 기도의 응답을 주셨는지 그 때에는 잘 알지 못하다가 어느 정도 시간이 지난 후에 하나님이 이렇게 기도 응답을 해주셨구나 하면서 알게 되는 때가 종종 있다. 아브라함은 하나님의 부르심을 받을 때에 과연 이러한 것들을 알았을까?

다음 구문은 '너의 땅으로부터'인데 이 땅은 무엇을 말하는가? 개역 개정에서는 '너의 고향'으로 번역하였다. 영어 번역본은 대부분 '나라

(country)'로 번역하였으며 70인 역에서는 '땅(land)'으로 번역하였다. 만약 '고향'으로 번역한다면 어디를 말하는가? 아브람이 그의 아버지 데라와 함께 떠난 고향 '갈대아 우르'를 말하는가? 아마도 이것은 아닐 것이다. 지금 아브라함이 거주하는 땅, 하란을 떠나라는 말로 이해하는 것이 바람직하다 하겠다.

그리고 이어지는 구문 '너의 친족으로부터' 또한 창세기 11장 28절에서와 같이 우르를 말하는 것이 아니라 창세기 24장 4절에서 말하는 바와 같이 하란이라고 읽어야 할 것이다. 지금 하나님이 아브람에게 말씀하시는 것을 주의 깊게 읽어보면 '나라, 대가족, 핵가족 그리고 마지막 한 사람'순으로 내려가는 내림차순을 읽을 수 있다. 그러므로 이 땅이 어디냐는 것은 그리 중요하지 않다.

다음 구문 '너의 아버지의 집으로부터'는 무엇을 의미하는가? 성경 주석들은 너의 땅, 너의 친척, 그리고 너의 아버지의 집과 같은 용어의 순서가 어떤 메시지를 전달한다고 인식했다. 먼저 아버지의 집을 떠난 다음 친족을 떠나고 마지막으로 땅을 떠나기 때문에 그것을 역순으로 나열된 것으로 예상했을 수 있다. 그러나 앞에서 내림차순을 잠시 언급한 것처럼 성경은 주석가들의 의견을 지지하지 않는 것처럼 보인다. 왜냐하면 첫째, 가장 넓은 범위 즉, 땅(나라)을 떠나고 다음으로 가족의 일반적인 유대관계에서 떠나고 마지막으로 가장 소중한 관계인 아버지의 집을 떠나는 것이기 때문이다.

람반(Ramban)이 설명한 것처럼, 한 사람이 자기가 속한 나라, 한 나라 국민의 한 사람이 자기 나라를 아무리 싫어한다 해도 자기 나라를 떠나 다른 나라로 가는 것은 쉬운 일이 아니다. 만약 이 나라가 자신의 친족이 세운 나라라면 더더욱 그럴 것이다. 그리고 그의 아버지 집이라면 떠나는 것은 더욱 어려울 것이다.

성경(토라)은 하나님에 대한 아브람의 큰 사랑을 증명하기 위해 아브람이 난이도가 높은 순서로부터 세 장소를 모두 떠나야 한다고 강조한다. 그러므로 '너의 아버지의 집'을 떠나라는 말은 '너의 나라의 너의 부와 친족, 그리고 너의 아버지의 유산'을 기대하지 말라는 말이다.

지금 하나님은 아브람에게 '네가 어머니의 태에서 나오던 모습' 그 모습으로 나오라는 말이다. 하나님은 아브람에게 모든 것을 버리라고 말씀하고 있다. 하나님은 하나님의 사역을 맡기기 위하여 사람을 선택할 때 언제나 이렇게 하셨다. 예수님도 제자들을 부르실 때 모든 것을 버려두고 예수님을 따르라고 하셨다.

하나님은 아브람에게 나라와 친족과 아버지 집을 떠나라 하였을 때 아브람의 믿음을 보시고 계신 것이다. 그래서 하나님은 계속하여 말씀하신다. '내가 너를 볼 땅으로 가라!' 아브람이 이 말씀을 들었을 때 어떻게 이해했을까? 아브람은 어디로 가라는 말로 이해했을까? 성경독자 여러분은 예전에 이 말씀을 읽을 때 어떻게 이해하고 다음 절로 넘어갔는지 되돌아보면 좋겠다. 그리고 지금 이 말씀 앞에서 어디로 가라는 말인지 다시 한 번 묵상하고 다음 절로 넘어가면 좋겠다.

하나님은 아브람에게 목적지를 정확하게 말씀하시지 않고 아브람으로 하여금 긴장하게 만들고 있다는 것을 알 수 있다. 하나님은 아브람을 긴장하게 하시고 그로 하여금 그가 가야할 목적지를 더 사모하며 기대하게 하기 위하여 목적지를 구체적으로 지정하지 않은 것으로 보인다. 그래서 하나님은 말씀하시기를 '내가 너를 볼 땅'으로 가라 하신 것이다.

이 구문에 대한 다양한 해석이 있다. 우리가 예전에 읽던 한글개역에서는 이 구문을 '내가 네게 지시할 땅'이라고 하므로 말미암아 많은 사람들이 오해하게 만들기도 했다. 요즈음에는 네비게이션이 보편화되어 있는데, 마치 하나님이 네비게이션이 되어서 우회전 좌회전을 지시해 주는 것처럼 이 구문을 읽는 사람도 있었다. 그러나 개역개정에서 이 구문을 '내가 네게 보여줄 땅'이라고 번역을 수정하므로 그런 오해는 없어졌다.

하나님은 아브람에게 자신이 말씀하신 단계마다 상을 주기를 원하셨다. 이것은 하나님께서 아브라함에 그의 아들, 이삭을 번제로 드리라는 경우와 비슷하다(창 22:2). 하나님께서 아브라함에게 하신 '네가 사랑하는 독생자 이삭을 데려 가라'는 말씀과 비교하며 읽어보면 좀 더 이해하기 쉬울 것이다. 하나님은 자신이 한 모든 말에 대해 아브라함에게 상 주기를 원하신다. 하나님이 아브라함에게 이삭을 번제로 드리라고 할 때도 단순하게 이삭을 드리라고 말하지 않았다. 하나님은 제일 마지막에 가서 이삭을 말했다.

사람들은 이 구문, '내가 너에게 보여줄 땅' 또는 '내가 너를 볼 땅'으로 가라는 구문을 읽으면서 이해하기 어려우니 제 각각 나름대로 이해하는 경우가 많았다. 아바르바넬(Abarbanel)에 따르면 하나님은 이방인들이 아브람을 따라 가나안으로 가는 것을 원하지 않았기 때문에 아브람에게 목적지를 밝히지 않았다고 하였다. 혹자는 아브람이 혼자 가는 것이 하나님의 뜻이라고 말하기도 하였다(Malbim).

이븐 에즈라(Ibn Ezra)에 따르면 이 구문의 의도는 '네가 여행을 시작할 준비가 되었을 때 내가 네게 보여줄 땅'이라고 하였다. 람반(Ramban)은 하나님이 아브람에게 말한 지금은 하나님이 자기가 어디로 가기를 원하는지 알지 못했다고 말했다. 아브람이 갈대아 우르를 떠났을 때 가나안을 향하여 떠났다고 말했다. 그러므로 아브람은 가나안으로 여행하는 것이 그의 원래 의도였지만 그곳에 거주하는 것은 그의 목적이 아니었다. 그러나 아브람이 가나안에 들어갔을 때 하나님이 아브람에게 나타나서 말씀하신다.

'내가 이 땅을 너의 후손들에게 줄 것이다'(창 12:7)

이 말씀을 들은 아브람은 이것이 하나님이 말씀하신 땅임을 알고 그곳에 정착했다.

다음 절로 넘어 가기 전에 다시 한 번 정리해보면 좋겠다. 데라가 가나안 땅을 향하여 가려고 하다가 가지 못하고 하란에 거주하였다. 하란 사람들이 하나님을 섬기지 않으니 아브람은 이곳에서 하나님을 믿으라고 말하면서 우상은 가치가 없는 것이라고 가르치자 하란 사람들이 아브람을 핍박하였다. 그래서 하나님은 아브람을 핍박받는 도시에서 건져내어 하나님이 예비하신 땅으로 인도하신다.

아브람의 아버지 데라는 우상을 섬기고 그것으로 사업을 했었기에 하나님은 아버지로부터 아브람을 분리시키기 위하여 불러내신다. 하나님은 아브람을 통하여 세상의 우상들은 복을 주지 않지만 하나님을 따르고 섬기는 사람에게 복을 주신다는 것을 알리기를 원하였다. 그래서 세계의 모든 사람들이 아브람의 위대함을 알게 하기 위하여 불러내신다. 그러므로 우리는 이곳에서 모든 것을 해결하려 하지 말고 성경을 계속 읽어 내려가면서 하나님이 의도하신 바가 무엇인지 연구하면 좋을 것이다.

'내가 너를 볼 땅'은 다른 말로 '내가 너에게 보일땅'으로 이해할 수 있다. 7절의 첫 번째 구문을 먼저 읽어 보면 이해하기 쉬울 것이다. '하쉐임이 아브람에게 보여졌다.' 12장 1절에 '보다'는 단어와 7절에 '보여 지다'는 단어는 같은 단어이다. 1절은 능동으로 쓰였고 7절은 수동으로 쓰였다.

하나님은 12장 1절에서 아브람을 부르시고 아브람이 하나님의 말씀을 따라 순종한 내용이 7절이다. 이는 아브람이 출발할 때부터 계속하여 하나님이 함께 하셨다. 이처럼 하나님이 아브람과 함께하는 것을 볼 때 이사야 41장 8절 말씀이 생각난다.

'그러나 나의 종 너 이스라엘아 내가 택한 야곱아 나의 벗 아브라함의 자손아'

여기서 하나님의 벗(친구)이라는 말은 하나님의 일의 파트너라는 말이다. 하나님은 아브람을 하나님의 일을 이루는 파트너로 세우신 것이다. 이는 우리를 하나님의 일을 하는 자로 세우신 것은 하나님의 일을 이루는 파트너로 세우신 것이다. 이는 하나님이 나를 사용하시겠다는 것이다. 그때 우리는 '하나님! 우리는 이 일을 이루기 위해서 존재하는 자들입니다'는 고백이 있어야 할 것이다. 하나님이 우리를 사용하시는 것이 중요하다. 우리는 내가 하는 일이 규모가 얼마나 큰가 하는 것도 중요하다. 그러나 하나님이 기뻐하는 일을 이루는 하나님의 벗으로 사는 것이 우선되어야 할 것이다.

하나님은 어떤 일을 이루실 때에 '하나님이 나타나신 땅'에서 이루신다. 하나님이 나타나지 않은 땅에서 아무리 힘을 써도 안 된다. 하나님이 우리에게 '내가 너에게 나타날 땅으로 가라'고 할 때에 우리가 알 수 있는 것은 '너의 계획이 무엇이냐? 이 계획을 맡기라'는 것이다. 따라서 우리가 계획을 세우지 않으면 안 된다. 계획을 세워야 한다. 하나님이 어디서 나타날지 모르니 가만히 있겠다고 하면 안 된다. 목표를 세우고 최선을 다해 달려 가다보면 하나님이 나타나셔서 이 땅을 너에게 주시겠다고 할 것이다. 아니면 새로운 목표를 주시고 그 일을 향하여 달려가게 하실 것이다.

창세기 12:2 내가 너로 큰 민족을 이루고 네게 복을 주어 네 이름을 창대하게 하리니 너는 복이 될지라

	וַאֲבָרֶכְךָ	גָּדוֹל	לְגוֹי	וְאֶעֶשְׂךָ
음역)	바아바레ㅋ흐ㅋ하	가돌	러고이	버에에쓰ㅋ하
직역)	그리고 내가 너에게 복 줄 것이다	큰, 위대한	나라로	내가 너를 만들 것이다

	בְּרָכָה:	וְהְיֵה	שְׁמֶךָ	וַאֲגַדְּלָה
음역)	버라ㅋ하	베흐예이	셔메ㅋ하	바아가들라
직역)	복	그리고 …일 것이다	너의 이름을	그리고 내가 위대하게

하나님은 아브람에게 '가라-너 자신을 위하여'라고 말씀하신 다음 그의 순종에 대한 보상을 약속하시는 말씀이 이어진다. 일반적으로 아브람이 3가지 즉, 땅, 친족, 아버지 집을 포기하고 하나님의 말씀에 순종하니 3가지 복 즉, 나라, 민족, 우주적인 복을 주셨다고 하는데 그렇게 이해해도 무리는 없는 것 같다. 그러나 2절과 3절을 주의해서 읽어 보면 3가지 복이 아니

라 더 많은 복이 나열되는 것을 알 수 있다.

먼저 2절에 나오는 것을 보면, 첫째 '내가 너를 큰 나라로 만들 것이다'고 하였으며, 둘째 '내가 너에게 복을 줄 것이다' 그리고 셋째 '내가 너의 이름을 위대하게 만들겠다'고 했으며 넷째 '너는 복일 것이다'하였다. 이렇게 보면 2절에서만 4가지 복이 나타나는 것을 알 수 있다.

한 구문씩 읽어 보면서 하나님이 아브람에게 주시는 복을 바르게 이해하고 우리도 그 복을 받을 대상자라는 것을 확실하게 알고 그 복을 받아 누리는 사람이 되기를 바란다. 우리가 나중에 공부하겠지만 창세기 18장 19절을 읽어보면 '아브라함에게 배운 대로 아브라함의 후손이 하나님의 말씀을 따라 살면 아브라함에게 주신 복을 그에게도 주신다'고 분명하게 말씀하셨기 때문에 그 복이 우리의 복이 된다.

'내가 너를 큰 나라로 만들 것이다'는 말씀으로 하나님은 아브람에게 주실 복을 말씀하기 시작하였다. 이 구문에서 '큰'이라는 말은 '위대한'이라는 말도 된다. 그러므로 아브람의 나라가 인구 숫자적으로 '큰 나라' 즉 '인구가 많은 나라'가 되게 한다는 복이다. 그리고 '위대한 나라' 즉 힘이 있는 나라, '하늘의 별과 같이 빛나는 나라'를 만들겠다는 약속의 말씀이다.

아브람은 이 복의 말씀을 들었을 때 어떻게 받아들일 수 있었을까? 우리가 잘 알고 있는 대로 아브람의 부인 사래는 '불임자' 즉 아이를 임신할 수 없는 여인이다(창 11:30). 그런데 어떻게 아브람의 나라가 인구가 많은 나라가 될 수 있는가? 이것은 아브람의 믿음의 반응을 기대하는 것이다. 성경을 계속하여 읽어 내려가면 알 수 있듯이 아브람은 없는 것 가운데서 있게 하시는 전능하신 하나님을 믿었다. 그래서 아브람의 믿음은 훌륭한 믿음이며 믿음의 조상이 되는 믿음을 가졌다. 이사야 51장 2절 말씀을 읽어보면 좀 더 분명하게 이해할 수 있을 것이다.

> 너희의 조상 아브라함과 너희를 낳은 사라를 생각하여 보라 아브라함이 혼자 있을 때에 내가 그를 부르고 그에게 복을 주어 창성하게 하였느니라

다음 구문은 '나는 너에게 복을 줄 것이다'는 복의 구문이다. 이것은 아주 간단하게 말하면 '물질적 번영을 누린다'는 말이다. 그러므로 여기에서 말하는 '복'은 '부와 관계된 것'을 말한다. 이는 잠언 10장 22절을 읽어보면 이해하기 쉽다.

> 여호와께서 주시는 복은 사람을 부하게 하고 근심을 겸하여 주지 아니하시느니라

여기서 말하는 복은 본질이 무엇인지 어떤 복인지 구체화하지 않은 복으로 보인다. 다시 말해서 사람들이 말하는 아주 평범하고 일반적인 복을 말하는 것으로 보인다. 그러나 우리가 이해하지 못하는 아주 특별한 복이 들어 있는지도 모른다. 그러므로 앞에 나온 복에 더하여지는 복이기 때문에 아브람의 나라의 모든 백성들이 그들의 삶의 모든 영역에서 한결같이 복을 받을 것이라는 말로 이해하면 좋을 것이다.

이어지는 복은 '내가 너의 이름을 위대하게 할 것이다'이다. 예나 지금이나 마찬가지로 고대 근동에서 이름은 단순히 어떤 사람 또는 물건을 지명하는 명칭이 아닌 바로 그 존재의 본질에 대한 표현이었다. 그러므로 본문

에서 '아브람의 이름에 대한 복'은 아브라함이 위대한 인격을 얻는 것뿐만 아니라 그는 우월한 성품과 품위를 가진 사람으로서 높은 존경을 받게 된다는 복의 약속이다.

본문을 아주 특별하게 해석하는 것을 미드라쉬에서 읽을 수 있다. 성경에 사람 이름이 새겨진 주화는 아브라함, 여호수아, 다윗, 모르드개 이 네 사람이며 이 특별한 주화가 있었는데 그 사람은 전 세계적으로 받아들여졌다고 한다. 그러면 아브람의 주화는 어떤 모형을 가지고 있는가? 한 면에는 노인과 할머니(아브라함과 사라)가, 반대 면에는 소년과 소녀(이삭과 리브가)가 있었다. 혹자들은 말하기를 주화의 한 편에 있는 '이 젊은이는 100세와 90세의 나이지만 그들이 활력을 되찾은 아브라함과 사라의 모습으로 이삭을 낳기 전의 그들의 모습이 있었다'고 하였다(창 18:11주석 참고).

본문이 우리에게 가르치는 것은 '아브람의 이름을 달고 다니면 어디서나 존경을 받았다'는 말로 이해하면 좋다. 현대인들도 어떤 사람을 만나러갈 때 그 사람에게 영향력을 줄 수 있는 사람의 이름을 달고 가면 그가 그 사람으로부터 환영받는 것과 같다. 다시 말해서 우리가 어떤 사람을 찾아가 어떤 일을 부탁하려고 할 때, 그 사람에게 큰 영향을 줄 수 있는 사람의 이름을 들고 찾아 가서 그 사람의 이름을 앞세우면 환영받는 것과 같다고 할 수 있다. 이처럼 아브라함의 이름은 세계 어디에 가도 영향을 줄 수 있는 이름으로 만들어 주시겠다는 것이다. 정말 놀라운 복임에 틀림없다.

2절에 나오는 네 번째 복은 '너는 복이 될 것이다'인데 이 구문 또한 이해하기 어려운 구문이다. 결과적으로 보면 '너는 복이 발동되는 기준'이 된다는 말이다. 이 말은 하나님께서 아브람을 복의 발전소로 만들어 주시겠다는 것이다. 아브람 자체가 복이기 때문에 아브람과 함께하는 모든 것은 복이다. 예컨대 '어떤 사람이 아브람과 함께하면 그 사람도 복이 된다'는 것이다. 여러분이 캄캄한 밤길을 걷다가 모퉁이를 돌아서는 순간 길에 가로등이 켜 있으면 여러분은 저절로 밝은 길에 들어서게 되는 것과 같은 원리이다. 여러분이 무엇을 잘해서가 아니라 이미 가로등이 켜져 있는 길에 들어섰기 때문이다. 마찬가지로 아브람 자체가 복이기 때문에 아브람과 함께하면 저절로 복 가운데 들어가 있게 된다. 이러므로 세계 모든 사람은 아브람으로 인하여 복을 받게 된다는 말씀이다. 이사야 19장 24, 25절 말씀을 묵상하면서 복의 의미를 좀 더 묵상하면 좋겠다.

> 그 날에 이스라엘이 애굽 및 앗수르와 더불어 셋이 세계 중에 복이 되리니
> 이는 만군의 여호와께서 복 주시며 이르시되 내 백성 애굽이여, 내 손으로
> 지은 앗수르여, 나의 기업 이스라엘이여, 복이 있을지어다 하실 것임이라

일곱가지 복

1. 내가 너로 큰 나라를 만들 것이다
2. 나는 너에게 복을 줄 것이다
3. 내가 너의 이름을 위대하게 할 것이다
4. 너는 복이 될 것이다
5. 너를 축복하는 자들을 내가 축복할 것이다
6. 너를 가볍게 여기는 자들을 내가 저주할 것이다
7. 너 덕분에 모든사람이 복을 받을 것이다

창세기 12:3 너를 축복하는 자에게는 내가 복을 내리고 너를 저주하는 자에게는 내가 저주하리니 땅의 모든 족속이 너로 말미암아 복을 얻을 것이라 하신지라

	וּמְקַלֶּלְךָ	מְבָרְכֶיךָ	וַאֲבָרֲכָה
음역)	우머칼렐ㅋ하	머바러ㅋ헤ㅋ하	바아바라ㅋ하
직역)	그리고 너를 가볍게 여기는 자로부터	너를 축복 하는 자들로부터	내가 복 줄 것이다

	כֹּל	בְּךָ	וְנִבְרְכוּ	אָאֹר
음역)	콜	버ㅋ하	버니브러ㅋ후	아오르
직역)	모든	너 때문에	그리고 그들이 복을 받을 것이다	내가 저주 할 것이다

	הָאֲדָמָה׃	מִשְׁפְּחֹת
음역)	하아다마	미슈퍼ㅎ코트
직역)	그 땅의	가족들

'내가 너를 축복하는 자들을 축복할 것이다. 그리고 너를 가볍게 여기는 자를 내가 저주할 것이다'고 하는데 주의해서 읽어보면 아브람을 '축복하는 자들'이라고 복수형을 사용하는 반면 '너를 가볍게 여기는 자를 내가 저주할 것이다'고 할 때 아브람을 '가볍게 여기는 자'는 단수형을 사용하는 것을 알 수 있다(Ibn Ezra). 이것은 무엇을 말하는가? 하나님은 복을 주시는데 다양한 사람들 각자에게 꼭 필요한 다양한 복을 주시지만 하나님을 반대하는 자들은 하나같이 취급하여 오직 하나의 저주 밖에 그들에게 줄것이 없음을 가르쳐 주는 구문이다.

이 구문의 의미는 하나님은 아브람의 친구를 사랑하고 그의 원수는 미워할 것이라는 말이다. 이제 아버지 집을 떠나 새로운 땅에 들어갔을 때 그

지역의 사람들이 너를 맞이할 친구가 적다고 생각하지 말라는 말이다. 그리고 원수 같은 사람이 너를 가로 막을 것이라 생각하지 말라는 것이다. 하나님이 너를 축복하는 자들을 세워 줄 것이고 너를 가볍게 여기는 자는 없이 할 것이라는 확신을 아브람에게 주고 있는 매우 귀한 복의 말씀이다. 그리고 내가 너의 친구가 되어 언제나 너의 곁에서 너와 함께 할 것을 약속하는 말씀으로 읽을 수 있다(B'chor Shor, Chizkuni).

하나님이 말씀하시는 이 구문의 의미는 '너를 축복하는 사람들, 즉 너의 동반자이고 너의 복지를 위해 일하는 사람들을 축복할 것이다'는 말이다. 그런 사람들의 번영은 너와의 우정의 결과이기 때문에 나는 그들을 축복할 것이다. 반대로 너를 가볍게 여기는 사람은 내가 저주할 것이다. 만약 네가 나쁘게 되기를 바라는 사람이 있다면 나는 그 희귀한 사람을 저주 할 것이라는 복의 말씀이다(Radak). 그리고 하늘을 향하여 손을 펴서 너와 너의 후손들을 축복할 제사장들을 축복할 것이다.[23] 본문이 바로 '제사장들 자신이 축복받을 것이라는 것이다'는 것을 가르쳐 주는 말씀이다.

아바르바넬(Abarbanel)에 따르면, 너를 축복하는 사람은 아브라함에게 붙어 그의 가르침을 따르는 사람을 말하는 반면, 너를 가볍게 여기는 사람은 그를 거부하는 사람을 말한다. 람반(Ramban)은 하나님이 아브라함에게 완전한 공급자가 될 것이라는 하나님의 약속을 기록하기 전에 토라는 아브람이 하나님에 대한 의와 사랑과 경외를 가지고 있었다고 말한다. 분명히 아브람이 그의 고국을 떠났기 때문에 보상이 매우 큰데 이런 전례는 없었다. 왜냐하면 아브람은 우상을 숭배하는 도시, 우상을 업으로 삼은 아버지

---

[23] Targum Yonatan, Chullin 49a, 민 6:23

집을 떠났기 때문이다. 그래서 하나님은 가나안에서 아브람을 세우시고 그 곳에서 하나님을 경배하고 그분의 위대함을 선포하게 하시려는 계획을 가지고 계신다.

마지막 복이 나오는데 '너 때문에 그 땅의 모든 가족들이 복을 받을 것이다'이다. 이는 땅의 모든 사람들은 너의 가족인데 너로 인하여 그들이 복 되게 될 것이라는 말인데 이러한 수동적 표현은 우리에게 익숙하지 않다. 우리가 이해하기 쉽게 능동적으로 풀어보면 하나님은 아브람에게 복을 주시고, 아브람은 그 땅의 모든 사람들에게 그 복을 나누어 준다는 말로 이해하는 것이 좋다. 그 후 아브람에 대한 하나님의 약속은 '우주에서 특별히 세 단계로 진행될 것이다'고 하였다. 개인적으로 아브람에 대한 축복, 그가 상호 작용하는 사람들에 대한 축복(또는 저주), 그리고 모든 사람들에 대한 축복이 그것이다.

'그들이 복 받아질 것이다'는 앞에서도 언급했지만 어색한 표현이다. 이 말은 히브리어의 특수한 표현이라고도 할 수 있는데 수동형(니팔)이지만 재귀형으로 해석하는 것이 좀 더 자연스러울 것이다. '그들은 그들 스스로 복 받아질 것이다.' 그래도 한글로 읽으면 여전히 어색하다. 이 구문에 대한 이야기적인 해석이 많이 있지만 간단한 의미는 다음과 같이 이해할 수 있다.

유대인들은 '갑'이라는 한 사람이 자기 아들에게 '아브라함처럼 되라'고 말했을 때 이것은 성경에서 '버니브러ㅋ후 버ㅋ하 וְנִבְרְכוּ בָךְ , 그들이 너로 인하여 복 받을 것이다'는 구문을 말한다고 하였다. 이것이 올바른 해석이라는 가장 좋은 증거는 창세기 48장 20절을 읽으면 알 수 있다.

> 그 날에 그들에게 축복하여 이르되 이스라엘이 너로 말미암아 축복하기를 하나님이 네게 에브라임 같고 므낫세 같게 하시리라 하며 에브라임을 므낫세보다 앞세웠더라(창 48:20)

유대인뿐만 세상 사람들이 축복을 공식화할 때 아브라함의 이름을 인용할뿐만 아니라 지구의 모든 가족이 똑같이 이 축복을 인용할 것이라고 람반은 말했다. 즉 세상의 모든 민족이 받는 축복이 아브라함에게 근원을 두고 있다는 말이다. 그러므로 지상의 모든 가족들은 너와 동거하며 연합하기를 원할 것이다. 너는 그들 가운데 외국인으로 간주되지 않을 것이다. 이것이 바로 본문에서 가족이라는 단어가 나오는 이유이다(Chizkuni). 이것은 셈의 후손인 사라와 결혼한 아브라함 자신의 예이다.

함의 후손인 이집트 여인 하갈과 야벳의 후손인 그두라를 예로 들수 있다. 이 두 여인은 아브람과 함께 있음으로 아브람을 통하여 복을 받았다. 이처럼 세상의 모든 민족들은 아브라함과 가족을 이루게 되면 아브라함을 존경하고 공경할 것이라고 하나님이 아브람에게 축복하신 말씀이다. 바로 세상의 모든 사람들이 아브람을 통해 복을 받게 된다는 본문의 말씀이다. 이렇게 보면 2, 3절에 나오는 아브람이 받은 복은 7가지라는 것을 알 수 있다.

다시 한 번 정리해 보면, 아브람이 새로운 삶을 시작하기 위해 아버지 집을 떠날 때, 하나님이 아브람에게 일곱 가지 복으로 복을 주시는 말씀이 우리가 읽은 2, 3절 말씀이다. 2절에서 4개의 복이 나오고 3절에서 3가지 복이 나온다. 유대인들은 결혼식장에서 혼인예식을 마친 신혼부부에게 이 7가지 복을 간구한다. 왜냐하면 이제 신혼부부는 양가 부모의 집을 떠나 새로운 삶의 문턱에 서 있기 때문에 아브람이 아버지 집을 떠날 때 받았던 7

가지 복을 그들이 받아야 한다는 것이다. 그러나 우리가 아브람이 받은 복을 헤아려 보면 세 가지로 요약할 수 있다. 첫째 큰 나라가 되게 한다는 것과 둘째 이름이 위대하게 된다는 것 그리고 셋째 아브람 자신이 복이 된다는 것이다. 이 복을 조금 풀어보면 하나님은 아브람의 나라가 세상에서 가장 위대한 나라가 될 것이고 아브람의 이름은 온 지면에 선한 영향력으로 퍼져 나갈 것이고 아브람을 만나는 모든 사람들은 말하기를 '내가 당신을 만난 것이 복입니다'라고 할 것이다.

그러므로 이보다 더 큰 복이 어디 있겠는가? 우리는 이 복을 우리의 교회와 가정과 개인에게 적용할 수 있어야 한다. 하나님은 우리 교회와 가정과 성도의 사업장이 확장되게 해 주실 것이며 교회 이름과 성도 가정의 이름과 성도의 사업장 이름이 온 지면에 선한 영향력으로 널리 널리 퍼져 알려지게 만들어 주시겠다는 복의 약속의 말씀이다. 그리고 우리 이웃이나 우리를 만나는 사람들이 '이 교회가 우리 동네에 있어서 우리는 복 받았어요. 목사님과 성도님이 나의 이웃이라는 것이 얼마나 복 된지요'라고 말하는 복을 받게 해 주신다는 것이다. 이 얼마나 큰 복인가? 우리도 하나님이 주시는 이러한 복을 받아 누리는 하나님의 사람이 되어야 한다.

3가지 복으로 요약

1 너를 큰나로 만들 것이다
2 너의 이름이 온 지면에 복 받을자로 알려질 것이다
3 너는 복자체, 복발전소가 될 것이다

아브라함이 일생을 살면서 받은 10가지 시험

1 아버지 집을 떠나는 시험
2 가나안을 떠나는 시험 – 기근으로 인해 애굽으로 내려간 것
3 두 아들로 인하여 시험 – 이스마엘을 가죽 부대에 물을 채워
   서 떠나 보내야 했다.
4 이삭을 모리아 산에서 제물로 바쳐야 하는 시험
5 사라가 바로의 궁전에 넘어가는 시험
6 하갈을 보내야 하는 시험
7 롯으로 인해 전쟁을 해야 하는 시험
   롯은 아브라함을 떠난 사람인데 그를 구하러 전쟁터에 간다.
8 하나님과 언약의 당사자로 선 것으로 인한 시험
   후손이 400년 만에 나오게 될 것임을 말씀함
9 언약을 맺는데 이방에 가서 언약의 당사자로 오는 시험
10 할례의 언약 속에서 시험
   (창17:1에 언약을 지키는 하나님임을 말했음에도 믿음이 약하여져 있는 모습)

창세기 12:4 이에 아브람이 여호와의 말씀을 따라갔고 롯도 그와 함께 갔으며 아브람이 하란을 떠날 때에 칠십오 세였더라

	וַיֵּלֶךְ	אַבְרָם	כַּאֲשֶׁר	דִּבֶּר	אֵלָיו	יְהוָה
음역)	바예일레ㅋㅎ	아브람	카아쉐르	디베르	에일라브	하쉐임
직역)	그는 갔다	아브람	…한대로	그가 말했다	그에게	하쉐임

	וַיֵּלֶךְ	אִתּוֹ	לוֹט	וְאַבְרָם	בֶּן־חָמֵשׁ	שָׁנִים
음역)	바예일레ㅋㅎ	이토	로트	버아브람	ㅎ카메이슈-벤	샤님
직역)	그는 갔다	그와 함께	롯	그리고 아브람	오-아들	년들

	וְשִׁבְעִים	שָׁנָה	בְּצֵאתוֹ	מֵחָרָן:
음역)	버쉬브임	샤나	버쩨이토	메이ㅎ카란
직역)	그리고 칠십	년	그가 나갈 때에	하란으로부터

4, 5절은 하나님의 말씀에 대한 아브람의 반응이 나오는데 주의 깊게 읽으며 아브람의 신앙을 좀 더 깊이 들여다 보아야 할 것이다. 아브람은 하쉐임이 말씀한대로 갔다고 성경은 말하며 아브람이 하란을 떠날 때 나이를 알려준다. 하나님은 아브람에게 '가라'고 말씀하셨는데, 아브람은 지체하지 않고 즉시 떠난 것으로 보인다.

시편 미드라쉬(Midrash Tehillim 119:3)는 이 구문을 다음과 같이 설명하였다. 하나님이 아브람에게 '너는 너의 나라에서 나가라. 친족에게서 떠나라. 너의 아버지 집을 떠나라'고 말씀하실 때 아브람은 내가 여기에 머물러 있든지, 다른 나라로 옮겨가든지, 하나님께 무슨 차이가 있습니까? 하고 말하지 않았다. 아브람이 자신의 고향과 아버지 집을 떠나는 것은 모든 면에서 불편함과 괴로운 일이 그를 따르는 것은 당연하다. 그러므로 아브람은 하나님께 이유를 물을 수도 있다. 그러나 아브라함은 하나님께 묻지도 않았고 떠나는 것을 주저하지도 않았다. 아브람은 하나님이 그에게 말씀하신 것을 들은 대로 들은 즉시 행했다. 이것이 큰 믿음이다.

다음 구문은 '롯도 그와 함께 갔다'고 하였는데, 이 구문은 이해하기 조금 어렵다. 왜냐하면 친족을 떠나라고 하였는데 친족 롯이 그와 함께 출발했기 때문이다. 여기서 우리가 생각해 볼 것은 '아브라함이 롯을 데리고 갔느냐? 아니면 롯이 스스로 따라 나섰느냐?'이다. 우리가 앞에서 읽은 11장 31절을 보면 '데라가 취하였다'고 하였는데 이는 그가 다른 사람을 데리고 갔다는 말이다. 그러나 본문에서는 '그는 롯과 함께 갔다'고 하였는데 이는 아마도 롯이 스스로 따라 나선 것을 말하는 것으로 이해해야 한다. 만약 그렇지 않다면 이 말을 본문에 기록할 필요가 없다. 왜냐하면 5절에서 아브람이 취한 사람들이 나오기 때문이다. 아브람이 취한 사람들을 말하기 전에 롯을 언급한 것은 다른 의미가 있기 때문이다. 다시 말해서 롯이 따라 나선 것이지 아브람이 데리고 간 것이 아니라는 말이다.

성경은 아브람이 하란을 떠날 때 나이가 75세라고 가르쳐 준다. 성경이 나이를 말할 때는 특별한 의미가 있다. 아브람이 하나님의 말씀을 따라 하나님이 나타나실 땅으로 갈 때 나이를 말하는 것은 아브람이 새로운 세계로 들어가는 시작이기 때문이다. 그리고 아브람이 하란을 떠날 때 그의 아버지 데라가 살아 있었다는 것을 간접적으로 알려주기 위한 의도가 있는 것처럼 보이기도 한다. 그러나 이것은 이해하기 어렵다.

왜냐하면 신약성경 사도행전 7장 4절을 읽어보면 '아브라함이 갈대아 사람의 땅을 떠나 하란에 거하다가 그의 아버지가 죽으매 하나님이 그를 거기서 너희 지금 사는 이 땅으로 옮기셨느니라'고 말하기 때문이다. 이 문제는 나중에 좀 더 살펴보기로 하고 여기서는 접어 두려고 한다.

아버지가 연로한데 아버지를 떠나는 것은 아브람에게는 어찌 보면 불효이며 큰 고통이다. 그러나 아브람은 육신의 아버지를 뒤로하고 창조주 하나님의 말씀을 따르는데 주저하지 않았다. 정말 놀라운 믿음이다. 아버지 데라 또한 대단한 아버지이다. 하나님의 말씀을 따라 떠나는 아들을 막지 않고 보내 주는 아버지도 평범한 아버지는 아니다.

이제 아브람의 나이에 관하여 좀 더 살펴보도록 하자. 아브람이 75세 일 때 그의 아버지 데라의 나이는 몇 살일까? 데라가 갈대아 우르를 떠날 때에 아들 아브람과 나홀이 있었고 하란의 아들 롯이 있었다. 데라의 일찍 죽은 아들 하란에게는 아들 롯만 있는 것이 아니라 두 딸, 밀가와 이스가가 있었다.

일반적으로 데라가 70세에 아브람이 태어났다고 한다. 그러면 아브람이 75세에 하란을 떠나면 아브람이 하란을 떠날 때 데라의 나이는 145세가 될 것이다. 그리고 데라는 205세에 하란에서 죽었다고 창세기 11장 32절은 말한다. 그러면 데라가 죽을 때 아브람의 나이는 135세가 된다. 이렇게 계산하면 아브람이 하란을 떠난 뒤 60년 후에 데라는 죽었다.

아브람은 하란을 떠날 때 75세이므로 그의 아버지가 살아 계실 때에 떠난 것으로 읽을 수 있는데 앞에서 우리가 읽은 대로 사도행전 7장 4절에는 아버지가 죽은 다음에 떠났다고 한다. 우리가 이해하기 어려운 계산이다.

왜냐하면 60년의 차이가 발생하기 때문이다. 혹자는 말하기를 데라가

145세에 죽었다고 말한다. 이는 사마리아 오경에 그렇게 기록하고 있기 때문이다. 그러면 사도행전에서 '아버지가 죽으매 아브라함이 하란을 떠났다'고 말하는 스데반은 사마리아 오경을 읽고 말하였다는 말인가? 그것은 아닐 것이다. 사마리아 오경은 오직 오경만 있는 책이다.

그러면 우리는 이것을 어떻게 이해하여야 하는가? 유재원 교수의 모세오경을 읽어보면 '데라가 130세에 아브람을 낳았으며 그가 75세 되었을 때 그의 아버지가 돌아가시고 그는 하란을 떠났다'고 하였다. 어느 정도 이해할 수 있는 말이다. 그런데 만약 아브람이 자기 아버지가 130세일 때 태어났다면 이런 말을 할 수 있을까?

'100세 된 사람이 어찌 아들을 낳을까?'(창 17:17)

우리는 좀 더 연구하는 것이 좋겠다. 물론 신약성경 사도행전이 기록되기 전에는 문제되지 않았다. 그저 아버지가 살아계실 때 아브람이 하란을 떠난 것으로 이해하면 되기 때문이다. 그러나 우리는 신약성경을 읽고 있기 때문에 좀 더 주의 깊은 연구가 필요하다고 하겠다.

다음표로 비교하여 다시 읽고 연구하면 좋겠다.

① 데라가 70세일 때 아브람이 태어난 경우(개역개정)

도표 4)

	아브람	데라	비 고
출생	0	70세	
하란떠남	75	145세	살아 있음(205세 사망)

② 데라가 70세일 때 아브람이 태어난 경우(사마리아 오경)

도표 5)

	아브람	데라	비 고
출생	0	70세	출생
하란떠남	75	145세	데라가 145세 죽음

③ 데라가 130세일 때 아브람이 태어난 경우

도표 6)

	아브람	데라	비 고
출생	0	130세	아브람이 막 태어남
하란떠남	75	205세	데라가 205세 죽음

창세기 12:5 아브람이 그의 아내 사래와 조카 롯과 하란에서 모은 모든 소유와 얻은 사람들을 이끌고 가나안 땅으로 가려고 떠나서 마침내 가나안 땅에 들어갔더라

	בֶּן־אָחִיו	וְאֶת־לוֹט	אִשְׁתּוֹ	אֶת־שָׂרַי	אַבְרָם	וַיִּקַּח
음역)	벤-아ㅎ키브	버에트-로트	이슈토	에트-사라이	아브람	바이카ㅎ크
직역)	아들-그의 형제	을 그리고-롯	그의 부인	를-사래	아브람	그는 취했다

	וְאֶת־הַנֶּפֶשׁ	רָכָשׁוּ	אֲשֶׁר	וְאֶת־כָּל־רְכוּשָׁם
음역)	버에트-하네페슈	라ㅋ하슈	아쉐르	버에트-콜-러ㅋ후삼
직역)	를 그리고-그 네페쉬	그들이 모았다	한…	을 그리고-모두-그들의 소유

	אַרְצָה	לָלֶכֶת	וַיֵּצְאוּ	בְּחָרָן	אֲשֶׁר־עָשׂוּ
음역)	아르짜	랄레ㅋ헤트	바예이쩌우	버ㅎ카란	아쉐르-아쑤
직역)	땅을 향하여	가기위해	그리고 그들은 나왔다	하란에서	한…-그들이 만들었다

	כְּנָעַן:	אַרְצָה	וַיָּבֹאוּ	כְּנַעַן
음역)	커나안	아르짜	바야보우	커나안
직역)	가나안	땅을 향하여	그리고 그들은 왔다	가나안의

아브람은 아버지 집을 떠났는데 여기저기 향방 없이 그냥 간 것이 아니다. 아브람은 아버지 집을 떠날 때 목적를 가지고 있었다. 우리가 기도할 때도 목적이 있어야 한다. 우리가 목적을 가지고 떠나가는데 하나님이 나타나서 여기야 할 때에 그 내용이 우리가 계획한 것과 다를 때, 우리의 계획을 포기하고 하나님의 계획에 맞추어야 한다. 그런데 문제는 우리가 목적지를 향하여 왔는데 그 목적지에 이르기까지 하나님이 나타나지 않았다. 그러면 포기하거나 원망하지 말고 다시 목적지를 정하고 계획을 세워서 가야 한다. 하나님이 나타날 때까지 가야 한다. 끊임없이 기도하면서 목표를

정해 놓고 가야 하는 것이다. 그리고 하나님이 나타나면 거기서 하나님의 일을 펼쳐 나가야 한다.

아브람은 이제 그와 함께 떠나는 사람을 구체적으로 말한다. '그의 부인 사래와 롯 그리고 하란에서 얻은(만든) 네페쉬(사람)를 취하였다.' 이 구문에서 사래와 롯은 누구인지 알 수 있는데 '하란에서 만든 생명(네페쉬, 사람)'은 누구를 말하는가?

이는 지상에서 하나님을 믿도록 만들어 놓은 믿음을 가진 영원한 생명을 얻은 사람을 말한다. 하란에서 우상을 섬기면서 하나님 없는 사람으로 살고 있을 때 아브라함이 그들에게 믿음의 영향력을 주어서 그 영향으로 새로운 믿음의 사람으로 거듭난 영혼을 소유한 사람을 말한다. 아브람이 하나님의 생명을 얻을 수 있도록 만들어 놓은 사람(영혼)을 모아서 데리고 그들과 함께 떠났다는 말이다.

우리는 전도해서 앞으로 교회에 잘 다니라고 말하고 그를 떠나면 안 되고, 연약한 심령을 데리고 함께 가야 한다. 그래서 성경은 하란에서 축적한 소유와 하란에서 얻은(만든) 사람(영혼)을 취하여 데리고 갔다고 말하는 것이다. 우리는 우리가 거하는 이 땅에서 하나님 말씀을 가르치는 것이 중요하다. 하나님을 가르친다는 말은 말씀대로 사는 모습을 보여주어 따르게 하는 것을 말한다. 하나님의 사람은 사람들에게 하나님의 말씀을 가르쳐서 하나님의 생명을 소유하도록 영향력을 주어야 한다. 성경은 하나님께로 많은 사람을 인도한 사람은 하늘에서 별과 같이 영원토록 빛난다고 하였다(단 12:3). 지상에서 사람을 하나님 앞으로 인도하여 하나님의 영을 그에게 넣어준 사람은 지상에서 생명을 얻을 뿐만 아니라 오는 세상에서도 생명을 그에게 준 것이 된다. 우리가 세상에서 전도하여 사람들을 천국의 영혼으로 만드는 일을 해야 한다. 그는 생명을 잉태하여 낳은 영원한 생명을 소유한 사람이 된다.

아브람이 하란에서 얼마의 기간을 살았는지 모르지만 아브람은 하란에 살면서 많은 사람들에게 영향을 준 사람이다. 아브람의 영향을 받아 새로운 생명을 얻은 사람은 아브람과 함께 하란을 떠났다는 것을 본문이 가르쳐준다.

하반절을 보면 '그들이 가나안 땅을 향하여 가기 위하여 나갔다'고 하였는데 이는 아브람과 함께 떠나는 사람들은 모두 가나안 땅을 향하여 가는 것을 알고 떠났다는 말이다. 그러나 하나님은 가나안으로 가라고 말씀하시지 않았다. 그러나 그들은 가나안을 향하여 갔을 뿐만 아니라 가나안을 향하여 왔다고 말한다.

나중에 우리가 읽고 공부하겠지만 창세기 22장에서도 하나님은 아브라함에게 모리아의 한 산이라고 말씀했다. 어느 산을 지정해서 거기서 또는 여기서 제사를 드리라고 하지 않았다. 그러나 아브라함은 모리아 땅에 갔을 때 많은 산들 가운데 하나님이 말씀하시는 산이 어느 산인지 알 수 있었다. 마찬가지로 지금 하나님은 아브람에게 어느 땅을 향하여 가라고 하지 않았지만 아브람은 가나안의 땅을 향하여 출발해서 가나안 땅을 향하여 왔다. 본문에서 가나안 땅을 향하여 왔다는 말은, 그들이 지금 도착한 가나안 땅에 초점이 맞추어져 있는 것이 아니라 아브람의 일행들의 출발지에 초점을 맞추어 말한 것이다. 그들의 출발은 그들이 의도한 것이 아니라 하나님이 아브람에게 가라고 한 것에 대한 순종이었다는 것을 분명하게 가르치기 위함이다. 하나님의 말씀에 순종하여 도착한 곳이 바로 가나안 땅이기 때문에 그들이 가나안 땅에 도착하였다고 말하지 않고 가나안 땅을 향하여 왔다고 한 것이다. 그 말 뒤에는 누군가가 뒤에서 여기까지 밀어주어서 이곳을 향하여 왔다는 고백이 담겨 있다.

창세기 12:6 아브람이 그 땅을 지나 세겜 땅 모레 상수리나무에 이르니 그 때에 가나안 사람이 그 땅에 거주하였더라

	עַד	שְׁכֶ֔ם	מְק֣וֹם	עַ֚ד	בָּאָ֑רֶץ	אַבְרָ֖ם	וַיַּעֲבֹ֤ר
음역)	아드	셔ㅋ헴	머콤	아드	바아레쯔	아브람	바야아보르
직역)	~까지	세겜의	장소	~까지	그 땅 안에	아브람	그는 건너갔다

	בָּאָֽרֶץ׃	אָ֥ז	וְהַֽכְּנַעֲנִ֖י	מוֹרֶ֑ה	אֵל֣וֹן
음역)	바아레쯔	아즈	버하크나아니	모레	에일론
직역)	그 땅 안에	그 때	그리고 그 가나안 사람	모레	엘론(평지)

6절은 아브람이 가나안 땅에 도착하는 과정을 간략하게 알려준다. 아브람은 하란을 떠나 내려오면서 중요한 거점 도시인 하솔에 멈추지 않고 그 나라의 진정한 물리적 중심 도시이며 북부 중앙 산악 지역의 중요한 도시 중의 하나인 세겜에 도착할 때까지 여행을 중단하지 않았다.[24] 여기로부터 그는 산간 지방을 지나 실로, 베델, 예루살렘, 베들레헴, 헤브론, 브엘세바로 이어지는 물가로 나 있는 길을 따라갔다.

---

[24] Gen. Excursus 26 of Nahum M. Sarna

아브람과 다른 족장들은 유목민으로서 이주할 때 일반적으로 가나안 북부와 해안 평야의 부유한 지역을 피했다. 그들은 또한 이스르엘 평야와 요단 계곡에 가까이 가지 않았다. 중앙 산맥과 네게브를 고수함으로써 그들은 유목민으로서의 경제활동에 적합한 지역, 인구가 적은 지역을 찾아 그들의 길을 가는 것을 즐겼다. 그들은 다른 사람의 권리를 침해하지 않으면서 여행하였다. 동시에 그들은 일반적으로 필요한 물품을 얻을 수 있을 뿐만 아니라 그들 자신의 제품을 처분할 수 있는 도심의 가장자리에 있었다.

'아브람이 그 땅을 지나갔다'는 구문으로 시작하는데 이 구문을 통하여 하나님은 아브람의 후손에게 주실 땅을 아브람이 보면서 지나가도록 하셨다는 것을 가르쳐 주는 구문이다. 그러므로 후에 아브람에게 하나님이 이 땅을 너의 후손에게 주신다고 말씀하실 때 아브람은 크게 기뻐하였을 것이다. 왜냐하면 자신이 지금까지 모든 것을 직접 보면서 지나왔기 때문이다.

특별히 '세겜의 장소까지'라고 말하므로 이 장소에 의미를 부여하는 듯이 보인다. 먼 훗날 아브람의 손자 야곱 시대에 세겜 도시의 주인인 하몰의 아들의 이름이 세겜이라는 것을 우리는 알고 있다(창 34:2). 이븐 에즈라는 말하기를 '하몰이 그의 아들을 기리기 위해 그 도시를 건설하였다고 추정한다. 그러나 람반은 세겜이 아브람 시대의 도시 이름인데 하몰이 그 옛 도시의 이름을 따서 그 아들의 이름을 지었다고 추정한다.

히즈쿠니(Chizkuni)는 본문이 '이르 עִיר, 도시'라는 말을 사용하지 않고 '머콤 מְקוֹם 장소'라는 단어를 사용한 것을 보면 아브람이 이곳에 이르렀을 때까지는 세겜이 아직 도시로 발전하지 않았기 때문이라고 하였다. 그러므로 이 구문은 미래의 도시 '세겜의 자리'라는 의미를 가진다고 하였다.

라쉬는 이 구문을 아주 특이하게 해석하였다. 아브람은 언젠가 그의 후손들이 세겜과 싸우게 된다는 것을 미리 알았다. 그래서 아브람은 세겜과 싸울 자신의 후손들을 위해 기도하기 위해 세겜으로 갔다고 라쉬는 말했다.

'세겜의 장소'와 같은 구문은 성경에 자주 나오는 구문이 아니다. 도시 '이름'과 '장소'가 합하여 구문을 이루는 경우는 아주 드물다. 창세기 33장 18절을 읽어보면 아브람의 손자인 야곱이 '세겜의 도시'에 도착한다. 본문에서 '마콤 מָקוֹם'이라는 말은 아랍어 '마캄 maqam'과 같이 '성지'라는 특별한 의미로 사용되었는지도 모른다. '마콤 מָקוֹם'은 '성지'의 의미로 쓰였을 가능성이 크다. 신명기 12장을 읽어보면 '마콤 מָקוֹם'이라는 단어가 9번[25] 나오는데 주로 신상을 두었던 자리로 나오는 것을 볼 수 있다. 사무엘상 7장 16절을 읽어보면 사무엘은 벧엘, 길갈 그리고 미스바를 순회하며 재판했다고 한다.

70인 역을 보면 이 도시들을 수식하는 '형용사'가 나오는데 '성지' 또는 '신성한 자리'라는 의미를 가진 단어이다. 그러므로 벧엘, 길갈 그리고 미스바는 '성지' 또는 '신성한 도시'라는 말로 이해할 수 있다. 이와 같이 '마콤 מָקוֹם'은 문맥에 따라 성지로 사용되는 것이 분명하다.[26]

'성지'는 샘과 우물에 가깝기 때문에 여행자와 유목민들이 쉬었다 가기에 가장 적합한 장소이다. 물론 우리가 본문을 읽으면서 그 어떤 것도 세겜이 아브람 이전에 신성함을 가진 장소라는 것을 암시하는 근거를 찾을 수는 없다. 아브람은 다음절 7절에서 하나님이 그에게 나타나서 그에게 이 땅

---

[25] 신 12:2, 3, 5, 11, 13, 14, 18, 21, 26.
[26] 사 26:21, 66:1, 미 1:2-3, 대상 16:27, 시 96:6, 132:5.

에 관하여 말씀하신 다음에 그는 그곳에 제단을 쌓았다.

우리가 한글 성경만 읽는다면 이와 같은 의미는 놓치기 쉽다. 왜냐하면 한글 개역개정을 읽어보면 '세겜 땅'이라고 번역하였기 때문이다. '마콤 מָקוֹם'을 앞에 나온 '에레쯔 אֶרֶץ'와 같이 번역하므로 '아브라함이 그 "땅"을 지나 세겜 "땅" 모레 상수리나무에 이르니'라고 단순하게 '땅'으로 번역하므로 본문이 의도하는 의미를 단순화시켰다. 이 장소는 분명히 '하나님이 나타나신 자리'이며 '성지' 즉 '하나님의 임재의 자리'임에 틀림없다.

다음 구문 또한 이해하기 어려운 구문이다. '에일론 모레 אֵלוֹן מוֹרֶה'인데 한글 성경은 '모레 상수리나무'라고 번역하였으며 영역본 킹제임스 역, 'the plain of Moreh'를 제외하고 대부분 'the oak of Moreh'라 하였다. 참고로 한글 킹제임스는 다른 한글역본과 같이 '마콤 מָקוֹם'을 '땅'으로 번역하였음을 유의해서 읽어야 할 것이다. 70인 역은 이 구문을 아주 특이하게 번역한 것을 읽을 수 있다. '텐 드륀 텐 휘프쎌렌 τὴν δρῦν τὴν ὑψηλήν'인데 영어로 번역하면 'the high oak'인데 한글로 번역하기는 어렵다.

'에일론 모레 אֵלוֹן מוֹרֶה'는 앞에서 말한 것과 같이 번역하기 어려운 구문이지만 의심할 여지없이 신성한 무엇과 관련이 있는 능력의 나무라 할 수 있겠다. '모레 מוֹרֶה'는 '선생님' 또는 '매스터(master)'로 쓰이는데[27], 영적으로 해석할 때는 '신탁을 주는 사람'이라는 의미가 있다.

이 나무(또는 그러한 나무들의 무리)는 매우 눈에 띄고 유명하여 이 장소를

---

[27] 욥기 36장 22절에는 '교훈을 주다'로 잠언 5장 13절과 이사야 30장 20(2번)절에는 스승으로 쓰였다.

다른 곳과 식별하는 랜드마크 역할을 했다. 이처럼 신성한 나무의 현상, 특히 신성한 장소와 관련된 현상은 다양한 문화권에서 잘 알려져 있다.

유명한 나무, 특히 고대에 나무는 '생명의 나무' 또는 '우주', 또는 '땅의 배꼽'을 상징하는 그루터기 및 하늘을 상징하는 '꼭대기'로 간주 될 수도 있다. 이러한 나무는 우리나라에서도 볼 수 있다. 21세기를 사는 첨단 과학시대이지만 시골에 가면 서낭당은 아직 존재하는데 그곳에는 거의 대부분 커다란 나무가 자태를 뽐내며 몇 그루 서 있는 것을 볼 수 있다. 이러한 의미에서 그 나무는 '인간'과 '신적인 존재' 사이의 다리이며, 신탁과 계시의 이상적인 매개체가 되었으며, 그 장소는 신과 인간과의 만남의 장이 열리는 장소가 되었다.

고대 근동지방에서는 이러한 나무와 관련하여 다산 숭배가 번성했으며 이러한 형태의 이교도는 이스라엘 사람들에게 아주 매력적으로 보였다.[28] 이러한 이유로 이스라엘의 공식적인 종교는 신명기 16장 21절에 명시된 대로 제단 구역 내에 어떤 모양의 나무라도 두거나 심어서는 안 된다고 하였다.

세겜은 특별한 의미를 지닌 나무에 대한 전통이 특히 풍부했던 것 같다. 야곱은 '세겜 근처에 있는 "에일라 אֵלָה"(상수리 나무, oak) 아래' 갖가지 우상을 숨겼다(창 35:4). 여호수아는 세겜에서 '큰 돌을 가져다가 여호와의 성스러운 구역에 있는 "알라 אַלָּה"(참나무, oak) 아래에 세웠다'(수 24:26). 아비멜렉은 '기둥의 에일론 אֵלוֹן'에 있는 그 도시의 왕으로 세움을 받았다(삿

---

[28] 신 11:30, 12:12, 왕상 14:23, 렘 2:20, 겔 6:13. 비교 연구를 하면 좋을 것이다. 그리고 '에일론 אֵלוֹן'이 다른 단어와 함께 사용된 본문을 찾아 비교하며 읽는 것도 도움이 될 것이다(창13:18, 수 19:33, 삿 9:6, 37, 삼상 10:3).

9:6). 그리고 그 근처에는 '점쟁이들의 에일론 אֵלוֹן'도 있었다(삿 9:37). '에일론'이 비슷한 이름의 다른 나무들(호 4:12 참조)을 가리키는 지는 확실하지 않지만, 이 모든 것들은 하나의 동일한 나무를 지칭할 수도 있다(호 4:12).

'에일라 אֵלָה' 또는 '알라 אַלָּה'와 '에일론 אֵלוֹן'이 성경에서 나오는 곳을 찾아 비교하며 좀 더 연구하는 것이 좋겠다. 어찌되었든 본문에 나오는 '에일론 אֵלוֹן'은 항상 다른 용어와 함께 특정 용도로 나타나는 것을 알 수 있다.

마지막 구문은 '그 가나안 사람들이 그 땅에 있었다'인데, 성경은 왜 이 구문을 이곳에 넣어야 하였는가? 가나안 땅에 가나안 사람들이 사는 것은 당연한 일이 아니었는가? 이 말은 이스라엘 사람들이 그 땅에 이주하여 오기 전에 다른 종족이 그곳에 살고 있었다는 것을 가리키는 말이다. 아마도 함의 아들들 가운데 가나안과 그의 후손들이 그때 그곳에 있었을 것이다.[29] 홍수 후에 노아의 아들들이 전 세계에 흩어져 퍼져 나갔는데 가나안 땅은 셈의 땅이었다. 그런데 가나안이 전쟁하여 그 땅을 정복하여 살면서 가나안 땅으로 이름이 바뀌었다. 그래서 성경은 그때 그곳에 가나안 사람이 살고 있었다고 말한 것이다.

---

29 창 9:25, 10:19, 13:7

창세기 12:7 여호와께서 아브람에게 나타나 이르시되 내가 이 땅을 네 자손에게 주리라 하신지라 자기에게 나타나신 여호와께 그가 그 곳에서 제단을 쌓고

	אֶתֵּן	לְזַרְעֲךָ	וַיֹּאמֶר	אֶל־אַבְרָם	יְהוָה	וַיֵּרָא
음역)	에테인	러자르아ㅋ하	바요메르	아브람-엘	하쉐임	바예이라
직역)	내가 줄 것이다	너의 후손에게	그가 말했다	아브람-에게	하쉐임이	그는 보이었다

	לַיהוָה	מִזְבֵּחַ	שָׁם	וַיִּבֶן	הַזֹּאת	אֶת־הָאָרֶץ
음역)	라하쉐임	미즈베이아ㅎ크	샴	바이벤	하조트	하아레쯔-에트
직역)	하쉐임을 위하여	단을	거기에	그는 건설했다	이	그 땅-을

				אֵלָיו:	הַנִּרְאֶה
음역)				에일라브	하니르에
직역)				그에게	그 보여진

'하쉐임이 보여 졌다'는 구문은 어색하게 보이지만 그 말이 맞다. 하쉐임이 아브람에게 보인 것이지 아브람이 하세임을 본 것이 아니다. 이 말은 1절에 하쉐임이 하신 말씀을 성취하신 말씀이다. 1절에서 '내가 너를 볼 땅'이라고 하였는데 '지금 하쉐임이 아브람을 보고 계신 장면'을 글로 표현한 것이 바로 '하쉐임이 보여 졌다'는 말이다. 하쉐임이 그곳에서 아브람을 바라보고 계신 것을 아브람이 알았다. 아브람이 먼저 하쉐임을 본 것이 아니라 하쉐임이 아브람을 보시고 계셨던 것이다. 이것은 아브람에게 하쉐임이 보여 진 첫 번째 신현 현상이다. 이것은 단순하게 '바요메르 וַיֹּאמֶר 그가 말했다'는 구문과는 차이가 있다. 말로만, 음성으로만 들려지는 것과 친히 나타나서 말하는 것은 엄청난 차이가 있다.

창세기 족장기사에 나오는 이 용어는 아브라함과 함께 세 번(17:1, 18:1), 이삭과 함께 두 번(26:2, 24), 야곱과 함께 한 번(35:9) 사용되었다. '라아 רָאָה', '보다'는 동사의 어간은 성경에서 예언의 공식 어휘 군에 속한다. 이스라엘에서 선지자(예언자)를 부르는 호칭이 몇 가지 있는데 초기에는 '로에 רֹאֶה, 보는자(선견자)'라 불렸다(삼상 9:9). '로에 רֹאֶה'는 본문에 나오는 동사 '보다'는 단어 '라아 רָאָה'에서 온 말이다. '라아 רָאָה'의 니프알 형은 신이 자신을 드러내는 데 사용하는 전문용어이다. 그렇다고 구두 의사소통에 반드시 시각적으로 보일 필요가 있느냐고 하는 것은 의문의 소지가 있다. 사무엘상 3장을 읽어보면 사무엘은 실로에 있는 성전에서 하나님의 부름을 받고 말씀을 듣는다(삼상 3:11-14). 계속하여 사무엘상 3장 15절을 읽어보면 사무엘이 하나님으로부터 말씀을 듣는 장면을 '이상'으로 설명한다. 15절에 쓰인 '이상'이라는 단어는 '라아 רָאָה' 동사로부터 온 말이다.

우리가 여기에서 선지자나 그들의 계시를 다루려는 것이 아니기 때문에 '라아 רָאָה', '보다'는 용어가 선지자들, 예언적인 일과 관계가 있다는 것만 말하고 넘어가려고 한다. 물론 성경에 나오는 선지자들이 본 '환상', '이상' 또는 '계시'는 '라아 רָאָה'와 동의어로 쓰이는 'ㅎ카존 חָזוֹן'이라는 단어이다. 이 또한 '보다' 또는 '보라'는 의미를 가지고 있다.[30]

하나님이 인간에게 나타난 아주 특별한 장면을 처음 접한 아브람은 두려웠을 것이다. 물론 창세기 12장 1절에서 하나님은 아브람에게 나타나 보여질 것이라는 암시를 주었지만 하나님이 친히 나타나 계심을 보는 순간 그는 놀랐을 것이다. 그러나 하나님은 나타나셔서 즉시 말씀하신다. 지금 이

---

[30] 사 1:1, 암 1:1, 옵 1:1, 미 1:1f, 나훔 1:1.

땅, 네가 있는 이 땅을 '너에게'가 아니라 '나는 너의 씨에게' 주겠다고 하였다. 이는 너의 씨가 이곳에 심기어진다는 것을 말씀하신 것이다. 이 말씀은 너에게 이 땅을 주겠다는 말보다 훨씬 강조된 말이다. 이 신성한 선언은 종종 반복되는 구문으로 토라의 중요한 구문들 중 하나이다. 이후 유대인의 역사와 운명은 약속의 땅과 뗄레야 뗄 수 없는 관계에 놓이게 되었다.

하나님의 현현을 체험하고 하나님의 말씀을 친히 들은 아브람은 즉시 그곳에 제단을 건설했다. 족장들이 제단을 쌓았던 것을 보면 공개적으로 공동체가 예배하지 않고 개별적으로 제단을 쌓고 예배했던 것을 알 수 있다. 족장들은 기존에 있던 우상의 제단에서 예배하지 않고 항상 새 제단을 만들거나 이전에 그들이 세웠던 제단을 재사용하였다.

아브람은 약속의 땅으로 신적인 임재가 확인되기 전에 그 땅 안에 제단을 쌓는 것을 자제하였다. 이제 하나님이 그에게 보이니 제단을 건설했다. 이는 하나님께서 그에게 씨를 말씀하신 것과 그 땅을 주시겠다는 말씀에 대한 감사의 응답으로 제단을 쌓은 것은 틀림없다. 그런데 특이하게도 그 제단에서 아브람이 희생 제사를 드렸다는 말이 없다.

마지막 구문을 보면 '그에게 보인 하나님께(하나님을 위하여)'인데 이 말은 아브람이 그에게 보인(나타난) 하나님의 말씀을 듣고 감사해서 감사의 제단을 쌓은 것으로 읽어야 한다. 그러므로 희생 제사를 드렸다는 말이 없어도 본문은 아브람이 감사의 제사를 드렸다는 것을 분명하게 암시한다.

창세기 12:8 거기서 벧엘 동쪽 산으로 옮겨 장막을 치니 서쪽은 벧엘이요 동쪽은 아이라 그가 그 곳에서 여호와께 제단을 쌓고 여호와의 이름을 부르더니

	וַיֵּט	לְבֵית־אֵל	מִקֶּדֶם	הָהָרָה	מִשָּׁם	וַיַּעְתֵּק
음역)	바예이트	에일-러베이트	미케뎀	하하라	미샴	바야테이크
직역)	그는 쳤다	엘로-베이트	케뎀(동쪽)으로부터	그 산을 향하여	거기로부터	그는 이사했다

	מִקֶּדֶם	וְהָעַי	מִיָּם	בֵּית־אֵל	אָהֳלֹה
음역)	미케뎀	버하아이	미얌	에일-베이트	오홀로
직역)	케뎀(동쪽)으로부터	그리고 그 아이	바다(동쪽)로부터	엘-베이트	그의텐트를

	יְהוָה׃	בְּשֵׁם	וַיִּקְרָא	לַיהוָה	מִזְבֵּחַ	וַיִּבֶן־שָׁם
음역)	하쉐임	버쉐임	바이크라	라하쉐임	미즈베이아흐	샴-바이벤
직역)	하쉐임의	이름으로	그는 불렀다	하쉐임을 위하여	단을	거기에-그는 건설했다

토지의 법적 소유권은 실제 소유와 동일하지 않을 수도 있다. 국가는 존재하지 않으며 족장들은 항상 이동 중에 있는 방랑자이다. 아브람은 중앙 산간 지방을 따라 남쪽지방으로 이동한다. 그의 다음 정착지는 세겜에서 남쪽으로 약 33.7 킬로미터 떨어진 베델과 아이 사이에 있는 지역이다.

본 절을 시작하는 구문은 '그는 이사했다' 또는 '그는 자리를 옮겼다'이다. 일반적으로 자리를 옮기는 경우 '여행하다'는 말인 '바이싸 וַיִּסַּע'를 쓰는데 본문에서는 '자리를 옮기다'는 뜻으로 쓰이는 '바야테이크 וַיַּעְתֵּק'를 사용했다. 이 두 단어의 의미적 차이가 무엇인지 알아보는 것도 앞으로 성경을 읽고 연구하는데 도움이 될 것이다. 본문에 쓰인 '바야테이크 וַיַּעְתֵּק'는 똑

같은 형식으로는 성경에 세 번밖에 안 나온다.[31] 반면에 '바이싸 יִּסַּע'는 똑같은 형식으로 14번 나오는데 창세기에서만 5번 나온다.[32] 본문을 찾아 읽으면서 비교하여 연구하면 본문을 좀 더 깊이 이해할 수 있을 것이다. 지금 아브람은 멀리 여행하거나 먼 곳으로 자리를 옮긴 것이 아니라 비교적 가까운 곳으로 장막을 옮긴 것으로 보인다.

'그는 그곳으로부터 산을 향하여 이사했다'하였는데, 아브람은 하나님을 만난 다음 하나님이 원하시는 곳이 어느 곳인지 알게 된 것 같다. 이 산은 먼 훗날 예루살렘 성전이 세워질 하나님의 산, 모리아 산으로 보인다. 후에 아브람은 그곳에서 자신의 아들을 하나님께 번제를 드리는 제단을 쌓았다.

어떤 주석가들은 말하기를 '아브람은 그 당시 전국적으로 있었던 격렬한 전쟁을 피하기 위해 산간 지방을 선택했다'고 말했다(Abarbanel, Malbim). 스포르노(Sforno)는 아브람이 두 도시 사이에 자리를 잡고 살면서 많은 사람들이 그에게 와서 그가 '하쉐임'이라는 '하나님의 이름'을 부르는 것을 듣고 그 하나님을 알기 원했다고 하였다.

라쉬는 창세기 28장 17절에서 야곱이 나중에 베델로 이름을 바꾼 예루살렘 근처의 루즈와 이 도시를 구별한다. 다른 사람들은 이 의견에 동의하지 않으며 두 베델이 동일하다고 주장한다. 그들의 견해에 따르면 아브람 시대에도 이 도시는 여전히 루즈로 알려졌지만 토라는 최종 이름을 사용한다고 하였다. 미드라쉬(Midrash)는 그 이름이 현재 '베이트 아브안'이라고

---

[31] 창 12:8, 26:22, 욥 18:4.
[32] 창 12:9, 13:11, 20:1, 35:21, 46:1, 출 14:19(2번), 15:22, 민 10:14, 삿 16:14, 왕하 19:36, 욥기 19:10, 시 78:52, 사 37:37.

말했다. 예루살렘에서 북쪽으로 16km 떨어진 곳에 '베이트인(Beitin)'이라는 도시가 있다.

다음 구문은 '그가 그의 텐트를 쳤다' 하였는데, 라닥(Radak)은 '그의 텐트'라는 단어 '오홀로 אָהֳלֹה'에 관심을 두었다. '오헬 אֹהֶל' 텐트'라는 명사에 대명사 접미사가 첨가되었는데, '그의 텐트'라고 하려면 대명사 접미사가 '바브 ו'가 와야 하는데 '헤이 ה'가 온 것은 특이한 경우라는 것이다. 일반적으로 '헤이 ה'가 오면 '그녀의'라는 말이 되어 그녀의 텐트라고 읽을 수 있기 때문이다. 히브리어 성경과 한글성경을 비교하면서 좀 더 주의 깊게 본문을 읽고 연구하면 좋겠다.

미드라쉬(Midrash)의 현자들은 단어의 특이한 철자를 더 깊은 의미로 인식하였다. 기록된 대로 그 단어가 '그녀의 텐트'로 읽을 수 있다는 점에 주목하면서, 그들은 아브람이 항상 자기 텐트 앞에 아내의 텐트를 쳐서 아내를 공경했다는 점에 주목하려고 한다.

또한 아브람은 그가 잠시라도 머무는 곳마다 그가 토라를 공부하는 집으로 사용할 텐트를 치곤했다고 한다. 그러면 본문에 등장하는 텐트는 무엇을 의미하는가? 미드라쉬에 나오는 현인들은 아브람이 그와 함께 하는 사람들에게 토라를 가르치는 것을 무엇보다 중요하게 여겼기 때문에 토라를 공부하는 텐트를 쳤을 것이라고 했다. 창세기 18장 19절을 읽어보면 하나님이 아브람을 선택한 이유가 그의 후손들에게 하나님의 말씀을 가르치기 위함이라고 하기 때문에 충분히 가능한 해석이다.

그 다음 구문을 읽어 보면 '베델은 바다로부터 그리고 아이는 케뎀으로

부터'라 하였다. 이스라엘 사람들은 바다 쪽으로라고 말하면 서쪽을 가리키는 말로 이해한다. 왜냐하면 바다가 서쪽에 있기 때문이다. 그러므로 이 구문을 다시 읽어보면 '벧엘은 서쪽에 그리고 아이는 동쪽에'라고 읽을 수 있다. 즉, 아브람은 토라 연구를 위한 텐트를 서쪽으로는 벧엘이 있고 동쪽으로는 아이가 있는 그런 산마루에 쳤다는 말이다.

아이는 여호수아가 약속의 땅에서 전쟁을 통하여 얻은 첫 번째 도시이다. 허쉬(Hirsch)와 다른 주석가들은 '히브리어로 "아이 עַי"는 항상 정관사 "헤이 ה"를 가지고 나오는 것'에 주목한다. 그것은 단순히 이름이 아니다. 도시 이름 앞에 관사를 붙인 것은 이유가 있을 것이다. 히브리어 '아이 עַי'는 '파멸'을 의미하는 보통명사인데 그 명사에 관사를 첨가하여 고유명사화하여 도시의 이름이 된 것으로 보인다. 이 장소는 일반적으로 벧엘에서 남동쪽으로 약 16km 떨어진 에이트-텔(et-Tell)로 알려진 도시로 본다. 발굴을 통해 알려진 것을 보면 그 자리는 '청동기 시대 초기까지 기원전 3천년 동안 번성한 도시'였다. 바로 그 자리는 여호수아가 그 땅을 정복할 때 '아이를 불태워서 영원히 폐허'로 만든 그 '아이'이다(수 7:2-8:28).

마지막 구문은 '그는 거기에 하쉐임을 위한 제단을 건설했다. 그리고 그는 하쉐임을 이름으로 불렀다'이다. 아브람은 자리를 옮겨 다시 제단을 건설하고 하쉐임의 이름을 불렀다는 말인데 이 구문은 우리에게 무엇을 가르치는가? 성경은 특정 지점의 매력이나 제단을 쌓은 이유에 대해 설명하지 않지만, 아브람이 이집트에서 돌아오는 길에 제단을 건설했는데 바로 그 자리가 우리가 읽고 있는 본문에서 제단을 건설했다고 말하는 그 자리라고 말한다(창 13:2-4).

앞에서 잠시 살펴본 것처럼 베델은 예루살렘에서 북쪽으로 약 16km 떨어진 곳에 판테온의 머리인 엘(El)신에게 제사하던 자리가 있는 지역으로 이스라엘 남북 고속도로와 동서 도로의 교차점에 있는 현대 도시 베이틴(Beitin)이다. 아브람은 이 도시 또한 세겜의 경우처럼 이교도의 신전이 있던 도시로 무시한다. 아브람은 자신의 하나님 하쉐임을 위해 제단을 건설하여 그 지역에 새로운 종교 역사를 부여한다. 베델의 역사에 대해서는 나훔의 창세기 주석 부록을 참고하면 좋겠다.[33]

'그는 하쉐임을 이름으로 불렀다' 하였는데 이는 아브람이 하나님의 고유한 이름을 말하면서 하나님의 유일성을 선포하는 장면으로 보아야 한다. 아브람은 하쉐임에게, 하쉐임을 위한 제단을 건설하고 하쉐임을 이름으로 부름으로 하쉐임만이 '하나님'임을 선포하였다.

아브람은 하나님에 대한 믿음을 가르치기 위해 토라를 연구하는 텐트를 건설하고 그곳에서 하쉐임을 가르치고 선포하고, 설교하기 시작한 것으로 보인다. 바로 이곳이 예루살렘이 서 있는 곳, 하쉐임의 거룩한 말씀의 선포의 출발점이 되었다. 다른 말로 말하면 아브람은 대규모 선교 사업을 시작한 것이다. 이것은 역사의 전환점이 되었다. 그 순간 인류 역사의 두 번째 2천년 주기가 시작되었다(Avodah Zarah 9a).

2대 족장 이삭도 제단을 쌓았고 그곳에서 여전히 하쉐임을 믿지 않는 사람들에게 하나님의 이름을 선포했다(창 26:25). 그러나 토라는 3대 족장 야곱과 관련해서는 이런 말씀의 언급이 없다. 사실, 그의 시대에 하나님의 이

---

[33] Gen. Excursus 22 of Nahum M. Sarna

름은 이미 가나안에서 알려졌고, 야곱의 많은 아들들은 하나님에 대한 지식을 이교도들에게 전파했다. 그때부터 이스라엘의 온 가족은 우주의 왕이신 하쉐임의 전령이며 선지자였다(Ramban).

창세기 12:9 점점 남방으로 옮겨갔더라

	הַנֶּגְבָּה: פ	וְנָסוֹעַ	הָלוֹךְ	אַבְרָם	וַיִּסַּע
음역)	하네그바	버나쏘아	하로ㅋ흐	아브람	바이싸
직역)	그 네게브를 향하여	그리고 여행을	가는	아브람은	그는 여행했다

아브람은 베델과 아이 사이에 제단을 건설한 다음 계속해서 남쪽으로 여행했다. 아브람은 무대를 옮기며 계속하여 남쪽으로 내려가고 있었다. 그러나 특이한 것은 아브람은 항상 유다의 영토가 될 예루살렘과 모리아 산으로 향하였다는 것이다(Rashi). 그리하여 그는 알고 갔는지 모르고 갔는지 모르지만, 그는 언젠가는 그의 아들을 번제로 드릴 자리로 가는 길을 가고 있었다(Midrash, Radak).

람반(Ramban)은 라쉬(Rashi)의 견해와 사사기 1장 2절 말씀을 인용하여 말하기를 '본문에서 아브람의 움직임은 그의 자손의 미래 역사를 예견했다'고 덧붙인다. 사사기 1장 2절 말씀에 '유다가 먼저 올라갈지라' 하였는데, 가나안 땅을 정복할 때 실제로 유다는 이스라엘의 영토를 정복한 최초의 지파였다.

    토라(오경)는 아브라함의 움직임에 대하여 정확한 근거를 명시하지 않았다. 아마도 가나안 내전이 아이 근처에 이르렀거나(창 14장 참조) 또는 하나님의 이름을 공개적으로 선포하여 지지자들을 얻었을 것이다. 아브람의 선포는 하나님의 말씀에 갈증 난 사람들이 하나님을 찾는 자리로 나가도록 영향을 주었을 것이다. 이렇게 하나님의 이름의 영향력을 선포하면서 한 자리에 오래 머무는 것이 아니라 자리를 계속하여 옮겨 갔다(Imrei Shefer). 이븐 에즈라(Ibn Ezra)는 '남부는 더 따뜻하고 건조한 기후로 인해 "건조한 땅"이라고 불리었다'고 하였다. 그러나 이 땅은 뜨거운 빛으로 인하여 더 덥고 더 건조한 땅이 되었지만 하나님의 말씀의 빛이 비추임으로 인하여 좋은 땅이 되었다.

    이러한 연고로 모세가 성막을 건설하고 성소에 등잔대를 둘 때 남쪽에 두었다. 어두운 곳을 밝히는 하나님의 말씀의 빛을 상징하는 성소의 거대한 금 등잔대는 성소의 남쪽 부분에 위치했다. 기도할 때 '지혜를 얻고자 하는 사람은 남쪽을 향하게 하라(Bava Basra 25b)' 그러나 '물질적인 부를 원하는 사람은 북쪽으로 향하게 하라'고 한다. 왜냐하면 진설병이 있는 상은 성소의 북쪽에 놓여 있었다(Bava Basra 25b). 아브람의 모든 여정을 주의 깊게 살펴보면 아브람은 북쪽에서 남쪽으로 옮겨 간 것을 알 수 있다. 그는 영적 부를 위해 현세적 부를 버렸다(창 20:1 참조).

    '네게브 נגב'의 히브리어 문자적 의미는 '건조한' 또는 '마른'을 의미하는데 이는 사막으로 덮인 가나안의 가장 건조한 남부 지역을 가리킨다. 아브람이 바로 그 곳에 정착하였다. 그는 26년 동안 브엘세바에서 살았다

(Rashi). 이 광야는 유대 민족의 원수인 아말렉 사람들이 살기도 했으며(민 13:29) 12명의 정탐꾼이 처음 방문한 곳이기도 하다(민 13:17).

아브람은 계속하여 네게브를 향하여 그의 길을 걸어갔다. 이 사막은 그의 가나안 여행의 궁극적인 목표처럼 보인다. 따라서 그는 네게브 땅이 궁극적으로는 비옥하고 꽃이 만발한 땅으로 변모할 것이며 그의 후손들에게 그들의 조상들이 언약의 땅으로 가는 '길을 보여주고' 조상들이 가는 길의 정점이었음을 보여준다. 그리고 그들의 노래에서 네게브는 메시아 시대를 떠올리게 한다.

> 그때 하쉐임이 네게브에 있는 시내가 다시 흐르게 하는 것처럼 우리의 포로들을 되찾을 것이다(시 126:4).

가나안의 북쪽 끝에서 세겜까지, 그 후 벧엘로, 마지막으로 네게브까지 가는 세 차례의 여행을 통하여 아브람은 가나안 땅의 북쪽에서 남쪽으로 온 땅을 횡단하였다. 아브람은 가나안 땅을 여행하는 동안 두 개의 제단을 건설했는데, 하나는 세겜 근처에, 다른 하나는 벧엘 근처에 건설하였다. 족장 아브람은 이런 방법으로 그 땅을 소유하였다는 것을 상징적으로 보여주며 그 땅에 자신의 표를 남겨 놓았다. 하나님이 아브람을 부르신 소명은 이제부터 영원하고 영원할 것이다.

아브람은 하나님의 부르심을 받은 후 하나님의 뜻에 온전히 순종하는 모습을 볼 수 있다. 자기의 유익을 따라 움직이는 것이 아니라 언제나 하나님이 원하시는 것이 무엇인지에 초점을 맞추고 움직이는 것을 볼 수 있다. 현대를 사는 하나님의 사역자들도 자신의 유익을 따라 움직이는 것이 아니라 현실적으로 자신에게 손해가 되더라도 하나님의 뜻을 이루는 자리로 나가는 진정한 하나님의 사람이 되어야 한다.

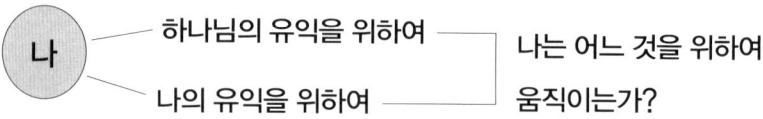

창세기 12:10 그 땅에 기근이 들었으므로 아브람이 애굽에 거류하려고 그리로 내려갔으니 이는 그 땅에 기근이 심하였음이라

	מִצְרַיְמָה	אַבְרָם	וַיֵּרֶד	בָּאָרֶץ	רָעָב	וַיְהִי
음역)	미쯔라마	아브람	바에이레드	바아레쯔	라아브	바예히
직역)	애굽을 여하여	아브람이	그는 내려갔다	그 땅 안에	기근이	그것이 있었다
	בָּאָרֶץ:	הָרָעָב	כִּי־כָבֵד	שָׁם	לָגוּר	
음역)	바아레쯔	하라아브	키-카베이드	샴	라구르	
직역)	그 땅 안에	그 기근이	무거워-때문에	거기	우거하기 위하여	

아브람은 하나님의 말씀을 따라 자리를 옮겨가며 하나님이 주신 땅 전체를 살펴보았다. 그러는 가운데 가나안 땅의 남부 지역 네게브에 정착하였다. 그런데 그 땅에 심한 기근이 찾아오므로 인하여 하나님이 약속하신 국가와 영토에 대한 약속이 이루어지지 않을 것 같은 위기를 맞이한다. 기근이 아브람을 가나안 땅에서 몰아내고 육신적 위험이 그와 그의 아내를 위

협한다. 그러나 하나님의 목적은 인간의 힘과 자연의 능력에 의해 좌절될 수 없다. 하나님의 섭리의 손길은 하나님이 선택하신 사람들을 구원할 준비가 완벽하게 되어 있다. 위험과 약속 그리고 재확인하는 형식의 주제는 창세기 전반에 걸쳐 반복되는 주제이다.

본문은 '그 땅 안에 기근이 있었다'는 말로 시작한다. 이 기근은 성경에 나오는 첫 번째 기근이다. 성경에 나오는 기근은 신명기 28장 38절과 요엘 1-2장에 나오는 것과 같이 때때로 곤충의 재앙으로 또는 열왕기하 6장 25절과 25장 3절에 묘사된 것처럼 적의 공격으로 인해 발생할 수 있다. 가나안 기근의 주된 원인은 계절적으로 내리는 비의 영향이 크다. 그러한 이유로 잉여 생산을 할 수 없을 뿐만 아니라, 그 전년도에 잉여 생산물이 있다 하더라도 장기간 저장할 수 있는 시설의 부족과 국가의 제한된 운송 수단으로 인해 기존 재고의 불평등한 분배로 인해 그 땅의 기근은 더욱 악화되었을 것이다.

실제로, 기근의 위협과는 별개로 자연적 원인으로 인한 기근은 성경에서 그다지 흔하지 않다.[34] 그러므로 족장들이 언약의 땅에서 기근을 겪는다는 사실은[35] 특별한 의미가 있다. 창세기에서 언약의 땅은 '젖과 꿀이 흐르고 있는'것이 아니며, 신성한 약속은 수용자들에게 평안하고 안식을 주기 위한 것도 아니다. 자연과 인간이 만나는 현실은 가혹하기까지 하다. 그 땅에서 사는 것은 어렵고 때로는 위태롭다. 이 모든 것은 계속해서 이스라엘의 종교 의식에 영향을 미쳤다. 그것은 하나님의 보호에 대한 의존감을 높이고 하나님이 행하시는 신비한 일들에 대하여 더 큰 신뢰를 만들어 주었다.

---

[34] 삼하 21:1, 왕상 17:1, 18:2, 왕하 4:38, 룻 1:1을 보라!
[35] 창 26:1, 42:1, 43:1

그러므로 '그 땅 안에 기근이 있었다'는 것은 하나님의 특별한 계획이 있다고 보아야 한다. 그러면 토라에는 왜 성경 인물의 삶에서 중요하지 않은 사건에 대한 설명이 자주 나오는가? 이것은 독자들이 생각할 때 중요하지 않을 수 있지만, 토라는 모든 사람이 직면해야 하는 문제와 갈등에 직면했을 때 그들의 도덕적, 종교적 태도가 어떠했는지 보여주고자 한다. 토라는 도덕적 논문이나 종교적 원칙에 대한 토론보다 거룩한 사람들, 하나님의 사람의 행위와 삶에 대한 살아있는 예를 선호한다. 성경의 일반적인 개념은 윤리 수업보다 모범을 통해 더 가치가 드러남을 가르쳐준다.

가나안 땅의 기근 이야기는 이러한 관점에서 고려되어야 한다. 아브람은 얼마 전 하란을 떠나라는 하나님의 명령을 받았다. 그리고 그가 가나안에 도착하자마자 '다른 어떤 것보다 더 나쁜 기근'이 그에게 닥쳤다. 아브람은 그것에 대해 어떻게 반응할 것인가? 그는 하나님을 불신할까? 아니면 그가 하나님을 비난할까? 아브람은 잠시도 주저하지 않았다. 그는 의인의 절대적인 믿음으로 이 새로운 시련을 받아들인다. 그는 기근을 받아들이고 현명한 방식으로 행동한다.

탈무드는 '기근이 닥치면 다른 곳으로 가십시오'(Kamma 60b) 그리고 '기적을 의지 하지 마십시오'(Pesachim 64b)라고 가르친다. 아브람은 자신을 구할 새로운 기적을 기다리며 가나안에 머무르는 것이 적절하지 않다고 생각한다. 그래서 그는 긴급 재난을 피하기 위해 모든 합리적인 조치를 취한다. 그는 다시 남쪽으로 내려간다. 이는 하나님의 섭리 가운데 아브람을 이집트로 보낸다. 그러면 하나님은 왜 아브람을 이집트로 보내야 하는가?

나일강과 관개수리 시설 때문에 이집트는 하늘에서 내리는 빗물에 의존하지 않기 때문에 기근의 영향을 받지 않는 땅이다. 계속 남쪽으로 이주하여 네게브에 정착한 아브람이 그 땅에 기근이 오자 그곳에서 가장 가까운 나라인 이집트로 내려가는 것은 아주 논리적이다. 람반(Ramban)은 아브라함이 사래로 인한 자신의 삶에 대한 두려움 때문에 사래를 위험에 빠뜨리는 의도하지 않은 죄를 지었음을 암시한다(12, 13절 참조). 그리고 이집트로 가는 행위 또한 의도하지 않게 언약의 땅을 떠나는 의도적이지 않은 죄에 들어가는 것을 암시한다. 이 두 가지 경우 모두 그는 하나님께서 자신과 그의 아내와 그의 모든 재산을 구원해 주실 것이라고 믿어야 가능한 일이라고 유대인 성경학자들은 말한다.

그러나 대부분의 주석가들은 람반의 의견과 다르다. 투르(Tur)는 람반의 말을 인용하지만 다음 말에 동의하지는 않는다. 사라가 그의 누이라는 아브라함의 말에는 죄가 없는 것 같다. 그와는 반대로 음란하고 비도덕적인 이집트인들이 사라 때문에 그를 죽일 가능성이 높았지만 그는 기적에 의존하기를 거부했는데 이것이 아브람이 가지는 믿음의 강점이라고 생각한다.

아바르바넬(Abarbanel)은 말하기를, '아브라함이 이집트를 향하여 여행하는 것이나 사라에 대한 그의 계략에 죄가 있다고 할 수 없다'고 하였다. 가나안 땅의 기근으로 인한 가나안 사람들의 굶주림과 그로 인하여 아브람이 이집트에 내려가 잠시 우거(체류)하는 것은 하나님의 다른 의도가 있는 것으로 보인다. 물론 이 또한 하나님께서 아브람을 시험하신 열 가지 시험 중 하나라고 볼 수 있다. 하나님께서 의인의 위대함을 증명하기 위해 의인을 응원 하신다는 교훈은 유대인에게는 잘 알려져 있다. 현자들이 아브라함에 대해 증언한 것처럼 '시험에서 살아남은 사람을 죄인이라고 판단할 수 있다'고 말하는 것은 부적절하다. 그리고 '하나님께서 아브람을 함정에 빠뜨리기 위하여 아브람을 시험하셨다'고도 말할 수 없다.

사라와 관련하여 아바르바넬(Abarbanel)은 말하기를 '아브람이 그녀를 자신의 여동생이라고 말함으로 인하여 그녀를 위험에 빠뜨리는 것이 참으로 잘못된 일이라면, 그가 몇 년 후 블레셋을 여행할 때 똑같은 실수를 반복하지 않았을 것이다'고 주장했다(창 20:2). 만약 아브람이 사래에 대하여 그렇게 말한 것이 죄라면 이삭도 리브가에 대해 같은 죄를 지은 것이다(창 26:7).

아바르바넬은 아브람이 기근이 끝날 때까지 일시적으로 가나안을 떠나는 것이 금지되어 있다는 것을 전혀 몰랐다고 말하였다. 하나님이 계명을 주신 목적은 '사람을 계명에 의해 죽이려는 것이 아니라 계명에 의해 살리기 위하여서이다'고 했다(레 18:5).

아브람은 다음과 같은 현자들의 가르침을 위해서이다. '그 땅에 기근이 있을 때 그 땅에서 너의 발을 빼라'(Bava Kamma 60b). 이 가르침은 '다른 곳으로 이주하라'는 가르침으로 이해할 수 있다. 이러한 가르침과 아브람이 말한 다음 구문, '우거하기 위하여'라는 말로 미루어 볼 때, 아브람이 잠시 이집트로 향하여 가나안을 떠나는 동기는 죄가 아니라는 것을 암시한다.

더욱이 창세기 미드라쉬가 분명히 밝힌 것처럼, '자녀들이 가야 할 길을 아브람이 먼저 밟도록 하기 위해' 하나님은 아브람이 이집트로 가도록 영감을 주셨다. 그러나 아브람의 행위는 진실로 잘못 되었다고 말할 수 있었지만, 가장 의로운 사람들의 결점을 결코 비판하지 않는 것이 토라의 위대함의 일부이기 때문에 성경독자들은 이러한 구문을 읽을 때 괴로워하지 말아야 한다. 토라는 우리가 볼 때 아주 위대한 사람들조차도 그들의 무결함을 나타내고 증명하려 하지 않는다. 토라는 유대인의 위인(모세 포함)의 결점과 약점을 숨기지 않는다! 따라서 토라는 모범적이기 때문이 아니라 사건이 발생했기 때문에 일어난 일을 숨기지 않고 이야기한다. 이것은 위인이 그 사건과 관련된 것에 대한 꾸밈없는 진실성을 증명하는 것이다.

람반의 의견을 통해 우리는 '진실', '사실'이 우리 토라의 '인감도장'이라는 것을 알게 되며 과거의 영적 영웅을 표백하거나 그들을 옹호하는 자로 나타나서는 안 된다. 그러나 우리는 이러한 결정을 내리기 전에, 그리고 실제로 아브라함의 행위를 비난할 가치가 있다고 생각하기 전에 우리는 몇 가지 사실을 좀 더 면밀히 고려해야 한다. 현실적으로 닥치는 위험은 누구에게나 위협적인 사건임에 틀림없다. 그러므로 아브람 또한 그것을 피할 수 없다고 느꼈다. 훗날 아비멜렉과 이삭 사이에도 비슷한 사건이 있었으며 아브람의 아들도 똑같은 방법으로 피난처를 찾았다. 그렇다고 이 사건을 정당화하는 것은 잘못이다. 앞으로 우리가 계속 연구하여야 하지만 하나님은 한번 선택한 사람을 끝까지 보호하시며 책임지시고 돌보시는 것을 알고 하나님의 은혜를 발견해야 한다. 이때 우리는 내가 하나님을 선택한 것이 아니라 나를 선택해 주신 하나님께 감사하며 나를 선택하신 하나님은 나와 언제나 함께 하신다는 것을 잊지 말고 하나님의 말씀을 이루는 자리로 나가는 사람이 되어야 한다.

아브람은 이집트에 내려가서 정착하여 살기 위하여 간 것이 아니라 가나안 땅의 기근이 끝날 때까지 일시적으로 우거하기 위하여 이집트를 향하여 내려갔다. 현대에도 국경을 통과하려면 여러 가지 절차가 있는데 그때도 마찬가지일 것이다. 아브람 시대에 대국이었던 이집트 국경을 넘는 과정에도 다양한 일들이 있었을 것이다.

이집트의 람세스 2세 때 이집트 국경 관리들의 보고서에 따르면 지금 우리가 토라에서 읽는 이야기와 매우 유사한 사건들이 많이 있었다고 전한다. 그 시대의 '국경 재무 보고서'에 따르면, 에돔족 베두인들이 계절에 따라 델타에서 그들의 양떼들을 이끌고 이집트로 건너가려면 지불해야하는 비용이 있었다. '에돔 목자들의 걱정거리'는 델타에 있는 양떼들이다. 요새를 지나가도록 허락하여, 그들도 살고 그들의 가축을 살리는 것이 그들에게 중요한 문제이었다(ANET, p. 259).

아브람 또한 가나안 땅에 기근이 들어 지금 이집트로 내려가는데 정착하여 살기 위해서가 아니라 우거하기 위하여 내려가고 있다. 히브리어 단어 '라구르 לָגוּר 우거하기 위해'는 임시 거처를 말한다. 이 단어는 여러 가지 형태로 창세기에 10번 정도 나오는데, 언약의 땅과 이집트에서 모두 족장들과 그 후손들의 방랑과 지위와 관련하여 나온다.

고대 근동 지역의 모든 곳에서 '거주 외국인'은 법적 권리와 보호받을 장치가 없었기 때문에 전적으로 그 지역사회의 선한 선의와 베품에 의존할 수밖에 없었다. 성경 문헌에서 '구르 גּוּר'는 일반적으로 고아와 과부와 같이 사회의 소외된 사람들과 함께 분류되었는데 이들을 억압하는 것은 금지되어 있고 특히 그들의 필요를 채워 주어야 한다고 하였다.[36]

아브람이 이집트를 향하여 우거하기 위해 갈 수밖에 없었던 이유는 그

---

[36] 출 22:20(한 21), 신 10:18-19, 14:29

땅에 기근이 심하였기 때문이다. 이 말씀은 아브람이 그 땅을 떠나는 방법 밖에 대안이 없다는 것을 말한다. 그러므로 심한 기근, 기근이 무겁다고 하였는데 이는 헤아날 수 없는 기근이다. 바로 이 기근이 아브람이 약속의 땅을 떠나도록 인도하였다.

창세기 12:11 그가 애굽에 가까이 이르렀을 때에 그의 아내 사래에게 말하되 내가 알기에 그대는 아리따운 여인이라

	וַיְהִי	כַּאֲשֶׁר	הִקְרִיב	לָבוֹא	מִצְרָיְמָה	וַיֹּאמֶר
음역)	바예히	카아쉐르	히크리브	라보	미쯔라예마	바요메르
직역)	그것이 있었다	~한 것과 같이	그가 가까이 왔다	오기 위해	애굽을 향하여	그가 말했다

	אֶל־שָׂרַי	אִשְׁתּוֹ	הִנֵּה־נָא	יָדַעְתִּי	כִּי	אִשָּׁה	יְפַת־מַרְאֶה	אָתְּ׃
음역)	엘-사라이	이슈토	히네이-나	야다티	키	이샤	마르에-예파트	아트
직역)	사래-에게	그의 아내	제발-보세요	나는 안다	때문에	부인	보기에-예쁘다	당신

11절은 이집트 땅의 입장에서 말하는 구문이다. 아브라함은 이집트를 향하여 가고 있었는데 이집트 쪽에서 보면 이집트를 향하여 온 것이다. 토라는 왜 이렇게 표현하였는지 한 구문씩 읽으며 연구하는 것이 좋겠다.

아브람이 이집트 국경에 다가가자 그는 매우 아름다운 사래로 인하여 어떤 악한 이집트인이 자신을 죽이고 그녀를 데려가려는 유혹을 받을까 봐 두려워하였다. 아브람은 자신의 목숨을 구하기 위해 아내에게 자신을 오빠라고 말해달라고 부탁한다. 물론 아브람의 두려움은 근거가 없지는 않다.

그 시대 이집트에 사는 악한 사람들은 남편을 죽이고 아내를 취하는 일들이 있었기 때문이다. 사래는 남편의 말을 따르기로 하고 국경을 통과하려는데 바로의 관리들이 그녀의 아름다움을 보고 왕궁으로 그녀를 데리고 간다. 지금 아브람과 사래는 큰 위기를 만난다. 오직 하나님만이 그녀의 명예를 지켜주고 그녀를 안전하게 남편에게 돌아가게 할 수 있다. 앞에서 우리가 간단하게 살펴본 것과 같이 성경은 이와 유사한 사건을 두 번 다룬다. 한번은 그랄 왕 아비멜렉과 관련하여(창 20:1~18) 그리고 한번은 같은 장소에서 이삭과 리브가와 관련하여(창 26:1, 6-11) 나온다.[37] 현대 비평 학자들은 한 가지 에피소드가 다른 문헌에 인용되면서 3가지 다른 이야기처럼 되었다고 가정한다.

문학적 개념과 고대 세계의 규범에 따르면 반복은 서사적 전통의 특징들 가운데 하나의 특징이다. 성서의 주석가는 가르치기를 비슷한 종류의 기사를 반복하는 것은 교훈적인 목적을 강조한다고 한다. 그러나 우리가 알아야 할 것은 한 가지 이야기를 다른 각도에서 각색하고 반복하여 여러 번 기록하는 것이 아니라 같은 사람이 같은 실수를 반복하더라도 그것을 반복하여 기록하는 것은 그 사건을 통하여 가르치려는 교훈이 있다는 것을 알고 그 교훈을 찾아야 할 것이다.

---

[37] 성경 비평가들은 아브람 에피소드를 E 문서에 할당하고 이삭과 관련된 에피소드를 J 또는 J의 변형 문서에 배당하였다. 이 세 가지 에피소드 가운데 어느 것이 원본이며 그 세 가지 기사를 대표해야 하는지에 대한 의견의 일치가 없다.

고대 근동의 문헌 가운데 다른 문헌을 읽어 보는 것도 좋을 것이다. 가나안 서사시와 그리스 서사시 가운데 영웅이 아름다운 아내를 가지고 있었는데 아름다운 아내가 납치당하는 주제를 다루는 문헌을 읽을 수 있다. 우가릿 문헌에서 그의 사랑스러운 배우자 후래(또는 후리야)를 잃어버린 케렛 왕의 이야기도 읽을 수 있다. 그는 그녀를 통해 자신의 계보를 이어갈 자녀를 출산할 계획이었기 때문에 왕은 그녀를 되찾아 오기 위해 군사를 동원하였다.

그리스 권역에서도 물론 이와 유사한 에피소드인 '트로이의 헬렌(Helen of Troy)의 전설'이 있다. 그녀는 젊은 시절에 테세우스에 의해 두 번이나 납치 되었다. 그녀가 파리에 의해 트로이로 납치된 것이 트로이 전쟁의 원인이었다. 이처럼 이교도 국가들의 관능과 부도덕이 널리 알려져 있었던 고대 근동지방에서 빼어나게 아름다운 부인을 두고 있었던 아브람은 이집트 국경을 넘으려는 순간 두려움이 있었을 것이다.

그러나 아브람의 기사에서 우리가 관심을 가져야 할 중요한 관심사는 하나님의 약속이 이루어지지 못할 것 같은 순간에 하나님이 친히 개입하셔서 그들 모두를 보호하시고 제 자리로 돌려놓으신다는 것이다. 토라가 우리에게 가르치는 교훈은 세상의 왕들처럼 전쟁을 통하여 모든 것을 회복하는 것이 아니라 하나님의 개입으로 모든 것이 회복되었다는 것이다.

본문은 '이집트를 향하여 오는 것이 가까이 와졌었다'인데 한글로 읽으면 아주 어색하다. 그러나 그 의미를 주의해서 읽으며 묵상해보면 그 의미를 이해할 수 있다. '아브라함이 이집트를 향하여 가까이 오는 것이 만들어졌다'는 말에서 '히크리브 הִקְרִיב'는 히프일형으로 사역 능동형으로 쓰였다. 그러므로 '누군가가 아브람이 이집트를 향하여 가까이 오게 만들었다'는 말이다. 이 말은 하나님이 특별히 그렇게 만들어 놓으신 것이다라고 해석 할 수 있다. '가까이 왔다'는 말은 아브람이 주변의 정세를 보고 파악하고 이집트 가까이 와 있다는 것을 알게 되었다는 말이다. 그때 아브람은 이집트 사람들은 어떤 사람인지, 그들의 전통 가운데 특별한 어떤 것이 있는지 등을 알아야 지금 중대한 결정을 내릴 수 있다. 아브람은 이집트 국경을 넘으려는 순간 이집트인들의 문화와 전통을 알게 되었다. 부부가 국경을 넘어가는 경우 부인이 아름다우면 그 아름다운 부인을 취하기 위하여, 그 땅의 악한 자는 남편을 죽인다는 것을 알게 되었다. 창세기 12장에는 그처럼 악한 사람에 관한 이야기가 나오지 않지만 20장을 읽어 보면 조금은 이해할 수 있다(창 20:11).

아브람은 그의 부인 사래에게 말한다. '보세요, 나는 당신이 아름다운 외모를 가지고 있다는 것을 안다.' '보세요'라는 말은 히브리어로 '히네이-나 הִנֵּה־נָא'인데, '제발 여기보세요' 또는 '제발 좀 알아주세요'라는 말이다. 이 구문은 '아주 중요한 것을 청원할 때에 하는 말'이다. 창세기 16장 2절을 읽어보면 '사래가 아브람에게 이르되 여호와께서 내 출산을 허락하지 아니하셨으니 원하건대 내 여종에게 들어가라 내가 혹 그로 말미암아 자녀를 얻을까 하노라 하매 아브람이 사래의 말을 들으니라'하였다.

사래가 한 말 가운데 '내 여종에게 들어가라'는 히브리어로 '보-나 엘-쉬프ㅎ카티 בֹּא־נָא אֶל־שִׁפְחָתִי'인데 이 또한 사라가 절박한 상황에서 아브람에게 부탁하는 장면이다. 지금 아브람은 이집트 국경을 넘으려는 순간 아주 절박한 상황에서 부인에게 이렇게 하면 좋겠다고 말하는 장면이다.

이어지는 구문은 '아브람이 부인에게 이렇게 부탁해야 하는 이유'를 두 가지로 부인에게 설명한다. 첫 번째 이유는 11절 하반 절에 나오고 두 번째 이유는 12, 13절에 나온다. 첫 번째 이유는 '당신은 보기에 아름다움이 있는 부인'이기 때문이라 한다. 이 말은 '아브람 자기가 보기에만 아름답고 예쁜 것이 아니라 다른 사람이 보기에도 아름다운 부인'이라고 말하는 것이다. 이집트에 사라보다 더 예쁜 여자가 없었을까? 이집트 관리인이 보기에 '사라는 너무 아름다워서 왕에게 보고할 정도로 아름다웠다'는 말이다.

우리는 잠시 창세기 10장에 나오는 함의 족보를 간단히 살펴보면 좋겠다. 6절을 읽어보면 '함의 아들은 구스와 미스라임과 붓과 가나안이요.'인데 이 절을 새번역으로 읽어보면 '함의 자손은 구스와 이집트와 리비아와 가나안이다'고 하였다. 두 번역본을 비교하여 보면 개역개정에 나오는 '미스라임'이 새번역에서는 '이집트'로 나온다. 이는 히브리어로 '미쯔라임 מִצְרַיִם' 은 '이집트'이기 때문에 그렇게 번역한 것이다.[38] 그러므로 함의 후손은 흑인이기 때문에 이집트인들은 흑인인데 사라는 셈의 후손이라 얼굴색이 검지 않았다. 피부색이 검은 사람들이 사는 곳에 피부색이 그들과 다른 사람이 나타나게 되면 사람들의 눈에 뜨일 수밖에 없다. 그래서 아브라함은 두려워하게 되었는데 그 시대의 환경에서 아브람의 입장을 바라본다면 그가 두려워하는 것은 자연스러운 현상으로 보인다.

아름다운 여인 사래는 아브람 보다 10살 어린 나이로 당시 65세였다.

> 사라, 그녀의 뛰어난 아름다움은 고대 유대인들을 매료시켰고 많은 사람들에게 주목을 받았다.[39]

---

[38] 이집트는 함의 아들 미쯔라임의 땅이다. 시편은 이를 함의 장막 또는 함의 땅이라는 말로 표현하기도 한다(시 78:51, 시 105:23, 27, 106:22).
[39] 사라의 나이, Gen. 12:4, 17:17 보라. 사라의 아름다움에 대하여, 12:14,15, 26:7과 비교. So Gen. Apoc. 20.1-9, Josephus, Ant. I.8.1(Loeb, p. 81), Gen. R. 40:4 Meg. 14a, BB 58a, Sanh. 39b.

창세기 12:12 애굽 사람이 그대를 볼 때에 이르기를 이는 그의 아내라 하여 나는 죽이고 그대는 살리리니

	וְאָמְר֛וּ	הַמִּצְרִ֖ים	אֹתָ֑ךְ	כִּֽי־יִרְא֤וּ	וְהָיָ֗ה
음역)	버아머루	하미쯔림	오타ㅋ흐	이르우-키	버하야
직역)	그들이 말할 것이다	그 애굽사람들이	당신을	그들이 보는-…한 것	그것이 있을 것이다

	יְחַיּֽוּ׃	וְאֹתָ֖ךְ	אֹתִ֛י	וְהָרְג֥וּ	זֹ֑את	אִשְׁתּ֣וֹ
음역)	여ㅎ카유	버오타ㅋ흐	오티	버하러구	조트	이슈토
직역)	그들이 살릴 것이다	그리고 당신을	나를	그들은 죽일 것이다	이것이	그의 부인

이 절을 우리가 풀어서 말하면 '이집트 사람들이 당신을 보게 되면 그들은 당신의 남편인 나를 죽이고 당신은 살릴 것이다'는 말이다. 아브람은 이집트 사람들이 사래를 보자마자 그녀의 아름다움에 매료될 것이라는 사실을 알았다. 그 시대는 남편을 죽이지 않으면 다른 사람의 아내를 부인으로 취할 수 없었다. 그래서 아브람을 죽이고 사래는 살릴 것이라고 말하였다.

아브람 시대의 이집트인과 블레셋인의 부도덕한 문명과 문화와 전통에서 보면, 미혼 여성은 결혼한 여성보다 더 잘 대해주고 보호하는 관습이 있었다. 결혼한 여성의 경우, 특히 외국인인 경우에는 특정 위험에 직면하기도 했다. 그녀의 남편을 살해하고 아내를 납치하는 일은 종종 있었다. 그러나 오빠를 동반한 미혼 여성은 상황이 달랐다. 왜냐하면 그때나 지금이나 여인을 얻으려면 그녀의 오빠의 호의를 얻어야 했기 때문이다. 여인의 오빠의 허락을 얻어야 자기가 원하는 여인을 얻을 수 있었기 때문이다.

이러한 고대 문헌을 접하다 보면 다윗과 밧세바 사건이 우리의 뇌리를 스치기도 한다. 다윗이 밧세바를 취하는 과정을 잠시 묵상해보면 좋겠다. 다윗이 우리아를 죽인 것은 무엇 때문인가? 남의 아내를 자신의 아내로 취할 수가 없기 때문이다. 그래서 다윗은 그녀의 남편을 합법적으로 죽여야 했다. 그래서 가장 격렬한 전쟁터에 우리아를 보내 전사하게 만들었다.

이처럼 이집트인들이 매우 아름다운 사래를 취하려면 사래의 남편인 아브람을 죽여야 할 것이다. 아브람은 이것을 너무나 잘 알고 있었기에 사라에게 이런 제안을 하는 것은 이해가 되기도 한다.

그러나 하나님의 사람인 아브람이 그 방법밖에 없었을까를 생각하면 마음이 무거워진다. 그렇다고 어느 누가 아브람을 비난할 수 있을까? 탈무드에 보면 '그 사람의 신발을 신어보기 전에는 그 사람을 비평하지 말라'고 가르친다. 우리 속담에 '네가 그 사람의 입장이 되어 보기 전에 말하지 말라'는 말과 같다. 성경독자 여러분도 한 번 생각해보면 좋겠다.

내가 아브람의 자리에 있었다면 나는 어떻게 하였을까?

창세기 12:13 원하건대 그대는 나의 누이라 하라 그러면 내가 그대로 말미암아 안전하고 내 목숨이 그대로 말미암아 보존되리라 하니라

	אִמְרִי־נָא	אֲחֹתִי	אָתְּ	לְמַעַן	יִיטַב־לִי
음역)	나-이므리	아ㅎ코티	아트	러마안	리-이타브
직역)	제발-말하세요	나의 누이	당신은	~하기위해	나에게-그것이 좋을 것이다

	בַּעֲבוּרֵךְ	וְחָיְתָה	נַפְשִׁי	בִּגְלָלֵךְ:
음역)	바아부레이ㅋㅎ	버ㅎ카여타	나프쉬	비글랄레이ㅋㅎ
직역)	당신의 도움으로	그녀가 살 것이다	나의 네페쉬가	당신 때문에

'제발'이라는 말은 그 말을 듣는 사람에게 명령하는 것이 아니라 그를 가장 높이며 존경하며 그에게 부탁하는 말을 할 때 주로 사용한다. 다시 말해서 아내를 존경하며 아내에게 그렇게 해 줄 것을 간절히 소망한다는 말이다. 아브람은 그의 부인 사래에게 함께 살 수 있는 길이 이것 밖에 없다는 것을 말하고 있다.

그러므로 '제발 말하세요'라는 말은 '명령이 아니라 정중한 간청'이다. 아브람이 간청하는 내용은 '당신은 내 누이동생이다'고 말하는 것이다. 성경을 읽어보면 성경에 등장하는 영웅 같은 인물들을 '반신(ㅎ카찌이 에일림 אֱלִים)'이나 '완전한 인간'으로 성경은 묘사하지 않는다. 그들은 육체와 피를 가진 다른 모든 인간과 똑같이 세상에 존재하는 모든 것으로부터 유혹받는 약점을 가지고 있는 인간이다. 하나님의 말씀을 말씀대로 믿는 아브람은 하나님을 믿지 않는 사람들이 행할 수 있는 악을 두려워한다. 안타깝게도 우리가 성경을 읽을 때 아브람은 자신의 생명을 구하기 위해 자신의 아내에 대하여 허위 진술을 하므로 아내의 명예를 위태롭게 하는 것처럼 보인다. 사래가 남편과 공모할 수밖에 없었던 이유는 남편의 생명을 살리기 위한 자기희생의 최선의 행위이다.

성경을 읽는 독자는 아브람의 행위를 어떻게 판단할 것인가? 다양한 의견이 제시될 것이다. 여러분도 스스로 아브람의 입장에서 아브람을 어떻게 판단할지 생각해보면서 이 세상에서 우리를 유혹하는 세력을 어떻게 극복할 수 있는지 답을 찾아보면 좋겠다.

람반(Ramban)은 이 구문을 다음과 같이 설명하였다. '우리 조상 아브람이 살해당할까봐 두려워서 덕이 있는 아내를 타협하는 제물로 내어 놓는 실수로 큰 죄를 지었다는 사실을 알고 있어야 한다. 그는 자신과 그의 아내와 그가 가진 모든 것을 구원하기 위해 하나님을 신뢰했어야 했다. 왜냐하면 전능하신 하나님은 아브람을 돕고 구원할 능력을 가지고 계신다.'

이와 같은 비판적인 견해와는 정반대로, 아브람이 두 가지 악 사이에서 선택을 해야만 하는 도덕적 딜레마에 직면해 있다는 것이 라닥(Radak)의 분석이다. 그가 진실을 밝히면 그는 살해될 것이고, 도덕성이 낮은 외계 사회에서 아름답고 보호받지 못한 그의 아내는 분명히 수치와 학대의 삶에 처하게 될 것이다. 그러나 그가 속임수에 의지한다면, 그녀는 일부 이집트인에게 공격당할 수 있지만 적어도 남편과 아내 둘 다 살아남을 수 있다. 이러한 상황에서 아브람이 어떠한 조치도 취하지 않고 하나님의 기적을 바라며 가만히 있어야 하였는가?

라닥의 해석의 단점이 무엇이든 지금 족장이 직면한 도덕적 문제는 매우 현실적이다. 그의 결정에는 가치계층 구조 내에서 인간의 삶과 인간의 존엄성 사이의 갈등이 포함되어 있다.

아마도 오늘날의 우월한 도덕 기준으로 아브람의 행동을 판단하는 것이 불공평하다는 것이 일부 현대 주석가들의 겸손한 견해이다. 아브람의 상황은 기사도와 도덕성의 혼돈 속에서 아브람으로 하여금 갈등하게 하고 있다.

아브람은 사래에게 '당신은 나의 누이동생'이라 말하라고 부탁했는데, 아브람이 사용한 '누이동생'이라는 말을 히브리어로 읽으면, 아브람의 말이 노골적인 거짓보다는 어느 정도 모호함에 의지하는 것처럼 보인다. 창세기 20장 12절을 읽어보면 어느 정도 사실인 것으로 보인다. 그리고 그 당시에 부인을 누이동생이라고 말하는 것은 부인을 향한 사랑의 표현으로 이해하기도 하였다.[40] 이집트어에서도 '자매'는 연인과 아내 모두에게 사용되었다. 그러나 이러한 자료들보다 훨씬 더 많은 것이 있을 수 있다.

고대 근동에는 오랜 기간 동안 존재했던 유명한 사회 법적 제도인 '우애주의'가 있었다. 아버지가 없는 경우, 그 형제는 특별히 여 형제를 대신하여 결혼을 주선할 의무와 책임이 여인의 남 형제에게 있었다. 현대 말로 말하면 남 형제가 여 형제의 법적 후견인이 되었다. 그러므로 사래를 아내로 데려 가고 싶은 사람은 누구든지 그녀의 '남 형제'와 협상을 해야 할 것이다. 이런 식으로 아브람은 그들이 탈출할 계획을 수립할 시간을 얻을 수 있었다고 볼 수도 있다. 그러나 사래를 취하려는 이집트인이 이집트 왕 바로

---

[40] 아 4:9–10, 12, 잠 7:4. C. H. Gordon, "Fratriarchy in the Old Testament," JBL 54 (1935): 223–234, S. Greengus, "Sisterhood Adoption at Nuzi and the 'Wife-Sister' in Genesis," HUCA 46 (1975): 5–31,을 참고.

였다는 것이 밝혀지는 순간 아브람의 모든 계획은 수포로 돌아갔다. 하나님은 이 일에 개입하셔서 모든 일이 꼬이게 하는 것처럼 보이게 한다. 아브람과 사래의 입장은 난처하기 그지없게 되었다. 왜 하나님은 아브람의 일을 이처럼 어렵게 만들어 가는가? 우리는 하나님의 의도가 무엇인가를 찾기 위하여 말씀을 읽고 묵상하고 기도하며 연구하여야 할 것이다.

다음 구문을 한글성경으로 읽어보면 '그러면 내가 그대로 말미암아 안전하고 내 목숨이 그대로 말미암아 보존되리라 하니라' 하였는데 이 말의 의미가 무엇인지 분명하지 않다. 사실 이 구문은 아브람이 아내 사래에게 그렇게 말하라고 부탁한 이유를 설명하는 구문이다. 그래서 히브리어 성경에서는 '러마안 לְמַעַן' 즉 '…하기 위해'라는 단어가 나온 것이다. '러마안 לְמַעַן'을 따라 나오는 두 구문은 두 개의 개별 아이디어가 아니라 단일 생각을 표현하고 있다. 이것은 '왕이 복을 받아 생명을 보전하시리이다'는 예레미야 38장 20절의 문맥과 유사하다.

라쉬(Rashi)는 이 구문을 '당신으로 인하여 내가 잘 될 것이다'는 말로 이해하였는데 이 말을 다시 풀어 보면 '그들은 나에게 선물을 줄 것이다'라고 의역하였다. 그렇다고 라쉬(Rashi)는 아브라함이 속임수를 써서 이익을 취하려는데 관심이 있다는 것을 의미하지 않는다. 오히려 아브람의 계획은 이집트 고관들이 사래와 결혼하기 위하여 아브람의 허락을 받기 위하여 그에게 선물을 준다는 말로 이해하였다.

후에 우리는 아브라함이 어떻게 예우되었는지를 읽을 수 있는 것처럼, 대중들조차 아브라함을 해치는 것을 두려워하고 사라의 안전은 보장되기를 원할 것이다(Gur Aryeh). 스포르노(Sforno)와 말빔(Malbim)은 말하기를,

옛날에는 결혼 허가를 받기 위해 예비 신부의 가족들에게 선물을 주는 것이 관습이었다고 하였다. 그래서 말빔은 '바아부레이크흐 בַּעֲבוּרֵךְ'는 '당신을 얻는데 승리하기 위하여'라 하였다. 이 해석에 따르면 '당신을 얻는데 승리하기 위하여 나에게 선물을 줄 것이다'고 번역할 수 있다.

많은 사람들이 당신을 얻기 위하여 나에게 많은 선물들을 가지고 와서 당신과 결혼을 허락해줄 것을 제안할 때 나는 그들의 모든 제안을 조금씩 반복하여 연기할 것이다. 이것은 결과적으로 내가 당신 때문에 사는 원인이 될 것이다. 이 구문에서 '당신 때문에'라는 구문은 히브리어로 '비글라레이크흐 בִּגְלָלֵךְ'인데 이 구문에는 다음과 같은 의미를 함축하고 있다.

'그러한 일련의 과정에서 우리는 탈출을 계획할 것이다.'

한글 성경은 '당신 때문에'라고 두 단어를 똑같이 번역하였는데 우리가 위에서 살펴본 것처럼 히브리어로 읽으면 두 단어가 다르기 때문에 다양한 해석을 할 수 있다. 마지막 구문은 '나의 영이 당신 때문에 살 것이다'이다. 여기서 '당신 때문에'라는 말은 '당신의 진술 때문에'라는 말로 '당신이 나를 남자 형제라고 말한 것 때문에'라는 말이다(Onkelos).

라닥(Radak)에 따르면 두 번째 구문은 첫 번째 구문을 설명한다고 하였다. 첫 번째 '아브람은 당신 때문에 나에게 좋게 될 것'이라고 했는데 '좋게 된다'는 말은 '나의 네페쉬가 당신 때문에 살 수 있다'는 의미라고 설명한 것이라 하였다.

하나님은 사래의 진술을 통하여 아브람이 자신의 생명을 얻는 것 이외에 어떤 것도 얻으려는 것을 금하셨다. 아브람이 사라를 보호하기 위해 싸우는 대신 속임수를 선택한 것은 그녀의 안전에 대한 그의 책임을 포기한 것이 아니라 그녀와 자신 두 사람이 살 수 있는 길을 찾아가는 방편이었다 (Chizkuni).

유대인 주석가들의 생각을 간략하게 다시 정리해 보면 다음과 같다. 아브람이 사라를 팔아먹었다는 말로 해석해서는 안 된다. 이는 우리(아브람과 사래)가 함께 살 수 있는 방법이 당신에게 달려 있소 라는 말을 한 것이다. 당신이 나에게도 좋고 당신에게도 좋게 할 수 있는 말을 하느냐 하지 않느냐 하는 것은 당신에게 달려 있소 라는 말이다.

당신이 어떻게 대답하느냐에 따라 우리의 운명은 달라질 수 있다고 아브람은 말하고 있다. 이러한 장면을 보면서 탈무드는 '이 세상에 신적인 사람은 없다'라고 하였다. 즉 이 세상에 완전한 사람은 없다고 하였다. 이 말은 아브라함을 옹호하는 해석이다.

그러기에 남자와 여자가 연합하여 하나를 이룬다고 했는데, 이 중요한 순간에 둘이 연합함으로 말미암아 둘이 살 수 있다고 말하는 것이지, 여자 혼자서 팔려가고 나 혼자 잘 살겠다고 말하는 것이 아니라는 말이다. 탈무드의 해석을 요약하면 다음과 같다.

이제 우리가 계획하고 당신이 할 수 있는 능력을 다하고, 또한 내가 할 수 있는 능력을 다하고 난 후에 나머지의 몫은 하나님의 몫이다. 여기서 우리가 최선을 다하여야 한다. 그리고 그 다음은 하나님께 맡기자 라고 말한 것이다.

창세기 12:14 아브람이 애굽에 이르렀을 때에 애굽 사람들이 그 여인이 심히 아리따움을 보았고

	הַמִּצְרִים	וַיִּרְאוּ	מִצְרָיְמָה	אַבְרָם	כְּבוֹא	וַיְהִי
음역)	하미쯔림	바이르우	미쯔라예마	아브람	커보	바여히
직역)	그 애굽사람들이	그들이 보았다	애굽을 향하여	아브람이	왔을 때가	그것이 있었다

	מְאֹד:	הִוא	כִּי־יָפָה	אֶת־הָאִשָּׁה
음역)	머오드	히	야파-키	하이샤-에트
직역)	매우	그녀가	예쁨-…한	그 여인-을

이집트 이민관의 입장에서 아브람의 일행이 이집트를 향하여 들어오고 있었다는 말이다. 여러분이 해외여행시 국경을 통과할 때 이민관이 자리에 앉아 있으면서 여러분을 오라고 손짓하는 것과 같다고 보면 된다. 본문을 읽어보면 사래는 너울을 쓰지 않은 것 같다. 리브가가 아브라함의 종과 함께 가나안으로 들어올 때 멀리 있는 이삭을 보고 저기 저 사람이 누구냐고 종에게 물은 다음 그녀는 너울로 얼굴을 가리었다고 하였다(창 24:65).

지금 아브람과 사래가 당황하는 일이 벌어지고 있다. 사래의 빼어난 미모로 인하여 그들이 계획한대로 일이 풀려가지 않는다. 아브람이 걱정하였던 대로 이집트 사람들이 사래를 보자마자 사래의 미모에 빠져들고 마는 모습이다. 그녀를 본 이집트 사람들은 누구든지 이렇게 말했다. '이 여인은 위대한 왕자들을 맞이할 아름다움을 소지하였다.' 그녀의 아름다움에 대한 그들의 칭찬의 함성은 왕궁에 들리어졌다. 왕궁으로부터 왕의 신하들이 와서 그녀를 보자 그들 또한 그녀의 아름다움에 매료되었다. 그녀의 그

때 나이는 예순다섯 살이었지만 젊었을 때의 아름다움을 간직하고 있었다 (B'chor Shor).

창세기 12:15 바로의 고관들도 그를 보고 바로 앞에서 칭찬하므로 그 여인을 바로의 궁으로 이끌어들인지라

	אֹתָהּ	וַיְהַלְלוּ	פַרְעֹה	שָׂרֵי	אֹתָהּ	וַיִּרְאוּ
음역)	오타흐	바예할루	파르오	사레이	오타흐	바이르우
직역)	그녀를	그들이 찬양했다	바로의	관리들	그녀를	그들이 보았다

	פַּרְעֹה:	בֵּית	הָאִשָּׁה	וַתֻּקַּח	אֶל-פַּרְעֹה
음역)	파르오	베이트	하이샤	바투카흐크	파르오-엘
직역)	바로의	집	그 여인이	그녀가 취하여지게 만들어졌다	바로-에게

15절을 읽어보면 '사래가 나는 아브람의 누이동생'이라고 말할 겨를도 없었던 것 같다. 이집트의 관리들이 사라를 보자마자 즉시 바로에게 알리고 즉각적으로 취하여 데리고 간 것으로 보인다. 그러기에 아브라함이 거짓말을 해서 사래가 바로에게 잡혀간 것이 아닌 듯이 보인다. 이집트 왕 바로가 여자를 취하여 갈 때 누가 감히 무슨 말을 할 수 있을까?

바로의 관리들이 그녀를 보았다. 그들은 그녀를 대중으로부터 막았지만 관리들 스스로가 그녀를 터치하는 것조차 두려워했다. 왜냐하면 그들은 왕이 그녀를 원하게 된다는 것을 알고 있었기 때문이다(Ramban). 사라를 본 바로의 신하들이 말하는 대로, 그들의 눈이 세상에 악을 일으키므로, 모든 악한 백성은 차라리 장님이 되는 것이 더 나았을 것이다(Bamidbar Rabbah).

바로의 관리들은 바로에게 그녀에 관하여 보고하였다는 말인데, 사래가 얼마나 아름다웠으면 그들의 왕에게 '그녀를 찬양했다'고 말했을까? 관리들은 그녀를 보는 순간 그녀의 아름다움을 다른 말로 표현할 수 없기 때문에 그저 '찬양했다' 또는 '자랑스러워했다'고 말한 것이다. 그들의 왕에게 그렇게 말해도 문제가 없다는 것이다. 왜냐하면 왕이 그녀를 보더라도 그녀의 아름다움에 매료될 수밖에 없다고 생각했기 때문이다. 다시 말해서 '관리들은 서로서로에게 "이 여인은 왕을 위하여 준비된 사람"이라고 소리쳤다'는 말이다.

'그 여인은 바로의 궁으로 데려감을 당하였다.' 바로의 집은 바로의 궁을 말하는데 사래가 바로 왕의 왕궁으로 가게 될 것이라는 생각은 아브람과 사래가 전혀 예상하지 못한 유일한 일이었다. 사래의 의지와 상관없이 사래는 바로의 왕궁으로 가야 했다. 마치 에스더가 자신의 의지와 상관없이 왕궁으로 가게된 것과 비슷하다(에 2:8). 바로의 관리들은 그들이 왕을 위하여 사래를 보내면 왕이 보자마자 사래를 스스로 원하게 될 것이라고 생각했다. 지참금을 얼마를 줄지는 아무도 모르지만 왕은 최고의 지참금을 내놓을 수 있는 유일한 사람이다.

후에 우리가 읽게 되지만 아브람은 양, 소, 나귀, 노예와 여종, 암 나귀, 낙타를 받아들일 수밖에 없었다. 이제 아브람과 사래에게 탈출구는 보이지 않았다. 아브람과 사래는 고난의 시기에 유대인이 선택하는 최후의 수단인 기도속으로 피하는 길밖에는 다른 방법이 없었다. 그 두 사람은 각자 하나님께 간절히 도움을 구하는 길 외는 어떤 것도 할 수 없었다. '아브라함의 방패(창 15:1)'인 하쉐임은 잠언 12장 21절[41]에 말씀하신 것처럼 그들의 기도에 응답하셨다.

아브람과 사래의 일행이 계획을 한 것이든 아니든 그 일행은 왕궁으로 갈 수밖에 없게 되었다. 이 또한 하나님의 손길이라는 것을 그들은 먼 훗날 알게 되었을 것이다.

우리에게 닥치는 환란이 욥이 당하는 것처럼 하나님의 허락하심이라면 이겨내는 것이 최고의 방법이다. 이러한 단계까지 믿음이 성장하기를 기원한다.

---

[41] 의인에게는 어떤 재앙도 임하지 아니하려니와 악인에게는 앙화가 가득하리라(잠 12:21)

창세기 12:16 이에 바로가 그로 말미암아 아브람을 후대하므로 아브람이 양과 소와 노비와 암수 나귀와 낙타를 얻었더라

	צֹאן־וּבָקָר	וַיְהִי־לוֹ	בַּעֲבוּרָהּ	הֵיטִיב	וּלְאַבְרָם
음역)	우바카르-쫀	로-바여히	바아부라흐	헤이티브	우러아브람
직역)	그리고 소-양	그에게-그것이 있었다	그 여자 때문에	그가 좋게 만들었다	아브람을 위하여

	וּגְמַלִּים:	וַאֲתֹנֹת	וּשְׁפָחֹת	וַעֲבָדִים	וַחֲמֹרִים
음역)	우거말림	바아토노트	우셔파ㅎ코트	바아바딤	바ㅎ카모림
직역)	그리고 약대들	그리고 암나귀들	그리고 여종들	그리고 남종들	그리고 숫나귀들

'그가 아브람을 위하여 좋게 만들게 하였다'는 구문은 다양한 의미를 가진다고 볼 수 있다. 누가 아브람에게 그렇게 되게 만들었다는 말인가? 이집트의 왕 바로인가? 아브람의 방패인 하쉐임 하나님인가? 그러나 '누가 그렇게 만들었나'가 중요한 것이 아니라 13절에서 아브람이 말한 것과 같은 일이 일어나고 있다는 것이 놀라운 일이다.

이 구문은 13절과 연결하여 연구하여야 하며 다음 절에서 하나님의 개입을 말씀하신다. 하나님은 아브람의 입술을 통하여 말하게 만들었으며 아브람이 말한 대로 이루어 가시고 계신다. 우리가 잘 알고 있는 결과처럼 아브람은 고통을 당하거나 죽임을 당하지 않았다. 놀라운 기적이 일어난 것이다. 독자들이 생각하기에 '이제 아브람은 큰일 났구나'하는 일은 일어나지 않고 오히려 아브람은 많은 부를 얻었는데 그 출처는 아직 설명하지 않았다(창 20:14, 16 참고). 아브람의 부와 소유에 대한 언급은 아브람의 인생에서 펼쳐질 사건의 배경을 제공해준다.

13절과 본 절에 나오는 단어 '바아부라흐 בַּעֲבוּרָהּ'는 '그녀를 통하여 생산 되는 것으로 인하여'라는 의미를 가진 구문으로 일반적으로 '그녀 때문에'라 번역하였다. 탈무드는 이 구문을 아주 특이하게 해석하는 것을 볼 수 있다.

가정에서의 번영과 가정생활의 축복이 아내에게 달려 있음을 가르쳐 주는 구문이다. 이 절과 다음 절에 설명된 선함의 묵시적 주제이자 원천은 바로가 아니라 아브람의 방패이신 하쉠임이라는 것을 성경을 읽는 독자에게 알려준다(Maharsha, Torah Temimah, Tosefes Brachah 참조).

사람들은 말하기를 '그의 부인 때문에 존경과 복을 받는다'하였다. 토라에 기록된 말씀대로 '그는 그녀 때문에 아브람을 잘 대해 주었다.' 마후자의 라바는 그의 도시의 사람들에게 말했다. '아내를 공경 하라! 그러면 당신들은 부유해질 것이다.'(Bava Metzia 59a).

히브리어 단어 '쫀 צֹאן'은 양과 염소를 포함한다고 읽는 것이 좋을 것이다. '양과 염소는 일반적으로 함께 떼를 지어 다니기' 때문에 붙여진 이름이 '쫀 צֹאן'이다. '쫀 צֹאן'은 문자적으로 '가축 떼'를 나타내는 말로 쓰인다(레 1:10 참고). 그리고 '소'라고 번역된 히브리어 바카르 בָּקָר는 가축화된 소를 가리키는 일반적인 용어이며 이 단어 또한 일반적으로 무리, 또는 집단으로 나온다.

나귀를 가리키는 히브리어 'ㅎ카모르 חֲמֹר'는 남성 복수형으로 쓰여 '숫나귀들'을 말하는데, 이는 아프리카 '들 나귀(Equus asinus)'의 한 종류로 집에서 기르는 나귀를 말한다. 나귀는 사람이 타고 다니거나 쟁기를 끄는 동물로 이스라엘 농촌에서 아주 중요한 역할을 하는 가축이었다(신 22:10). 또한 나귀의 중요성은 다음과 같은 사실에서 추정해 볼 수 있다. 나귀는 부정한 동물이지만 첫 새끼의 대속이 필요한 유일한 동물이다.

> 나귀의 첫 새끼는 어린 양으로 대속할 것이요 그렇게 하지 아니하려면 그 목을 꺾을 것이며 네 아들 중 장자는 다 대속할지며 빈 손으로 내 얼굴을 보지 말지니라(출 34:20)

다음 구문은 '남종들과 여종들'인데 '남종들'이라는 히브리어 단어는 '아바딤 עֲבָדִים'으로 완전 철자법을 사용하고 있는 반면 '여종들'을 가리키는 히브리어 단어 '셔파ㅎ코트 שְׁפָחֹת'는 불완전 철자법을 사용하였다. 다시 말해서 여성 복수 어미인 '오트'에서 '바브 ו'가 생략되었다. 이는 앞에 나오는 남종들과 부부가 되는 종들을 가리키는 것으로 이해하는 것이 좋을 것 같다.

이제 마지막 구문을 읽어보면 '암 나귀들과 낙타들'이 나온다. 이 구문에도 낙타들은 '거말림 גְמַלִּים'으로 완전 철자법을 사용하였으며 '암 나귀'를 가리키는 '셔파ㅎ코트 שְׁפָחֹת'는 불완전 철자법을 쓰고 있다. 이 또한 앞에 나오는 '숫 나귀'와 짝을 이루는 '암 나귀'로 봄이 좋을 것 같다. 그리고 암 나귀와 낙타는 짐을 운반하거나 타고 다니는 짐승이었다.[42] 그리고 많은 암 나귀를 소유하는 것은 부의 상징이기도 하였다(욥 1:3, 42:12).

바로는 사래를 보는 순간 그 여인을 얻기 위하여 무엇이든 주지 않고는 견딜 수 없었다. 양, 소, 숫 나귀들, 남종들, 여종들, 암 나귀들, 낙타들 모

---

[42] 타는 짐승들과 비교하며 연구하면 좋을 것이다(민 22:21, 삿 5:10, 왕하 4:24).

두를 주고 싶어 어찌할 바를 모르는 것처럼 보인다. 본문에서 양과 소는 단수로 나오는데 이는 집합명사로 집단을 가리키는 말로 이해하여 양 떼, 소 떼를 말하는 것으로 읽어야 한다.

우리가 하나님 앞에 기도할 때에 하나님이 이루실 때가 되면, 하나님은 원수 안에 있는 것을 돌리거나 빼앗아서 우리에게 이루어 주실 때가 온다. 하나님은 어떻게 일 하실지 어느 누구도 모른다. 하나님은 어떤 방법으로 일하시고 우리에게 어떻게 어떤 방법으로 역사하실지 아무도 모른다.

창세기 12:17 여호와께서 아브람의 아내 사래의 일로 바로와 그 집에 큰 재앙을 내리신지라

	וְאֶת־בֵּיתֽוֹ	גְּדֹלִ֑ים	נְגָעִ֣ים	אֶת־פַּרְעֹ֛ה	יְהוָ֧ה ׀	וַיְנַגַּ֨ע
음역)	베이토-버에트	거돌림	너가임	파르오-에트	하쉐임	바여나가
직역)	그의 집-그리고 을	큰	터치들	바로-를	하쉐임	그는 터치하였다

		אַבְרָֽם׃	אֵ֥שֶׁת	שָׂרַ֖י	עַל־דְּבַ֥ר
음역)		아브람	에이쉐트	사라이	더바르-알
직역)		아브람의	아내	사래	말-위에

그러나 하쉐임은 심한 재앙, 대 재앙으로 바로를 터치하셨다. '하쉐임 하나님은 하나님의 백성(유대인)을 위해 왕들을 벌하며 말씀하시기를 "나의

기름 부음 받은 자를 만지지 말고 내 선지자들에게 어떤 해함도 없이 하라' 하였다."[43]

하쉐임 하나님이 바로를 터치한 재앙들의 본질은 설명되어 있지 않지만 람반(Ramban)이 제안한 것처럼 사래에 대한 바로의 열정과 어떤 연결고리를 암시하는 어떤 것이 있을 것이다. 바로의 생식기 부위의 심각한 염증이나 급성 감염에 의해 유발된 일시적인 성적 발기 부전을 암시한다고 할 수 있다(창 20:17f 참고). 히브리어로 본문을 읽어 보면 언어유희가 있는 것처럼 보이는데 이것은 우연인가?

본 절에 히브리어 어근 '나가 נגע'를 가진 단어가 두 번 나오는데 이는 '터치하다'는 의미의 동사와 '재앙', '고통', '전염병'을 의미하는 명사로 쓰였다. 이 단어는 또한 '육체적 접촉을 하고, 성적으로 괴롭히다'는 의미로 쓰일 수 있다.[44] 다시 말해서 바로는 사래를 향한 열정은 있었으나 하쉐임이 질병으로 바로와 그의 궁의 모든 사람들의 생식기를 터치하니 바로는 사래를 터치할 수 없었다.

하 반절은 '아브람의 부인 사래의 일(말) 때문에'라 하였는데 사래의 무엇 때문에 라는 말인가? 문자적으로 보면 두 가지 해석이 모두 가능하다. '알 더바르 사라이 עַל־דְּבַר שָׂרָי'에서 '더바르 דְּבַר'는 '…의 말' 또는 '…의 일'이라 할 수 있다. 그러므로 '사래의 말' 또는 '사래의 일'이라 번역할 수 있다.

지금 사래는 남편이 요청한대로 말을 하였는가? 지금까지는 사래는 자

---

43 시편 105:14-15, 대상 16:22, 시편 미드라쉬 105.
44 창 20:6, 26:11, 잠 6:29, 룻 2:9 참고.

신의 말로 자신이 아브람의 여동생이라고 말하지 않은 것 같다. 그녀는 바로의 궁전으로 데려감을 당했을 때 조용히 있었던 것으로 보인다. 그러나 바로는 자신의 몸에 갑자기 찾아온 끔찍한 질병에 시달렸을 때 아마도 그녀에게 진실을 말하라고 하지 않았을까? 그때 그녀는 '자신이 아브람의 아내이다'는 것을 말하고 당신이 왜 벌을 받고 있는지를 설명하였을 것이다(Ramban).

이집트 왕 바로는 아브람과 사래의 책략을 알고 난 후에도 아브람에게 준 선물을 철회하지 않았다(창 13:1, 2). 그리고 마지막에 '아브람의 부인'이라는 말을 첨가한 것은 이집트 왕 바로에게 '그들이 부부이다'는 것을 다시 한 번 각인시켜 주는 장면이다. 하나님은 일을 하시는데 완벽하고 깔끔하게 처리하시는 것을 볼 수 있다.

이러한 점을 고려할 때 '사래의 말 때문에' 또는 '사래의 일 때문에'로 해석하는 것보다는 '사래의 문제로' 또는 '사래의 문제를 위하여' 하쉐임이 친히 개입한 것으로 이해하는 것이 바람직하다. 하나님은 사랑하는 족장과 그의 부인의 문제를 해결하시기 위하여 바로를 직접 터치한 것이다. 이처럼 하나님은 하나님의 사랑받는 자가 어떤 환경에 있을지라도 완벽하게 보호 하신다. 그래서 후에 하나님은 아브람에게 '나는 너의 방패'라고 말씀하신다(창 15:1).

창세기 12:18 바로가 아브람을 불러서 이르되 네가 어찌하여 나에게 이렇게 행하였느냐 네가 어찌하여 그를 네 아내라고 내게 말하지 아니하였느냐

	לִֽי	עָשִׂ֣יתָ	מַה־זֹּ֖את	וַיֹּ֕אמֶר	לְאַבְרָ֔ם	פַּרְעֹה֙	וַיִּקְרָ֤א
음역)	리	아씨타	조트-마	바요메르	러아브람	파르오	바이크라
직역)	나를	너는 만들었다	이것-무엇	그리고 그는 말했다	아브람을	바로	그가 불렀다

	הִֽוא׃	אִשְׁתְּךָ֥	כִּ֖י	לִ֔י	לֹא־הִגַּ֣דְתָּ	לָ֚מָּה
음역)	히	이슈터크하	키	리	히가드타-로	라마
직역)	그녀는	너의 아내	…것을	내게	알도록하다-않다	왜

　이집트 왕 바로는 그에게 갑자기 찾아온 고난으로 인해 그녀를 의심하지 않을 수 없었을 것이다. 왜냐하면 관리들이 사래를 데려온 후 뜻밖의 병이 자기와 왕궁에 있는 사람들에게 전염되었기에 그녀를 의심하는 것은 당연하다. 그래서 아마도 왕은 사래에게 묻지 않았을까 추측해 볼 수 있다. 왕은 여인에 대하여 물어볼 필요가 없다. 왜냐하면 관리들이 알아서 데려왔을 것이기 때문이다. 그러나 지금은 상황이 위급하기 때문에 자기 앞에 있는 여인에게 묻지 않을 수 없었을 것이다. 그러나 본문은 사래에게 묻는 것을 생략하고 아브람을 불러 심문한다.

　바로 왕은 두려워했을 수도 있다. 이방 여인 한 사람을 데려 왔는데 왕인 자신과 왕궁에 즉시 문제가 일어났다는 것은 심각한 일이다. 그러므로 이는 범상치 않은 인물이라 생각했을 것이다. 그래서 그 여인에게 물으니 남편이 있다고 하였기 때문에, 그 여인보다 그 여인의 남편을 부르는 것이 문

제 해결의 지름길이라 생각했을 것이다. 그래서 남편 아브람을 불러 심문한다. 그러나 바로의 말은 심문하는 어조의 말이 아니다.

바로가 아브람을 보자마자 한 말은 '당신이 나에게 만들어 놓은 이것이 무엇이냐' 하는 물음이었다. 바로는 분개하였는데 바로가 그렇게 하는 것은 당연하다. 그래서 바로는 '아브람을 심하게 꾸짖고 그를 곧바로 보냈다'고 대부분의 성경학자들이 말한다. 그러나 이것은 유대인의 해석과 판이하게 다르다.

실제로 아름다운 여인의 남편이 죽음의 위협 앞에서 그의 아름다운 아내를 왕에게 보내 수종 들게 해야 하는 나라에서 왕이 그 여인의 남편에게 분노하는 일은 정당하다고 인정받기 어렵다. 그래서 아브람에 대한 비난의 상당 부분이 바로에게 되돌아가는 것을 알 수 있다. 그러나 열방 속에 나그네인 유대인의 위태로운 상황은 이집트의 왕 바로가 그들을 평화롭게 보내 주는 한, 왕과 관리들이 아무리 책망해도 대꾸하지 않는 것이 좋았다. 이방인들은 아브람의 행동이나 유대인이 처해 있는 상황을 이해하지 못한다. 그러므로 아브람은 왕에게 어떤 대답도 하지 않았다. 매우 유사한 상황에서 아브람은 그랄의 아비멜렉 왕에게 자신의 행동을 설명한 것은 사실이다. 그러나 아비멜렉은 이집트의 바로보다 훨씬 더 친절하게 아브람을 대해 주었다(20:15).

마지막 구문은 바로의 호소처럼 들린다. '당신은 그녀가 너의 부인이라고 나에게 알게 만들지 않았느냐?' 바로가 한 이 말을 주의해서 읽어야 한다. 바로는 아브람에게 '당신은 왜 나에게 말하지 않았느냐'고 말하지 않고 '나에게 알게 만들지 않았느냐'고 물었다. 여기에서 '나에게'는 다른 사람은 몰라도 '나에게 알게 하지 왜 그렇게 하지 않았느냐'는 말이다. 다시 말해서 '이 나라의 왕인 나를 믿을 수 없었느냐', '내가 이 땅을 정당하게 다스리지 않는다고 생각하였느냐'는 반문이기도 하다(Minchah Belulah).

성경에 기록되어 있지 않지만 아브람을 부르기 전에 왕은 사래에게 물었을 것이다. 이 때 사래는 거짓 진술을 말하지 않은 것으로 보인다. 왕은 아브람에게 '그녀가 너의 부인이라'고 말하지 않았느냐고 물은 것을 볼 때 사래는 아브람이 자기 남편이라고 말한 것임에 틀림없다.

이렇게 보면 사래는 자기들 스스로가 계획을 할 때 '누이동생이라고 하자'한 것을 남편으로부터 들었을 뿐이지 다른 사람에게 거짓 진술은 하지 않은 것으로 보인다.

하나님은 이처럼 하나님이 선택한 사람을 위하여 하나님 자신이 친히 방패가 되어 주시고 보호해주신다. 아브람과 사래의 하나님은 우리가 믿는 우리의 하나님과 같은 분이다. 우리는 우리의 방패가 되시는 하나님을 얼마나 의지하는지 깊이 묵상하는 시간을 가지면 좋겠다.

창세기 12:19 네가 어찌 그를 누이라 하여 내가 그를 데려다가 아내를 삼게 하였느냐 네 아내가 여기 있으니 이제 데려가라 하고

	לִי	אֹתָהּ	וָאֶקַּח	הִוא	אֲחֹתִי	אָמַרְתָּ	לָמָה
음역)	리	오타ㅎ	바에카ㅎ크	히	아ㅎ코티	아마르타	라마
직역)	나를 위하여	그녀를	내가 취하였다	그녀는	나의 누이 동생	네가 말했다	왜

	וָלֵךְ׃	קַח	אִשְׁתְּךָ	הִנֵּה	וְעַתָּה	לְאִשָּׁה
음역)	발레이크흐	카ㅎ크	이슈터크하	히네이	버아타	러이샤
직역)	그리고 가라	취하라	너의 아내	보라 여기있다	그리고 지금	아내로

왕은 지금 사래와 아브람이 처음 왕궁에 왔던 그 시간으로 돌아가 이야기 한다. 내가 그때 너희들 관계를 좀 더 자세히 조사했어야 한다고 네가 대답할 수 있겠지만 최소한 그때 너는 침묵을 지켰어야 했다. 나는 당신이 나에게 말한 것에 의존했다. 왜냐하면 당신은 그녀가 당신의 아내라는 것을 숨겼을 뿐만 아니라 그녀가 당신의 여동생이라고 말하고 그 자리를 떠났기 때문이다.

그래서 '나는 그녀를 나를 위한 아내로 취하려 했던' 것이다. 성경 주석 가들은 말하기를 '바로가 여기에서 사라와 결혼하겠다는 의사를 표현했다'는 것이지 아직 부인으로 맞이하기 위해 취하여 데려가지는 않았다는데 동의한다. 하나님이 이집트 왕에게 그리고 왕궁에 보낸 재앙이 사래가 이집트 왕으로부터 더럽힘을 당하는 것을 막았다. 신(하나님)의 손이 일하는 것을 깨달은 바로는 그가 사래를 취하려는 계획이 실현되기 전에 그의 계획을 접을 수밖에 없었다.

바로는 아브람에게 자신의 상황을 설명하지는 않았지만 나는 너의 부인을 터치하지 않았다. 지금 봐라 너의 부인이 여기 있으니 취하여 가라고 하였다. 바로가 아브람에게 왜 그렇게 했느냐고 질문한 다음 아브람은 대답하지 않았다. 바로 또한 아브람의 대답을 기다리지 않고 즉시 말한다. 바로가 아브라함에게 '나에게 아내라고 말하지 그랬냐'라고 말하지만, 사실은 아브라함에게 대답할 기회를 주지 않았다.

하나님이 우리에게 말할 기회를 주지 않으면 입을 열지 말아야 한다. 그것이 좋은 것이든 나쁜 것이든, 아브라함은 충분히 말할 수 있었을 텐데 말하지 않는다. 바로는 즉시 말을 이어간다. '여기 너의 부인이 있으니 취하라 그리고 가라'고 재촉하는 듯이 말한다.

여기에 너의 부인이 있으니 '함께 가라'고 하면 될 것인데, 본문에서 '취하라 그리고 가라'고 한다. 이는 바로가 분명 '신(하나님)의 손'을 느끼고 있었던 것이다. 이는 마치 모세가 이스라엘 백성들을 이집트에서 데리고 나올 때, 바로가 처음에는 알지 못하다가 후에 하나님의 손이 그들을 붙들고 있다는 것을 느꼈을 때, 비로소 바로는 '손에 가지고 있는 것을 다 가지고 가라'고 한다. 하나님은 이미 바로가 모세와 백성들을 쫓아낼 것이라고 말씀하셨다.

본문에서 바로가 아브람에게 '취하라 그리고 가라'고 말하는 것은 바로가 그 일을 이루는 신(하나님)을 두려워하고 있다는 것을 가르쳐주는 구문이다. 바로는 그들이 오래 머물면 머물수록 재앙이 더 커질지 모른다는 생각을 하였을 것이다. 그래서 바로는 아브람에게 네가 취할 것이 있으면 빨리 취하여 가지고 가라는 말이다(출 12:32 참고).

본문에서 바로는 아브람을 쫓아내고 있다. 왜냐하면 나쁜 일이 더 크게 일어날까봐 두려워서 빨리 나가게 한 것이다. 이것이 첫 번째 유월절이라고 유대인들은 말한다.

이제 20절 한 절을 남겨 놓았지만 잠시 쉬어가는 시간을 가지면 좋겠다. 지구촌 많은 나라에서 남자가 옆에 있는 여자에 관하여 말할 때, '이 여자는 나의 누이'라 하면 이는 '애인이라는 말인지, 진실로 누이라는 말인지'를 생각해 보아야 한다고 한다.

그러나 여자가 말하기를 '나는 그의 누이이다'라고 말하면 이는 진실로 '애인이 아니라 누이'라는 말이라고 한다. 여자가 남자를 애인이라고 할 때에는 '그는 나의 몸이다'라고 말한다고 한다. 그런데 우리가 읽은 본문에서는 아브람이 '그녀는 나의 누이동생이다'라고 했다. 바로는 이러한 사실을 잘 알고 있었을 것이기에 바로는 그들의 관계를 좀 더 면밀히 조사하여야 했다.

창세기 12:20 바로가 사람들에게 그의 일을 명하매 그들이 그와 함께 그의 아내와 그의 모든 소유를 보내었더라

	אֹתוֹ	וַיְשַׁלְּחוּ	אֲנָשִׁים	פַּרְעֹה	עָלָיו	וַיְצַו
음역)	오토	바예샬ㅎ쿠	아나쉼	파르오	알라브	바예짠
직역)	그를	그들이 보냈다	사람들	바로	그에게	그가 명령했다

	וְאֶת־כָּל־אֲשֶׁר־לוֹ׃	וְאֶת־אִשְׁתּוֹ
음역)	로–아쉐르–콜–버에트	이슈토–버에트
직역)	그에게–…한–모두–그리고 을	그의 아내–그리고 를

바로는 아브람에게 가라고 말한 다음, 아브람에 관하여 그의 관리들에게 명령 했다. 우리는 이 구문을 읽을 때 '바로는 아브람을 그의 땅에서 급하게 내보내고 싶어 하는 마음'을 읽을 수 있다. 그래서 그의 관리들에게 명령한 것이다. 그래서 그들(그의 관리들)은 즉시 바로의 명령을 따라 그들을 보냈다고 하였다.

라쉬는 이 구문을 읽으면서 '바로는 그의 관리들에게 국경까지 그들과 동행하며 그들을 보호하라고 명령했다'고 하였다. 바로는 아브람에 관하여 명령했다고 말한 것을 묵상해보면 그럴 수 있다는 생각이 든다. 아브람을 이집트에서 내 보내지 않으면 어떤 재앙이 그들에게 다시 임할지 모른다고 생각할 수도 있기 때문이다.

그리고 마지막 구문을 읽어보면 '그를 위한 모든 것' 또는 '그에 속한 것 모든 것'이다. 이는 아브람이 지금 가지고 있는 것 모두를 말한다면 무엇을 얼마나 가지고 있겠는가? 물론 바로가 아브람에게 준 것을 회수하지 않았기 때문에 가진 것이 많이 있지만 그 정도만을 말하는 것은 아닐 것이다. 본문이 말하려고 하는 것은 출애굽 당시에 장자가 죽는 것을 바라본 바로는 그들이 원하는 모든 것을 주어서 내보내라고 하였다. 지금도 그 때와 상황이 비슷하다고 할 수 있다. 바로가 생각할 때 신(하나님)이 자기에게 재앙을 내렸다고 한다면 아브람과 그에 속한 모든 사람들이 필요로 하는 것과 그들의 가축 떼가 여행할 때 필요로 하는 것을 주어서 보내라는 말로 이해할 수 있다.

우리는 이제 창세기 12장을 마치면서 몇 가지 묵상해 보면 좋을 것이다.
  첫째, 아브람은 가나안 땅에 기근이 들었을 때 꼭 이집트로 내려갔어야 하였는가?
  둘째, 아브람은 거짓 진술을 하였는가? 아니면 반 거짓말을 한 것인가?
  셋째, 바로는 무엇 때문에 아브람에게 많은 것을 주어서 내 보냈는가?

우리가 한 번 더 12장을 읽고 묵상할 것은 하나님이 아브람을 이집트로 보냈다고 보는 것이 좋을 것이다. 창세기 46장에서 하나님은 야곱에게 나타나셔서 이집트로 내려가는 것을 두려워하지 말고 내려가라 하셨다. 지금 아브람도 알게 모르게 하나님이 아브람을 이집트로 인도한 것은 아닌가 하고 생각해 볼 수 있다.

그 시대의 최대 강대국인 이집트에 아브람을 보내 이집트 왕 바로를 만나도록 인도한 것임에 틀림없다. 어떻게 이방인 개인이 이집트의 바로를 만날 수 있는가? 사절단도 아니요 조공을 바치러 간 관리도 아닌 아브람이 어떻게 이집트 왕을 만날 수 있단 말인가?

하나님은 아브람을 선택하여 불러낸 다음, 언약의 땅을 두루 보여주시고 그 시대의 최대 강국의 지도자와 대등한 관계에서 만날 수 있도록 인도하신 것이다. 하나님은 이집트 왕 바로에게 신이 함께하는 사람이 있다는 것을 보여주기 위해 아브람을 그에게 보낸 것이다.

이제 이집트 왕 바로를 통하여 '가나안 땅에 신이 선택한 사람, 신이 함께하는 사람이 있는데 그의 이름은 아브람이다'는 것을 전 세계에 알리는 작업을 하신 것이다. 현대 말로 말하면 세계적인 스타로 만들어 준 것이다. 이는 사무엘을 통하여 다윗에게 기름을 부어 왕으로 세운 다음 그 시대의 세계적인 명장 골리앗과 대결하게 하여 이기게 하므로 세계적인 스타가 되게 만들어 준 것과 같은 맥락이라 하겠다.

하나님이 하시는 일은 바가지만한 인간의 머리로는 도무지 헤아릴 수도 이해할 수도 없다. 우리는 그저 하나님 앞에서 하나님이 말씀해 주시는 대로 말씀 안에서, 말씀을 따라, 말씀에 의한 삶을 사는 자리로 나갈 뿐이다.

이제 하나님이 믿음의 조상 아브람을 어떻게 인도해 가시는지 그 해답을 찾은 우리도 말씀을 따라가며 하나님의 은혜와 능력으로 덧입어 하나님 앞에서 걸어가는 하나님의 사람이 되면 좋겠다.

나는 엘 샤다이다. 너는 내 앞에서 너 스스로 걸어가라! 그래서 완전하게 되라!(창 17:1하반절)

참고문헌

더 깊은 연구를 위해 읽으면 유익한 도서를 소개합니다.

Abbott, Walter M.; Gilbert, Arthur; Hunt, Rolfe Lanier; and Swain, J. Carter. *The Bible Reader: An Interfaith Interpretation.* New York: Bruce Publishing Co., 1969.

Adar, Zvi. *Humanistic Values in the Bible.* New York: Reconstructionist Press, 1967.

Adler, Morris. *The Voice Still Speaks.* New York: Bloch Publishing Co., 1969.

Aharoni, Yohanan, and Avi-Yonah, Michael. *The Macmillan Bible Atlas.* New York: Macmillan, 1976.

Alter, Robert. *The Art of Biblical Narrative.* New York: Basic Books, 1981.

Asimov, Isaac. *Animals of the Bible.* Garden City, New York: Doubleday, 1978.

Avi-Yonah, Michael, and Malamat, Abraham, eds. *Views of the Biblical World.* Chicago and New York: Jordan Publications, Inc., 1959.

Baron, Joseph L., ed. *A Treasury of Jewish Quotations.* New York: Crown Publishers, Inc., 1956.

Blumenthal, David R. *God at the Center.* San Francisco: Harper and Row, 1987.

Braude, William G., and Kapstein, Israel J., trans. Author unknown. *Tanna Debe Eliyahu.* Philadelphia: Jewish Publication Society, 1981.

Buber, Martin. *Moses.* New York: Harper and Row Publishers, Inc., 1958.

Bulka, Reuven P. *Torah Therapy: Reflections on the Weekly Sedra and Special Occasions.* New York: Ktav, 1983.

Chavel, Charles B., trans. *Ramban (Nachmanides) Commentary on the Torah.* New York: Shilo Publishing House, Inc., 1974.

Chiel, Arthur. *Guide to Sidrot and Haftarot.* New York: Ktav, 1971.

Chill, Abraham. *The Minhagim: The Customs and Ceremonies of Judaism, Origins and Rationale.* New York: Sepher-Hermon Press, 1979.

Cohen, Philip. *Rambam on the Torah.* Jerusalem: Rubin Mass Ltd. Publishers, 1985.

Culi, Yaakov. *The Torah Anthology, Yalkut Me'am Lo'ez.* Translated by Aryeh Kaplan. New York and Jerusalem: Maznaim Publishing Corp., 1977.

Danby, Herbert, trans. *The Mishnah.* London: Oxford University Press, 1933.

Deen, Edith. *All of the Women of the Bible.* New York: Harper and Brothers, 1965.

Doria, Charles, and Lenowitz, Harris, trans. and eds. *Origins, Creation Texts from the Ancient Mediterranean.* New York: Anchor Press, 1976.

Dresner, Samuel H., and Siegel, Seymour. *The Jewish Dietary Laws.* New York: Burning Bush Press, 1959.

Efron, Benjamin. *The Message of the Torah.* New York: Ktav, 1963.

Epstein, I., trans. and ed. *The Babylonian Talmud.* London: Soncino Press, 1952.

Fields, Harvey J. *Bechol Levavcha: With All Your Heart.* New York: Union of American Hebrew Congregations, 1976.

Freedman, H., and Simon, Maurice, trans. *Midrash Rabbah: Genesis,* Vols. I and II. London: Soncino Press, 1961.

Friedman, Alexander Zusia. *Wellsprings of Torah.* Compiled and edited by Nison Alpert. Translated by Gertrude Hirschler. New York: Judaica Press, 1986.

Friedman, Rikchard Elliott. *Who Wrote the Bible?* New York: Summit Books, 1987.

Fromm, Erich. *You Shall Be as Gods.* New York: Holt, Rinehart and Winston, 1966.

Frye, Northrop. *The Great Code: The Bible and Literature.* New York: Harcourt Brace Jovanovich Publishers, 1981.

Gaster, Theodor H. *Festivals of the Jewish Year.* New York: William Morrow and Co., Inc. 1953.

Gilbert, Martin. *Jewish History Atlas.* New York: Macmillan, 1976.

Ginzberg, Louis. *Legends of the Jews.* Philadelphia: Jewish Publication Society, 1968.

Glatzer, Nahum N., ed. *Hammer on the Rock: A Midrash Reader.* New York: Schocken Books, 1962.

―――. *On the Bible: 18 Studies.* New York: Schocken Books, 1968.

Goldman, Solomon. *In the Beginning.* Philadelphia: Jewish Publication Society of America, 1949.

Graves, Robert, and Patai, Raphael. *Hebrew Myths: The Book of Genesis.* New York: Greenwich House, 1983.

Greenberg, Moshe. *Understanding Exodus.* New York: Behrman House, 1969.

Herford, R. Travers. *Pirke Aboth, The Ethics of the Talmud: Sayings of the Fathers.* New York: Schocken Books, 1971.

Hertz, J.H., ed. *The Pentateuch and Haftorahs.* London: Soncino Press, 1966.

Heschel, Abraham J. *The Prophets*. Philadelphia: Jewish Publication Society, 1962.
Hirsch, Samson Raphael, trans. *The Pentateuch*. London, England: L. Honig and Sons Ltd., 1959.
The Interpreter's Bible. 12 vols. Nashville: Abingdon, 1951–1957.
Jacobson, B.S. *Meditations on the Torah*. Tel Aviv: Sinai Publishing, 1956.
Katz, Mordechai. *Lilmod Ul'lamade: From the Teachings of Our Sages*. New York: Jewish Education Program Publications, 1978.
Lamm, Maurice. *The Jewish Way in Death and Mourning*. New York: Jonathan David Publishers, 1975.
Leibowitz, Nehama. *Studies in Bereshit*. Jerusalem: World Zionist Organization, 1980.
———. *Studies in Shemot*. Jerusalem: World Zionist Organization, 1980.
———. *Studies in Vayikra*. Jerusalem: World Zionist Organization, 1980.
Samuel, Maurice. *Certain People of the Book*. New York: Alfred A. Knopf, Inc., 1955.
Sandmel, Samuel. *Alone Atop the Mountain: A Novel About Moses and the Exodus*. New York: Doubleday, 1973.
Sarna, Nahum M. *Understanding Genesis*. New York: Schocken Books, 1966.
Schneerson, Menachem M. *Torah Studies*. London: Lubavitch Foundation, 1986.
Silberman, A.M., ed. *Pentateuch with Rashi Commentary*. Jerusalem: Silbermann Family Publishers, 1933.
Silver, Abba Hillel. *Moses and the Original Torah*. New York: Macmillan, 1961.
Simon, Solomon, and Morrison, David Bial. *The Rabbis' Bible*. New York: Behrman House, 1966.
Speiser, E.A., trans. *The Anchor Bible: Genesis*. New York: Doubleday, 1964.
Van Doren, Mark, and Samuel, Maurice. *In the Beginning . . . Love*. Edited by Edith Samuel. New York: John Day Company, 1973.
Wiesel, Elie. *Messengers of God*. New York: Random House, 1976.
Zakon, Miriam Stark, trans. *Tz'enah Ur'enah: The Classic Anthology of Torah Lore and Midrashic Commentary*. Brooklyn, New York: Mesorah Publications Ltd./Hillel Press, 1983.
Zeligs, Dorothy F. *Psychoanalysis and the Bible*. New York: Bloch Publishing Company, 1974.
Zlotowitz, Meir, trans. *Bereishis*. Art Scroll Tanach Series. New York: Mesorah Publications Ltd., 1977–1981.

변순복, 창조홍수바벨탑이야기, 서울:정금, 2001.
_____, 랍비들이 말하는 창세기, 서울: 로고스, 2003.
_____, 시내산에서 들려오는 거룩한 음성 토라 상, 서울: 대서, 2015.

부록 1

유대인 절기 달력

민간행정력	종교력	태양력	기원과 의미	기간(일)	별자리	유대(이스라엘)절기
1 티슈리	히브리 달력의 첫 달, 니산월 기준 7월	9-10	아카드어(Tashritu, 시작) 성경은 에다님(힘)월로 표기	30	천칭	1-2 로쉬 하샤나, 3 그다랴의 금식일(그다랴 총독의 암살을 기념(왕하 25:25)), 10 대속죄일, 15-21 초막절, 21 호산나 라바, 22 슈미니 아쩨레트 및 심하 토라
2 마르헤시반	티슈리 기준 둘째 달, 니산월 기준 8월	10-11	아카드어(Varhu samnu, 8번째 달), 헤시반으로 줄여 부른다. 성경은 '불월(Bul, 생산)'로 기록	29 혹은 30	전갈	
3 키슬레이브	티슈리 기준 3번째 달, 니산월 기준 9월	11-12	아카드어(Kislimu, Kislivu)	29 혹은 30	사수	25 하누카(테베트월 2 혹은 3일까지 8일간)
4 테베트	티슈리 기준 4번째 달, 니산월 기준 10월	12-1	아카드어(Tebeitu, 뜻은 '밑으로 지는 달'로 추정)	29	염소	1-3 하누카 마지막 3일, 10 테베트월 금식일(느부갓네살이 예루살렘을 포위)
5 슈바트	티슈리 기준 5번째 달, 니산월 기준 11월	1-2	아카드어(Shabatu, 폭우의 달)	30	물병	15 식목일(나무들의 설날)
6 아달	티슈리 기준 6번째 달, 니산월 기준 12월	2-3	아카드어(Addaru, 타작하는 달)	29, 윤년(아달1은 30, 아달 2는 29)	물고기	7 모세의 탄생과 죽음, 무명용사 기념일과 일치, 13 에스더 금식일, 14 부림절, 15 수산 부림절
7 니산	유대 종교력 정월	3-4	아카드어(Nisannu), 성경은 아빕월(봄)로 기록	30	양	14 유월절 전야 15-21 유월절 16 오멜 계수(오순절까지 49일) 27 홀로코스트 기념일
8 이야르	니산월 기준 2월	4-5	아카드어(Ayaru), 성경에서는 시브월(광채)	29	황소	4 이스라엘 순국자(Fallen Solderirs) 기념일, 5 이스라엘 독립기념일, 18 라그 바오멜
9 시반	니산월 기준 3월	5-6	아카드어(simanu)	30	쌍둥이	6 오순절(혹은 칠칠절), 시내산에서 율법을 받은 날과 초실절을 기념
10 타무즈	니산월 기준 4월	6-7	바벨론어	29	게	17 타무즈 금식일(예루살렘 성벽이 무너짐)
11 아브	니산월 기준 5월	7-8	아카드어로 'Abu' 혹은 'Menahem(위로자) Av'	30	사자	9 아브월 9일 금식일(제1,2 성전 파괴), 15 포도원 축제
12 엘룰	니산월 기준 6월	8-9	아카드어(Elulu, 추수 혹은 추수기)	29	처녀	티슈리 10일까지 하나님께 돌아오는 기도를 하는 달

부록 2　　히브리어 알레프 베이트의 문자 변화의 역사

부록 3   히브리어 문자의 발음

문자	숫자	이름	음역표기	발음
א	1	알레프	(ㅇ)	음가가 없다. 단어의 중간에 오면서 모음부호를 가지지 않으면 소리가 없으나 모음부호를 가지면 모음부호만 발음하면 된다.
בּ	2	베이트	b(ㅂ)	완전한 ㅂ소리(문자가 가슴에 점을 가짐)
ב			v(ᴠ)	영어에서 v소리 가벼운 ᴠ(문자가 점을 가지지 않음)
גּ	3	기멜	g(ㄱ)	완전한 ㄱ소리(문자가 점을 가진 때와 가지지 않을 때 발음이 동일하다)
ג			gh(ㄱ)	완전한 ㄱ소리
דּ	4	달레트	dh(ㄷ)	완전한 ㄷ소리(가슴에 점을 가질 때와 가지지 않을 때 발음이 동일하다)
ד			dh(ㄷ)	완전한 ㄷ소리
ה	5	헤이	h(ㅎ)	ㅎ소리
ו	6	바브	vw(ᴠ)	베이트이가 가슴에 점을 가지지 않은 문자와 같은 소리
ז	7	자인	z(ㅈ)	ㅈ소리
ח	8	ㅎ케이트	ch(ㅎㅋ)	ㅎㅋ이 합쳐진 소리
ט	9	테이트	t(ㅌ)	ㅌ소리
י	10	요드	y(요)	영어의 y와 같은 음가로 한글 표기는 없다.
כּ,ךּ	20	카프	k(ㅋ)	가슴에 점을 가지면 ㅋ
כ,ך			kh(ㅋㅎ)	가슴에 점이 없으면 ㅋ과 ㅎ이 합쳐진 소리
ל	30	라메드	l(ㄹ)ㄹ	영어 l과 같은 소리로 한글 음가로는 ㄹ을 두번 발음하면 된다.
מ,ם	40	멤	m(ㅁ)	ㅁ 소리
נ,ן	50	눈	n(ㄴ)	ㄴ 소리
ס	60	싸메ㅎㅋ	s(ㅆ)	된ㅅ 소리
ע	70	아인	(ㅇ)	알레프와 마찬가지로 음가가 없다. 모음부호를 가지면 모음부호만 읽으면 된다.
פּ	80	페이	p(p)	가슴에 점을 가지면 ㅍ소리
פ			ph(f)	가슴에 점을 가지지 않으면 영어에서 f소리
צ,ץ	90	ㅊ자디	tz, ts(ㅊㅈ)	한글의 ㅊ과 ㅈ을 합친 소리

ק	100 코프	q(ㅋ)	ㅋ소리
ר	200 레이쉬	r(ㄹ)	영어에서 r소리로 한글 표기로는 ㄹ소리
שׁ	300 쉰	sh(쉬)	영어에서 sh소리로 한글 표기로는 쉬 소리
שׂ		s(ㅆ)	쉰의 왼쪽위에 점을 가지면 한글의 된ㅅ소리
תּ	400 타브	t(ㅌ)	ㅌ소리
ת		th(ㅌ)	가슴에 점을 가지나 가지지 않으나 동일하게 ㅌ소리

부록 4   **모음 부호의 발음**

	모음부호	이름	음역표기	발음
1) 장모음	X̄	카마츠가돌	ā	긴 ㅏ
	X̄	체이레이	ē	길게 ㅔ이
	׳X	히릭가돌	i	긴 ㅣ
	וX	홀람	ō	긴 ㅗ
	וX	슈룩	ū	긴 ㅜ
2) 단모음	X̣	파타흐	a	짧은 ㅏ
	X̤	세골	e	짧은 ㅔ
	X	히릭카탄	i	짧은 ㅣ
	X̣	카마츠카탄	o	짧은 ㅗ
	X̣	쿠부츠	u	짧은 ㅜ
3) 반모음	X̤	슈바	e	아주 짧게 ㅡ와 ㅓ가 합쳐진 발음
	X̣		a	매우 짧은 ㅏ
	X̤	하타프파타	e	매우 짧은 ㅔ
	X̤	하타프카마츠	o	매우 짧은 ㅗ